KB051721

유광종의 지하철

# 한자 여행

역명에 담긴 한자, 그 스토리와 문화를 읽다

2014년 8월 4일 초판 1쇄
2014년 9월 16일 2쇄
2016년 1월 18일 2판 1쇄
2021년 6월 20일 2판 2쇄

글 유광종
펴낸곳 책밭
펴낸이 유광종
책임편집 남명임
디자인 남지현 정진영
출판등록 2011년 5월 17일 제300-2011-91호
주소 서울 중구 퇴계로 243 평광빌딩 10층
전화 070-7090-1177
팩스 02-2275-5327
이메일 go5326@naver.com
홈페이지 www.npplus.co.kr
ISBN(세트) 979-11-85720-15-9 04700
ISBN 979-11-85720-16-6 04700
정가 13,000원

ⓒ유광종, 2016

도서출판 책밭은 (주)늘품플러스의 출판 브랜드입니다.
이 책은 저작권법에 따라 보호받는 저작물이므로 무단 전재와 무단 복제를 금지하며,
이 책 내용의 전부 또는 일부를 이용하려면 반드시 저작권자와 (주)늘품플러스의 동의를 받아야 합니다.

## 일러두기

- 본문의 한자 표기는 다음의 방식을 따른다.
  - 문단을 기준으로 하여 처음 나오는 한자는 한자와 함께 한글 독음 아래첨자를 붙여 표기한다. 이후부턴 병기 없이 해당 단어만 표기한다.
  - 문맥에 따라 한자 표기를 하지 않는 경우도 있다.
  - 한글 부연설명으로서의 한자는 '한글(한자)' 방식으로 보여준다.
- 광운대·외대앞·오산대 등 대학 이름을 역명으로 사용했으나 특기할 만한 유래나 내용이 없는 경우 제외했다.
- 동인천·도봉·동두천중앙역은 각각 인천·도봉산·동두천역과 중복해 별도로 다루지 않았다.
- 서동탄과 광명 등 수원·천안 방면의 지선은 제외했다.

〈지하철 한자 여행 1호선 구간〉

서울역 —————————— 청량리
남영 —————————— 신창
구일 —————————— 인천
회기 —————————— 소요산

# 한자 여행길을 오르며

우리말과 글을 이루는 중요한 부분의 하나가 한자(漢字)다. 그러나 왠지 어렵게만 느껴진다. 정규 교육과정에서 한자를 배우지 못한 세대에게는 특히 그렇다. 그러나 어렵고 낯설다고 멀리 할 수만은 없다. 우리말 우리 글을 이루는 수많은 단어가 한자로 이뤄져 있기 때문이다.

이를 새삼 강조하는 일은 군소리에 지나지 않는다. 그러니 한자는 어렵 다 여겨지더라도 가까이 두고 배워가야 하는 대상이다. 그렇다고 해서 상투 틀고, 한복 차려 입은 뒤 서당을 향할 수는 없는 노릇이다. 그저 우 리말 우리글을 더 정확하게 알고, 이해하며 올바르게 구사할 수 있도록 차분하게 한자를 공부해야 옳다.

한자 이해는 여러 당위성을 지닌다. 우선 우리말과 우리글을 보다 더 정 확하게 사용할 수 있다. 그를 통해 한국어를 더 풍부하게 발전시킬 수 있다. 나아가 한자의 풍요로운 문화적 자산을 언어생활에 끌어들임으로 써 우리의 정신적 토대를 다질 수 있다. 우리와 뭍으로 이어진 새로운 강 대국, 이른바 G2로 급부상한 중국의 콘텐츠를 가깝게 이해할 수 있다면 그는 덤으로 얻는 소득이다.

이 책은 우리말과 우리글, 나아가 우리 생활에 녹아 있는 한자를 다시 발견해 그 의미를 되새김질함으로써 한자의 세계를 폭넓게 이해하자는 취지에서 만들었다. 우선은 하루 약 800만 명 가까운 인구가 이용하는 지하철과 수도권 전철의 역명을 택했다. 올해는 더구나 지하철 1호선을 개통한 지 40주년을 맞이하는 의미 있는 해다.

그 역명의 대부분이 한자다. 동네의 이름에서 유래한 역명이 거의 전부를 차지하고, 그렇지 않더라도 일정한 배경을 지니고 발전한 것도 있다. 한자로 이뤄졌으나 우리는 그 한자를 정작 잘 알지 못한다. 생활 속에 이미 깊이 자리를 잡은 지하철이고 전철이기는 하지만 우리는 역명의 유래와 의미를 제대로 알아차리지 못한다.

한자의 이해에는 여러 경로가 있다. 우선 『천자문』 등을 통해 기초를 다지는 방법이다. 아니면 갑골문 등 한자가 만들어지는 초기 과정을 이해하는 방법도 있다. 나아가 한자로 쓰인 『논어』와 『맹자』 등의 콘텐츠를 배우거나, 보다 어려운 한자 시문(詩文) 등을 익혀도 좋다. 그러나 이런 방도는 흥미가 떨어지거나 쉽지 않다. 여러 전문가들에 의해 다양한 서적들이 나왔으나 호응 역시 높지 않다.

지하철과 전철의 역명을 통해 한자를 익히는 방법은 사실 이 책이 처음이다. 우리 실제 생활과 바짝 붙어 있는 한자로부터 한자의 이야기를 직접 펼쳐보겠다는 취지다. 한자는 '스토리의 바다'와 같다. 각 글자에는 아주 풍부한 이야깃거리가 숨어 있다. 그 이야기의 자락을 좇아가면서 한자를 이해하는 일은 '여행'처럼 즐거울 수 있다.

한자로 이뤄진 역명의 유래를 가능한 한 먼저 풀었고, 역명을 이루는 한자가 어떤 의미를 지니고 있는지에 우선 주목했다. 그런 한자가 어떤 유명한 역사 속 스토리와 이어져 있는지도 자세히 살폈다. 그럼으로써 한자가 지닌 문화적인 맥락, 문화적인 맥락에서 보는 개별적 한자 쓰임에도 주의를 기울였다.

사람이 낯설더라도 그 속사정을 이해하면 한결 친근해지는 법이다. 한자도 그렇다. 그 안에 담긴 곡절을 알면 한자도 우리에게 바짝 다가설 수 있다. 한자의 새김, 그 한자가 다른 한자와 만나 단어와 숙어 및 성어로 펼쳐지는 과정, 관련 유명 스토리를 다 담고자 했던 것은 그런 이유 때문이다. 한자와 그 '문화'를 한데 버무리는 방식이다.

한자는 중국인만의, 또는 중국인만을 위해 만들어진 문자 체계는 아니다. 한자의 생성과 발전에는 현재 중국의 영역만으로는 풀기 어려운 다양한 요소가 숨어 있다. 한자는 동북아시아 공동의 문화적 결정체다.

이 책은 한자 이해를 위한 새로운 시도의 소산이라고 봐도 좋다. 세계의 큰 축으로 떠오르는 동북아의 공동 문화자산인 한자와 그 토대를 이해함으로써 우리는 먼저 순수한 우리말과 한자의 조화로운 어울림을 만들어 낼 수 있다. 아울러 고대로부터 현대에 이르는 동북아 사람들의 정신세계와 문화 바탕을 이해해 우리의 창조적인 문화 토대로 활용할 수 있다.

한자의 세계를 파고 들어가는 우리의 여행은 성공적이리라고 믿는다. 스토리와 문화를 담고 있어서다. 한자 새김의 이해라는 다소 딱딱한 과정을 거치면 동북아의 수많았던 인물, 강과 하천, 산과 바다를 만난다. 그 여행길에서 우리는 동북아의 역사와 문화를 만날 수 있다.

책은 시리즈의 시작이다. 앞으로 우리 생활과 떼려야 뗄 수 없는 지하철과 전철의 나머지 노선을 따라 한자 여행을 펼쳐갈 예정이다. 그 작은 시작이 모쪼록 풍요로운 앎으로 채워져 독자들께 한자가 보다 친근하며 속 깊은 우리 언어생활의 동반자로 다가설 수 있기를 바라마지 않는다.

저자 유광종

# CONTENTS

유광종의 지하철
**한자 여행** 1 호선

Course **1**

## 서울역 ~ 청량리

서울역 12  시청 17  종각 22  종로3가 27  종로5가 32
동대문 36  동묘앞 40  신설동 44  제기동 49  청량리 54


Course **2**

## 남영 ~ 신창

남영 60  용산 65  노량진 70  대방 74  신길 78  영등포 82  신도림 86
구로 90  가산디지털단지 95  독산 99  금천구청 102  석수 106  관악 109
안양 114  명학 119  금정 124  군포 128  당정 132  의왕 136  성균관대 139
화서 142  수원 146  세류 152  병점 156  세마 159  오산 163  진위 167
송탄 172  서정리 176  지제 181  평택 183  성환 188  직산 192  두정 196
천안 199  봉명 204  쌍용 207  아산 210  배방 214  온양온천 217  신창 221

Course 3

# 구일~인천

구일 226  개봉 229  오류동 233  온수 238  역곡 241  소사 246
부천 251  중동 256  송내 260  부개 263  부평 266  백운 271
동암 276  간석 280  주안 283  도화 288  제물포 291  도원 297  인천 301


Course 4

# 회기~소요산

회기 308  신이문 312  석계 316  월계 320  녹천 324  창동 328
방학 331  도봉산 335  망월사 339  회룡 342  의정부 346
가능 350  녹양 353  양주 356  덕계 360  덕정 363  지행 366
보산 370  동두천 373  소요산 378

# 서울역~청량리

두근두근 한자 여행은 먼저 한국 최초의 도시 지하 철도 노선인
서울역과 청량리를 달리는 것으로 시작한다.

# 서울역

"종이 울리네 꽃이 피네 새들의 노래~ 웃는 그 얼굴, 그리워라 내 사랑아 내 곁을 떠나지 마오~"라는 노랫말을 아직 기억하시는 분이 많을 것이다. 탁월한 가창력으로 1970년대 대한민국을 풍미한 패티김의 '서울 찬가' 첫 부분이다.

어디 그뿐이겠는가. "해질 무렵 거리에 나가 차를 마시면 내 가슴에 아름다운 냇물이 흐르네~ 이별이란 헤어짐이 아니었구나~ 추억 속에서 다시 만나는 그대…"는 어떤가. 조용필의 「서울 서울 서울」이다. 1988년 한국이 처음 개최하는 올림픽 때 늘 서울 하늘 상공에 울려 퍼졌던 아름다운 노래다.

김일성이 벌인 6·25전쟁 와중에 북한군과 중공군에게 두 차례 빼앗겼고, 다시 두 차례 되찾았던 서울이다. 산산골골이 모두 우리 시선에 삼삼하게 떠오르고, 한반도 중남부를 유장하게 휘감아 흐르다 주위를 감싸는 한강의 물빛이 마음속에 선연한 서울이다.

서울은 잘 알다시피 신라의 큰 마을, 즉 수도를 가리키던 '서라벌'이 우리말 색채를 그대로 유지하면서 지금에 정착한 말이다. 지금의 한강 북녘 서울 판도에 도읍을 정한 조선에서는 이곳을 漢城한

성으로 불렀고, 다른 이름으로는 漢陽한양으로도 적었다. 그 기준으로 삼는 '漢한'이라는 글자가 지금의 漢江한강을 가리키는지, 아니면 북녘으로 병풍처럼 둘러서 있는 北漢山북한산을 지칭하는지는 더 따져볼 일이다.

漢城한성에 비해 조선시대 내내 더 잘 불렸던 명칭이 漢陽한양이다. 漢陽이라는 지명과 관련해서는 중국의 예를 참고할 수 있다. 중국에서는 보통 산의 남쪽을 陽양이라고 적었으며, 강의 북쪽을 또 이 글자로 적었다. 이를 적용해서 漢陽이라는 지명을 살피면 제법 그럴듯하다.

북한산을 기준으로 보자면 그 산의 남쪽이 서울이다. 한강을 기준으로 삼더라도 역시 그 강의 북쪽이 옛 서울이다. 따라서 漢陽한양은 북한산을 기준으로 삼든, 아니면 한강을 기준으로 삼든 모두 어울린다. 단지 그렇게 지역 이름에 陽양이라는 글자를 붙이는 관례가 중국 것이었다는 점을 따지지 않는다면 말이다.

중국에서도 이런 지명은 많다. 洛水낙수의 북쪽에 있던 도시가 洛陽낙양이고, 우리와 같은 이름을 지닌 漢水한수(또는 漢江한강으로도 적는다)의 이북에 있는 곳은 漢陽한양이다. 瀋水심수라고 적었던 강이 있다. 지금은 渾河혼하라고 적는데, 어쨌든 옛 이름 瀋水의 북쪽에 있던 지역이 지금의 瀋陽심양(간체자로는 沈阳, 발음은 선양)이다.

물론 중국에서 이같이 陽양이라는 글자가 들어가는 지명 가운데는 산을 기준으로 적는 경우도 많다. 우선 湖南호남의 형양이라는 도시는 한자로 衡陽형양인데, 이는 衡山형산의 남쪽에 자리 잡고 있기 때문이다. 서북 지역에는 華陽화양이라는 곳도 있다. 역시 커다란 산인 華山화산의 남쪽에 있어 그 이름이 붙었다.

서울은 삼국시대부터 慰禮城위례성 등 백제의 흔적과 함께 일찌감치 漢城한성으로도 적었고, 고려를 거쳐 조선에 들어서면서 공식 행정구역 명칭으로 자리 잡았다. 그와 함께 고려시대부터 등장하는 漢陽한양이라는 이름은 조선에 접어들어 漢城과 함께 대표적인 명칭으로 올라섰다.

그러나 서울은 서울이 좋다. 아쉽게도 이 서울이라는 이름은 일본이 한반도를 강점한 식민통치 시기에는 쓰이지 않다가 광복을 맞이하면서 다시 등장했다. 왜 서울은 서울이라는 이름이 좋을까. 우선 순우리말이라서 아름답지 않은가. 漢城한성이라는 표기는 그나마 좋다. 삼국시대부터 보이는 명칭이라 그 기준이 한강이든, 북한산이든 상관없이 뚜렷한 근거가 있어서다.

漢陽한양이 문제다. 그 기준이 북한산이라면 그나마 괜찮다. 만약 漢陽이라는 이름의 기준이 한강이라면 상당히 부자연스럽다. 중국의 기준대로라면 한강의 북쪽은 陽양이어서 볕이 잘 들고 따뜻하며 건조해야 한다. 그 반대로 한강의 남쪽은 그늘이 지거나 습기가 많아 陽의 반대인 陰음이어야 한다. 그런데 어디 그런가. 서울의 강남이 강북에 비해 볕이 적게 든다고 하는 사람은 본 적이 없다. 그곳에 습기가 많아 강남이 음습한 陰의 지역이라고 하면 이를 받아들일 사람 역시 많지 않을 것이다.

중국은 서북이 높아 강이 동남을 향해 흐르는 지형이 대부분이다. 그래서 강을 기준으로 볼 때 서북쪽이 건조하고, 그 반대인 동남쪽이 항상 음습하다. 물이 넘쳐도 그 물길이 서북을 향하는 경우는 거의 없고, 주로 동남쪽으로 흘러넘친다. 습도가 훨씬 높을 수밖에 없다. 그래서 중국인들은 자신들의 강줄기가 향하는 모습과 그 물이 넘치는 현상을 보면서 강북을 陽양, 강남을 陰음으로 봤던 것이다.

그 점에서 따져보면 조선의 수도를 漢陽한양으로 적고 부르는 것에는 유감이 생기지 않을 수 없다. 우리의 강은 중국의 강과 다르기 때문이다. 우리의 한강은 서쪽으로 흘러 서해로 들어간다. 강의 남북을 보는 시선이 다를 수밖에 없다. 그럼에도 조선시대 내내 우리 할아버지들은 이곳을 漢陽으로 부르고 적는 데 별 이의를 제기하지 않았다. 조선 500년의 역사가 慕華모화의 틀을 벗어나지 못해 전전긍긍했던 점을 생각해 보면 당연하기도 하다.

그러니 서울은 서울이 좋다. 이 말을 잘 지키는 것이 필요하다. 그러기 위해서는 늘 나라와 민족의 힘을 키우고 가꾸는 일이 필요하다. 그럼에도 중국의 기준에 따른 명칭이라고 漢陽한양과 漢城한성의 한자 이름을 경시할 필요는 없다. 그 역시 우리가 지나온 역사의 궤적을 설명해 주는 좋은 안내자다.

가장 큰 고을, 즉 首都수도를 뜻하는 옛 한자는 적지 않다. 우선 都邑도읍이다. 마을(邑)의 으뜸(都)이라는 의미다. 적을 방어하기 위해 쌓는 게 城성이다. 이 城 가운데 가장 으뜸인 것을 우리는 都城도성이라고 했다. 이 역시 首都를 일컫던 옛 명칭이다. '서울'이라는 새김을 달고 있는 한자 京경 또한 首都를 의미한다. 이 뒤에 城성을 붙이면 京城경성이다. 일제는 서울을 京城으로 적었다.

중국의 옛 수도 가운데 가장 많은 왕조가 자리를 잡았던 곳이 長安장안이다. 하도 유명한 곳이라서 '수도'를 가리키는 일반적 명칭으로 정착하기도 했는데, 우리도 그런 영향을 받아 서울에서 무슨 일이라도 벌어지면 "長安에서 그런 일이 벌어졌어"라며 수군거리기도 했다.

한자 세계에서 수도를 일컫는 또 다른 단어는 京兆경조인데, 과거 조선에서도 서울을 이렇게 말하기도 했다. 중국에서 전통적으로 수도를 가리키는 다른 이름은 京師경사다. 그 京경은 원래 높은 성채를 가리키는 글자였다가 수도, 황제 또는 최고 권력자가 머무는 곳이라는 의미를 얻었다.

京師경사의 師사는 '무리' '대중' 등을 가리킨다. 그래서 京師 또한 수도를 말한다는 것이다. 이는 조선에서도 역시 마찬가지였다. 그나저나 이것저것 아무리 들춰봐도 서울은 역시 서울이다. 서울은 서울이 좋다. 역시 서울은 아름답다. 그 이름이 서울이라서 더 그렇다.

# 시청 저자 市, 관청 廳

대한민국 수도 서울에서 사람이 가장 많이 모이는 곳? 사람이 가장 많이 모이는 곳은 아니더라도, 시청은 적어도 가장 유명한 장소일 것이다. 월드컵 때 붉은 옷을 입고 수많은 사람이 모여 한목소리로 응원을 한 곳이었고, 거친 정쟁의 불씨가 옮겨붙어 군중의 정치적 구호소리가 늘 높아지는 곳이기 때문이다.

이 말뜻을 이해하지 못하는 사람은 없을 것이다. 시청은 곧 시청이기 때문이다. 영어로 시청은 city hall이다. 역시 그곳 도시의 행정권력이 버티고 있는 곳이라서 세계 어느 도시건 city hall은 다 유명하다. 우리는 한자에 관심이 많으니까, 우선 그 city hall은 제쳐두고 市廳시청을 들여다볼 일이다.

市시는 우리가 흔히 알고 있는 '市場시장'의 뜻이다. 사람들이 물건을 가지고 나와 다른 물건 또는 화폐와 교환하는 장소다. 이 한자의 연원은 아주 오래되었다. 그도 그럴 것이 사람들이 물건과 물건을 서로 맞바꾸는 이른바 '物物交換물물교환'의 초기 교역 형태는 인류가 원시부족 상태를 벗어난 뒤 바로 벌어졌다고 볼 수 있기 때문이다.

이 市시는 항상 우물을 뜻하는 井정이라는 글자와 붙어 다녔다.

그래서 동양 초기의 시장은 市井시정이라고 적는 경우가 많았다. 그 단어의 유래에 대해서는 몇 가지 설이 있다. 우선 물건과 물건 또는 물건과 화폐를 서로 바꾸는 시장이라는 뜻의 市가 지니는 의미는 분명하다.

그 다음에 왜 우물을 뜻하는 글자를 붙였는가가 문제다. 먼저 등장하는 이야기는 '井田정전' 제도와 관련이 있다는 것이다. 그 정전제라는 것은 밭을 우물 정(井)자의 형태로 구획한 뒤 가운데 부분은 여러 사람이 함께 소유하는 公田공전으로 하고, 나머지 여덟 부분은 개인적으로 소유하는 私田사전으로 한다는 내용이다.

중국 초기 왕조인 殷은나라와 그 뒤를 이은 周주나라에서 시행했다고 하지만 실제 그런 형태의 제도가 실행에 옮겨졌는지에 관해서는 많은 학자가 회의적인 반응을 보인다. 어쨌거나 후대의 정치 사상가들은 이를 이상적인 형태의 토지 소유제, 그리고 稅制세제로 간주해 자주 정전제를 언급했다.

일설에는 과거 동양사회에서 시장을 조성할 때 정전제의 토지 구획처럼 일정하게 구역을 나눠 만들었다고 해서 시장을 뜻하는 市시와 정전을 의미하는 井정을 붙여 市井시정으로 적었다고 한다. 그러나 이렇게 조어의 유래를 설명하는 쪽은 어딘가 팍팍해 보인다. 살갑지 않다는 느낌이 드는 것은 나만의 경우일까.

다른 한 설명이 오히려 우리가 받아들이기에 더 정감적이다. 井정이라는 글자의 으뜸 새김은 '우물'이다. 우물은 물이 나오는 곳이다.

물은 사람이 삶을 이어가는 데 가장 중요한 요소다. 따라서 사람 사는 곳에는 반드시 우물이 있게 마련이다. 물을 기르는 우물이 있어야 사람이 모이고, 결국 마을도 들어선다. 그렇게 모여든 사람들로 인해 장터가 생긴다. 그래서 우물이 있어 사람들이 많이 모이는 곳에 자연스레 들어선 것이 市井시정, 곧 시장이자 장터라는 주장이다.

이 정도면 궁금증이 적당히 풀릴 법하다. 정전제가 말로만 그럴듯했지, 실제는 현실로 구현하기 어려웠으리라는 여러 학자의 설명을 감안하는 게 좋겠다. 그렇다면 과거 동양에서 시장이 현실 속에 나타나는 경우는 전자보다는 후자가 적격이겠다. '우물이 있어 사람이 모이는 곳에 생겨난 장터' 말이다.

市廳시청을 이루는 그 다음의 글자가 廳청이다. 이는 건축의 구조에서 살필 필요가 있는 글자다. 동양의 고대 일반 건축 개념 중 중요한 몇 가지가 堂당과 室실이다. 우리 식으로 적자면, 앞의 堂은 外室외실이고, 뒤의 室은 內室내실이다. 중국 고대 예절과 제도 등을 적은 『禮記예기』에 따르면 앞의 것은 窓창과 戶호의 바깥, 뒤의 것은 그 안쪽이다.

窓창과 戶호를 우리는 한데 합쳐 窓戶창호라고 부르는데, 쉽게 말하자면 내실이 있는 방에 해당한다. 그러니까 그럴듯하게 지은 옛 동양의 주택 중에서 주인이 사는 핵심 건물의 공개적인 장소가 堂당이요, 외부인에겐 공개하지 않는 방이 室실이라고 보면 좋다.

실제 堂당은 외부의 손님 등이 집 안에 들어와 주인과 마주앉는 장소다. 우리 한옥에서는 이를 大廳대청이라거나, 대청마루로 불렀다. 이 大廳에서는 집안 門中문중의 연례행사인 제사와 차례 등을 올렸고, 각종 잔치와 이벤트를 벌였던 곳이다. 집 안에서 유일하게 외부인이 들어와 공개적인 행사를 치르는 장소다. 그래서 堂은 大廳을 뜻하는 廳청과 동의어다.

그에 비해 室실은 비공개 장소다. 외부인이 들어설 수 없는 곳이다. 따라서 철저하게 개인적인 공간이다. 은밀하며 비밀스러운 곳이기도 하다. 그래서 이 두 글자, 堂室당실은 매우 대조적인 뜻으로 쓰인다. 하나는 공개적인 곳, 다른 하나는 은밀한 곳이다.

『論語논어』의 주인공 孔子공자가 그의 제자인 子路자로를 평가한 말이 유명하다. 子路라는 제자는 성정이 활달하고 격정이 넘쳤다. 따라서 그가 연주하는 음악도 호방하지만 과격했다. 孔子는 그런 子路를 두고 "堂당에는 올라섰으나, 室실에는 들어서지 못했다"고 평가했다. 어느 정도의 수준에는 도달했지만, 종국에 닿아야 할 가장 핵심적인 곳에는 들어서지 못했다는 얘기다.

이 말은 나중에 성어로 정착한다. '昇堂入室승당입실'이다. 堂당에 오른 데 이어 室실에까지 들어섰다는 뜻인데, 사람이 전문 영역 등에서 쌓은 재주가 일반 수준을 넘어 최고의 경계에까지 닿았다는 찬사다. 누구나 듣고 싶은 평가일 것이지만, 거저 노릴 수는 없는 법. 피눈물 나는 忍苦인고와 노력이 보태지지 않으면 불가능한 얘기다.

市시는 市井시정이라는 단어에서 흘러나와 결국은 행정구역을 일컫는 명칭으로 자리 잡았다. 어느 곳이든 사람이 없을 수 없고, 그 많은 사람이 모여 살다 보면 일정한 행정이 뒤를 받쳐줘야 한다. 그러니 국가 밑에 각 행정구역이 있고, 그 행정구역 명칭 중에서도 가장 일반적으로 쓰이는 게 바로 이 市다.

앞에서 소개했듯이, 廳청은 堂당의 다른 말이다. 쓰임새와 의미 또한 같다. 공개적인 장소라는 의미가 나날이 커져 이제는 官廳관청의 의미로도 많이 쓴다. 市廳시청이 우선 그렇고 敎育廳교육청, 氣象廳기상청, 環境廳환경청 등의 이름도 생겼다. 중국에서는 공무를 보는 곳이라 해서 辦公廳판공청이라는 단어도 많이 쓰인다.

堂당이라는 말도 재미있다. 공자는 어느 한 분야의 핵심이 있는 곳을 室실로 표현했지만, 실제 건축물의 모습에서 가장 웅장하고 멋진 곳은 堂이다. 공개적인 장소이니 만큼 그럴듯하게 지어야 했던 까닭이다. 그래서 堂의 모습은 멋지다. 그 모습이 멋져서 堂堂당당이라는 말로 표현했다. '正正堂堂정정당당'의 어원이다. 바르면서도 웅장한 모습의 형용이다.

서울의 市廳시청도 그리 당당하면 좋겠다. 그 안에서 공무를 집행하는 모든 공무원들 또한 정정당당하면 좋겠다. 한 걸음 더 나아가 대한민국 모든 영역의 일꾼들이 正正정정하며 堂堂당당하면 좋겠다. 그래서 우리 대한민국이 일정한 수준에 오르는 昇堂승당에 이어, 최고의 수준에 이르는 入室입실의 경지를 이룬다면 얼마나 좋을까.

# 종각 쇠북 鐘, 집 閣

고종 때 만든 普信閣보신각을 지금 우리는 鐘閣종각이라고 적고 부른다. 鐘路종로는 鍾路종로가 아니다. 지하철 종로역 편에 다시 이야기하겠으나, 鐘종과 鍾종은 모양새는 비슷해도 의미는 다르다. 앞의 鐘은 구리 등으로 만든 진짜 '종'이고, 뒤의 鍾은 원래 술잔을 가리키는 글자다.

이 두 글자가 요즘 한국에서는 쉽게 섞여 쓰이지만, 어쨌거나 우리는 종각을 정확하게 적으려면 鐘閣종각으로 표기해야 옳다. 서울 거리 한복판에 종을 매달고 이를 울린 시기는 조선을 건국했던 태조 연간으로 올라간다. 그 뒤 없어졌다가 세조 때에 이르러 큰 종을 다시 만들어 걸었고, 임진왜란 때 없어졌던 것을 광해군 때 다시 만들었다.

그런 여러 곡절을 거쳐 1895년 고종이 보신각이라는 건물을 지은 뒤 다시 종을 가져다가 그곳에 안치했다. 여러 풍상을 겪기는 했지만 어쨌든 서울 한복판인 종로 핵심 지역에 종을 걸어두고자 했던 이유는 간단하다. 옛 시절에는 시간을 알릴 마땅한 計器계기가 아주 적었기 때문이다.

지금도 그렇지만 옛사람들의 생활에서도 시간은 중요했다. 사람들이 한데 모여 형성하는 사회라는 곳은 일정한 기준을 여럿 만들어야 잘 돌아가는 법인데, 그 가운데 가장 중요하다고 할 수 있는 것이 바로 시간일 테다. 서로 정해진 시간에 따라 움직여야 관청도 돌아가고, 일반 저잣거리의 상업 행위도 이루어진다.

그런 시간을 알려주는 게 과거 조선에서는 바로 종이었다. 그렇다고 매 시간을 알려줬다는 얘기는 아니고, 새벽과 밤을 알릴 때 이 종을 쳤다고 한다. 조선에서는 지금의 밤 10시에 종을 28차례 쳤다. 그 횟수는 日月星辰일월성신의 별자리 28宿수의 상징이란다. 이를 人定인정이라고 했다. 사람들이(人) 제자리를 찾아 머문다(定)는 뜻일 게다. 요즘 식으로 표현하자면 일종의 '통행금지'다.

그 반대가 罷漏파루다. 바루 또는 바래, 바라라고도 불렀다고 한다. 새벽 4시(五更三點)에 모두 33차례 타종했다. 그 횟수는 불교의 帝釋天제석천이 이끄는 33개의 하늘을 의미하는 숫자라고 한다. 왜 한자 명칭에 '끝낼 파(罷)', '샐 루(漏)'라는 글자를 붙였을까. 관련 자료를 찾아봐도 마땅한 답이 나오지 않는다. 그러나 뒤의 漏루는 조선시대 물시계를 뜻하는 自擊漏자격루의 그 글자다.

이로 미뤄볼 때 사람들의 통행을 금지했던 시각(漏)이 끝나는(罷) 때라고 해서 이런 이름을 적었으리라고 짐작할 수 있다. 실제 과거의 시계를 가리키는 말 중에는 물방울이라는 의미의 滴적이라는 글자를 써서 만든 '滴漏적루'가 있다. 물을 일정하게 떨어뜨리면서 시간을 잰,

이를테면 물시계에 해당하는 말이다. 이 물시계는 낮 시간에 해당하는 '晝漏주루'와 '夜漏야루'로 단위를 구분한다. 罷漏파루라는 단어는 그 야간의 시간 단위인 夜漏가 끝나는(罷) 때를 가리켰던 것으로 볼 수 있다.

어쨌든 삼국시대의 신라와 고려 때도 시간을 알리는 방식은 다양하게 존재했다고 한다. 조선에 들어와서 서울 종로 또는 그 인근에 종을 걸어놓고 시간을 알리는 방식이 줄곧 이어졌던 모양이다. 그러나 조선 말 고종 때의 기록을 보면 정오를 알리는 '午砲오포 발사'도 있었으니 그 속내는 제법 다양했을 것이다.

중국에서는 새벽은 종소리, 밤은 북소리가 어울린다고 봤던 듯하다. '晨鐘暮鼓신종모고'라는 성어까지 나와 있으니 말이다. 새벽(晨)에는 종(鐘)으로, 밤(暮)에는 북(鼓)으로 시간을 알린다는 뜻의 성어다. 그 바탕은 佛家불가에서 나왔다. 절에서 새벽을 일깨우기 위해 종을 쳤고, 하루의 마감을 알릴 때는 북을 두드렸다는 얘기다.

하지만 반드시 새벽에는 종을 쳤고, 밤에는 북을 쳤던 것은 아니다. 무엇을 먼저 치느냐가 문제였다고 한다. 그러나 새벽에는 종을 앞에 쳤고, 밤에는 북을 먼저 쳤던 점만은 거의 틀림이 없을 것이다. 불교가 유행했던 唐당나라 이후에는 분명히 그랬던 듯하다.

그러나 불교의 가르침이 중국에 뿌리를 내리기 이전인 漢한나라 때는 그 반대였다는 기록도 있다. 아침에 북을 울리고, 밤에는 종을 쳤다는 얘기다. 하기야 북소리는 動的동적이고 종소리는 靜的정적이다.

전쟁터에서 進擊진격을 명령하는 신호음을 북소리로 했다는 점을 감안하면 그럴듯하다. 따라서 한나라 무렵에는 '晨鐘暮鼓신종모고'가 아니라 '晨鼓暮鐘신고모종'이었던 셈이다.

이런저런 사정을 다 생략하고 그냥 종소리로 시간을 알렸던 조선이 오히려 현명해 보인다. 북을 섞지 않아 단순하면서도 명쾌한 느낌을 준다. 더구나 종을 빚는 솜씨가 뛰어나 청동에서 울리는 소리가 그윽하기로는 세계 으뜸의 '한국 종소리' 아니던가. 그래서 종을 치는 打鐘타종 의식은 오늘날에도 생생하게 살아 이어지고 있다.

'除夜제야의 종'은 요즘의 대한민국 연인에게, 젊은이에게, 그리고 나이 든 사람에게도 모두 세월을 돌아보게 하는 장치다. 해마다 12월 31일 자정 무렵에 이 종각이 있는 종로 인근은 사람들이 물결을 이룬다. 옛 조선시대 내내 쳤던 罷漏파루의 종소리가 이때 울린다. 모두 33번을 타종한다.

除夜제야는 무엇인가. 원래는 除夕제석이라고 많이 적었다. 한 해의 마지막 날을 歲除세제(한 해의 끝, 또는 나머지)라고 적었고, 그날의 밤이라고 해서 除夕이라고 했다가 除夜로 변했다. 除夕은 지는 해를 보내고 새로 오는 해를 맞이한다는 의미의 이벤트다. 굳이 성어로 표현하자면 '送舊迎新송구영신'이다. 묵은 것(舊)은 털어서 보내버리고 (送), 새 것(新)을 맞아들인다(迎)는 식의 엮음이다. 送舊迎新의 각오를 이 자리에서 세워보는 사람들이 워낙 많다.

그 세월의 흐름 속에 이미 떠난 것, 내가 아무 생각 없이 보낸 것을 생각하는 사람도 적지 않을 법하다. 불가에서 치는 새벽의 종과 저녁의 북이 그런 의미다. 그렇게 울리는 종소리와 북소리를 들으며 永劫영겁의 세월 속에 말없이 묻혀가는 이 생명의 덧없음을 깨달으면 오히려 인생의 참 의미를 얻을 수 있지는 않을까. 보신각의 종소리는 그냥 흘려들을, 그저 그렇고 그런 소리만은 아니다.

# 종로3가 쇠북 鐘, 길 路, 거리 街

"외로울 때면 생각하세요, 아름다운 이 거리를 생각하세요… 잊을 수 없는 옛날을 찾아 나 이렇게 불빛 속을 헤맨답니다… 오고가는 사람들을 바라보면서 나도 몰래 발길이 멈추는 것은, 지울 수가 없었던 우리들의 모습을 가슴에 남겨둔 까닭이겠죠, 아~아~아~ 이 거리를 생각하세요."

7080의 가요에 등장하는 노랫말이다. 가요의 제목은 「이 거리를 생각하세요」, 가수는 장은아다. "잊을 수 없는 옛날을 찾아 나 이렇게 불빛 속을 헤맨답니다"라는 구절이 특히 가슴에 와 닿는다. 아름다운 노래이면서, 마음을 저려오게 만든다. 그렇게 가슴속에 남은 사람과의 추억을 찾아 헤맬 수 있는 거리라면 얼마나 아름다울까.

鐘路종로는 적어도 내게는, 그리고 필자와 비슷한 연령의 7080 세대 사람에게는 그런 아름다운 거리다. 책방이 많았고, 학원도 즐비했다. 들어가 빵을 시켜먹으며 옆 테이블의 단발머리 여중고생을 훔쳐본 기억이 있던 제과점, 이상하리만치 입맛을 자극했던 쫄면을 팔았던 분식집도 많았다.

어느덧 훌쩍 지나버린 세월의 흔적을 찾아 요즘도 종로 거리를 거닐 때가 있다. 그만큼 아름다운 서울 속에서 그에 못지않은 아름다움으로 빛나는 거리가 바로 종로다. 여전히 사람의 발길이 물결처럼 이어지고, 많은 상점이 화려하게 단장한 채 손님을 부른다.

종로의 명칭은 이곳에 시간을 알리는 鐘樓종루가 있어서 얻은 것으로 보인다. 종로3가역 서쪽으로 다음 역이 바로 鐘閣종각이고, 이곳은 밤에는 통행금지를 알리는 人定인정과 새벽엔 그 해제를 알리는 罷漏파루의 종소리가 흘렀다. 그래서 얻어진 이름이 종로다. 지금의 기준으로 보면 세종로 청계천 머리에서 동대문까지의 구간이다.

종로의 다른 이름은 雲從街운종가다. 구름(雲)이 몰려드는(從) 것처럼 사람이 많다는 뜻이다. 이 雲從운종이라는 말은 중국 고전인 『詩經시경』에서 그 유래를 찾을 수 있으니, '족보'를 갖춘 단어라고도 할 수 있다. 그 원문은 "齊子歸止, 其從如雲제자귀지 기종여운"이다.

文姜문강이라는 여인이 있었다. 옛 춘추시대 齊제나라 사람이니, 지금으로부터 2500여 년도 훨씬 전의 인물이다. 그러나 음탕했던 모양이다. 齊나라에서 이웃인 魯노나라에 시집을 가놓고서는 귀국할 때마다 이복형제인 제나라 임금과 '바람'을 피웠으니 말이다. 『시경』 원문에 등장하는 그 구절은 文姜이 귀국할 때, 혹은 어쩌면 저의 시집인 魯나라에 돌아갈 때를 일컬었던 듯하다. 그때 文姜의 뒤를 따랐던 侍從시종들이 많아 구름과 같았다는 표현이다.

『시경』에서 유래한 이 말은 그 뒤로도 줄곧 쓰였다. 역시 '사람이 구름처럼 모여든다'는 뜻으로 말이다. 우리는 그런 상황을 '雲集

윤집'이라고도 적는다. 비가 내리기 전 하늘을 보면 이 단어가 매우 생동적이라는 점을 알 수 있을 것이다. 큰 비가 오려할 때 저 먼 하늘에서 새카맣게 모여드는 그런 구름을 떠올리면 좋다.

옛 조선에서의 서울은 경복궁과 광화문에서 세종로로 이어지는 축이 정치적 근간을 형성했다. 왕조의 핵심 권력이 자리를 틀고 있는 왕의 보금자리, 즉 경복궁과 광화문을 중심으로 세종로 좌우에 펼쳐져 있던 각 정부부처인 六曹육조를 봐서 그렇다. 그로부터 동쪽으로 앉은 거리가 바로 종로다.

이 종로는 六矣廛육의전으로 유명하다. 이는 수도에 세워진 시장과 점포라고 해서 일명 京市廛경시전으로도 적었다. 대개 세금을 부담하는 공식 시장 또는 점포로서 여섯 가지의 물품을 주로 팔았다고 해서 이런 이름을 얻은 것이다. 그 종류는 우선 비단을 파는 線廛선전, 옷감인 무명을 파는 綿布廛면포전, 솜과 비단을 파는 綿紬廛면주전, 종이를 파는 紙廛지전, 모시와 베를 파는 苧布廛저포전, 생선을 파는 內外魚物廛내외어물전 등으로 이뤄져 있었다.

이들은 정부에 세금을 내면서 장사를 했던 점포들이다. 세금을 내는 대신 정부로부터 專賣전매의 권한을 부여받았는데, 이것을 옛날에는 禁亂廛權금난전권이라고 했다. 난전(亂廛)을 금지하는(禁) 권한(權)이라는 뜻이다. '亂廛'은 공식 허가를 받지 않고, 세금도 내지 않는 무허가 상인 혹은 가게와 점포 등을 가리킨다. 따라서 육의전의 상인들은 옆에 무허가로 물건을 파는 상인들을 단속해 영업을 못 하도록 하는 권한이 있었다는 얘기다.

조선 중초반기에 이미 서울 종로 거리에 이런 육의전이 들어섰던 것으로 보인다. 따라서 종로는 이 같은 육의전 상인들의 활발한 영업행위로 이미 그때 '雲從街운종가'라는 이름에 걸맞은 분위기를 형성했다고 볼 수 있다. 공식적인 시장이니 물건을 사기 위해 사람들이 몰려들었을 것이고, 물건을 사고파는 사람들로 종로 거리는 늘 붐볐다는 말이다.

원래는 더 넓었던 거리가 상가 건물들이 들어서면서 많이 좁혀졌다고 한다. 지금도 늘 그렇지만, 정치와 행정의 중심지보다는 상업적인 곳에 사람이 더 많이 몰린다. 서울 명동과 종로에는 사람들의 발길이 물결처럼 끊이지 않고 이어지지만, 광화문과 여의도 국회 앞은 비교적 썰렁하다.

아무튼 종로는 조선시대 수도 서울에서 가장 번화한 곳이었다고 한다. 육의전에 가끔 난전이 들어서면서 각종 물품의 공급이 끊이지 않는 곳이었으니 사람들이 항상 북적거렸다. 그런 번화한 곳에 높은 벼슬아치가 등장하면 어떨까. 옛 조선의 예법대로라면 많은 일반 사람들은 그들 벼슬아치의 행렬에 머리를 조아려야 했다.

그게 싫었을 법하다. 그래서 종로에는 피맛골(避馬골)이 생겨났다. 말(馬)을 피하기(避) 위해 만든 골목이라는 뜻이다. 지금은 세종로의 종로 입구에서 종로3가까지 내려오는 종로 거리 피맛골은 많이 없어졌다. 도심 재개발을 추진하다보니 옛 정취가 없어진 것이다.

그래도 종로3가부터 동대문까지 이어지는 구간에는 피맛골이 제법 남아 있다. 닭볶음탕, 해삼과 멍게, 각종 찌개 등을 파는 조그만 음식점들이 그런 피맛골에서 조금씩 고개를 내밀고 있다.

7080 세대 앞의 세대에게 이 종로3가는 '종삼'으로 불렸다. 술집이 빼곡히 들어차 있어 퇴근길에 소주 한잔 기울이기에 안성맞춤이었다. 탑골공원(옛 파고다공원) 주변에는 아직 그 흔적들이 남아 있다. 그러나 옛 전성기에는 한참 미치지 못한다. 서울에서 종로를 압도하는 商圈상권이 워낙 많이 생겼고, 그에 따라 사람들도 이리저리 흩어졌기 때문이다.

세월은 역시 많은 것을 흩트리는가 보다. 그럼에도 종로는 여전히 아름답다. 옛 추억을 찾아 불빛 속을 헤매면서 세월에 묻혀 지나가버린 아름다운 이들을 떠올리기에는 아주 그럴싸한 곳이 종로 거리다.

# 종로5가 쇠북 鐘, 길 路, 거리 街

종로는 시장의 거리다. 시장이 많으면 사람이 많이 모인다. 그러니 사람들이 구름처럼 모여드는 雲從街운종가라고 하지 않았던가. 앞서 소개한 대로다. 종로5가도 그런 점에서는 마찬가지다. 이곳은 '배오개'로도 유명하다. 종로구 종로4가와 예지동에서 인의동에 걸쳐 있던 마을인데, 예전에 있던 이곳 고개는 한국 시골의 여느 마을 못지 않게 각종 설화가 숨겨 있는 곳이었던가 보다. 이 배오개는 '배나무가 있던 고개'에서 유래한 이름으로 보이지만, 다른 설도 있다. 제법 빽빽한 숲이 들어차 있어서 짐승과 도깨비가 많아 대낮에도 혼자 그곳을 넘기가 무서웠다는 것이다. 그래서 사람 백 명을 모아 넘었던 고개라는데, 게서 유래한 이름이 백고개, 백재, 백채라는 것이다. 이 이름이 발음상의 편리를 취하기 위해 '배오개'로 번졌다는데, 글쎄 어느 것이 정설인지는 분명치 않다. 어쨌든 한자 이름이 '배나무'와 '고개'라는 글자가 들어가 있는 '梨峴이현'이라는 점을 감안하면, 원래의 고유 명칭 또한 '배나무가 있는 고개'에서 유래한 것 아닐까라는 추정이 가능하다.

이곳에도 유명한 시장이 있었다. 지금 종각 인근의 '鐘樓종루' 인근에는 앞의 '종로3가' 편에 소개했던 '육의전'이 있었다. 정부가 공식 허가한 시장이라서 이곳은 '市廛시전'이라고 불렀다. 아울러 지금의 남대문시장에는 '칠패시장'이라는 곳이 있었다. 이 두 시장과 함께 배나무 고개에 있던 시장, 즉 '배오개시장'은 서울의 3대 시장이었다고 한다.

자료를 뒤적여보니, 이 배오개시장이 때로는 현재의 동대문시장으로, 때로는 현재의 광장시장으로 나온다. 정확하게 比定비정하기에는 필자의 역량이 부족이라. 전체적으로 보면 동대문시장과 광장시장이 크게 어울려 큰 상권을 형성하고 있음은 분명하다. 동대문시장이야 지하철 '동대문역'이 있으니 그때 별도로 이야기하면 좋겠다.

문제는 광장시장이다. 청계천을 북에서 남으로 넘는 다리인 廣橋광교와 長橋장교 사이에 있는 시장이라는 뜻에서 '광장'이라는 이름이 붙었다는 게 일반적인 주장이다. 그렇다면 광장시장의 한자 이름은 '廣長광장'이 옳겠다. 그러나 일부에서는 이 시장의 한자 이름을 '廣藏광장'으로 적는다.

시장의 이름이라는 점에서 볼 때는 뒤의 '廣藏광장'이 좋다. 널리 (廣) 품었으니(藏) 말이다. 달리 해석하자면 '많은 것을 숨기고 있는 곳'이라고 풀어도 좋겠다. 그런 점에서 특히 먹거리가 풍부해 많은 사람의 발길을 끌어들이는 광장시장은 '廣長광장'보다는 '廣藏'이 제격이다.

그러나 종로구청의 홈페이지, 광장시장의 홈페이지를 뒤적여도 정확한 한자 이름은 나오지 않는다. 서울 지명을 연구한 자료나 백과사전에만 한자 이름이 '廣藏광장'으로 등장하는데, 여기저기의 자료가 때로 일치하지 않아 가장 신빙성이 높으리라 여겨지는 종로구청과 광장시장의 자료를 봤는데도 영 석연치가 않다.

한자는 그렇게 우리 곁을 떠나고 있는 모양이다. 광장시장이라면 그냥 광장시장이라고 부르면 좋지, 왜 한자를 꼭 알아야 하느냐고 소리치면 별 대답을 할 수 없다. 그러나 이왕 이름을 한자어로 달았으면 그 곡절이나 의미를 제대로 새기는 작업은 꼭 필요하다. 그럼에도 종로구청과 광장시장의 홈페이지는 답을 주지 않는다.

요즘의 중국인은 티베트를 '西藏서장'이라 적고, 발음을 '시짱'으로 한다. 한자 '藏장'이 원래 새김인 '감추다' '지니다'의 의미일 때의 발음은 '짱'이 아니라 '창cang'이다. '짱'으로 발음할 경우에는 매우 좋은 뜻이다. 우선 무엇을 품고 있는 장소라는 뜻이다. 그 다음에는 불교의 핵심인 經경과 律율, 論논 등을 지칭한다. 그래서 이 세 분야에 정통했던 인물이라고 해서 孫悟空손오공과 豬八戒저팔계가 등장하는 『西遊記서유기』의 또 다른 주인공 '삼장법사'를 중국인들은 '三藏삼장'이라고 적었다.

광장시장이 '廣藏광장'이라고 할 때 우리가 삼장법사의 '三藏삼장'까지 떠올릴 필요는 없겠다. 그러나 무엇인가가 그곳에는 숨겨져 있는 듯하다. 맛있는 순대와 떡볶이, 비빔밥과 칼국수가 있다. 비록 부처께서 일러주신 고귀한 진리의 요체는 아닐지라도, 우리가 늘 곁을 떠나지 못하는 소중한 일용의 음식이다. 종로5가 광장시장에는 그런 내음이 늘 가득하다. 그래서 종로5가역에 도착한 우리의 발길은 자연스레 그곳 시장으로 향하는지 모른다.

# 동대문 동녘 東, 클 大, 문 門

멀리 돌아가 이를 필요가 없다. 동쪽의 대문이라는 뜻이다. 이미 잘 알려져 있다시피, 조선의 옛 서울에는 四大門사대문이 있었다. 지금도 도심 한가운데에서 일부가 잘 버티고 서있는 이 四大門을 자세히 보면 누각 높은 곳에 현판이 걸려 있다. 四大門의 '본명'이다. 동대문, 남대문, 서대문 등은 부르기 좋게 만든 호칭에 불과하다.

이 동대문의 진짜 이름은 '興仁之門홍인지문'이다. 몇 해 전에 화풀이 노인네의 방화로 불에 탔다가 최근에 복원한 남대문의 본명은 '崇禮門숭례문'이다. 지금은 없어졌으나 서쪽에 버티고 있던 서대문의 진짜 이름은 '敦義門돈의문'이다. 잘 뜯어보면 유교에서 숭상하는 '가치'가 한 글자씩 들어가 있다.

동대문은 어질다는 새김의 '仁인', 남대문은 사람의 도리를 뜻하는 '禮예', 서대문은 사람 사이의 의리를 의미하는 '義의'다. 그럼 북대문이 궁금해진다. 지금은 청와대 뒤편에 '肅靖門숙정문'이라는 이름을 걸고 서있다. 그러나 그 전의 이름은 肅淸門숙청문이고, 다시 그 전의 이름은 弘智門홍지문이다.

태조 이성계가 조선을 건국한 뒤 이곳 서울 지역에 도성을 지을 때 鄭道傳정도전 등 신진 유학자들이 이렇게 주장했다고 한다. 그 이름이 원래 홍지문에서 숙청문, 다시 지금의 숙정문으로 바뀐 곡절을 소개하는 자리는 다음 기회로 미루자. 단지, 원래 이름대로 북대문이 홍지문이었다면 사대문의 版圖판도는 이렇게 그려진다.

동쪽의 동대문은 사람의 어짊(仁)을 일으키고(興), 남쪽의 남대문은 사람의 도리(禮)를 떠받들며(崇), 서쪽의 서대문은 의리(義)를 두텁게 쌓으며(敦), 북쪽의 북대문은 지혜(智)를 넓히라(弘)는 뜻이다. 앞에서 조금 순서가 헛갈렸는데, 우리 식의 방위 개념은 東西南北동서남북이므로 이에 맞춰 내용을 다시 정렬하자면 바로 '仁義禮智인의예지'다.

이 '인의예지'라는 게 무엇인가. 孔子공자를 기점으로 해서 약 2500년 동안 동양의 사상계를 지배하다시피 한 유교의 근본적 志向지향이다. 사람은 자고로 이 '인의예지'를 갖춰야 제대로 된 사람이라는 게 유교의 주장이다. 조선은 그 왕조의 성립과 함께 중국에서 발달한 유교, 그 가운데 보다 공격적인 性理學성리학을 국가운영의 이념으로 삼았다.

여기다가 중국 漢한나라에서 발전시킨 陰陽음양과 五行오행 이론을 접목해 유교의 이념적 지향인 '인의예지'에 모두 방향을 의미하는 方位방위와 색깔의 개념을 입혔다. 그래서 어짊은 동쪽, 의로움은 서쪽, 도리를 가리키는 예는 남쪽, 지혜를 이르는 지는 북쪽이라고 했다. 그에 입각해서 조선왕조의 설계자들은 사대문에 '인의예지'를 앉혀 지금에 이르고 있는 것이다.

조선의 500년 역사를 어떻게 볼 것인가는 역시 늘 논란이다. 엄격한 계급과 숨 막힐 듯한 정치제도로 버티다가 생동감을 잃어 급기야 亡國망국의 한을 남겼다는 사람도 있고, 나름대로 독창적인 문화를 이어왔다는 점을 칭찬하는 사람도 있다. 그럼에도 世宗세종이 창제한 한글과 倭亂왜란에서 나라를 건진 李舜臣이순신 장군이 있어서 자랑스럽다는 점은 부정할 수 없다.

어쨌거나 옳든 그르든 과거 500년 역사의 조선은 지금의 대한민국을 일군 토대임에는 분명하다. 그러나 조선시대를 걸어왔던 우리 조상의 모든 것을 우러를 필요는 없다. 잘한 것과 잘 못 펼친 것을 냉정하게 가려 장점을 취하되, 그 망국에 이르게 한 조선의 단점은 우리가 보완해야 한다.

동대문의 의미는 어떨까. 비록 유교의 근본적 이념인 성리학에 묻혀 조선이 결국 과도한 黨爭당쟁과 세도가의 전횡 때문에 망국으로 치달은 점은 살피더라도, 그 안에 담긴 진정한 뜻은 살리는 게 좋다. 동대문의 이마에 걸린 '흥인지문'의 '仁인'은 우리 식으로 풀자면 '어짊'이다. 사람이 어질다는 것은 우선 착하다는 얘기다. 그냥 바보같이 착하면 그 또한 매력이 半減반감된다.

사람의 도리, 돈독한 의리, 날카로운 지혜와 함께 어짊을 갖춘 사람은 요즘 식으로 말하자면 '상남자'요, '알파걸'이다. 그중에서도 어짊은 사람의 본바탕이 착하냐, 그렇지 않으냐를 가르는 기준이다. 비슷한 한자어로 이 어짊을 풀자면 우선 仁慈인자요, 善良선량이며,

慈悲자비로움이다.

　그 어짊을 바탕으로 의술을 베풀면 그게 바로 仁術인술이고, 집권해 사람들의 삶을 평안하게 이끌면 우리는 그런 지도자의 정치를 仁政인정이라고 부른다. 사람이 어진 데다 행동에도 무게가 있으면 그를 "仁厚인후하다"고 평한다. 아울러 어질고 남을 사랑하는 마음이 仁愛인애다.

　'一視同仁일시동인'이라는 성어도 있다. 상대를 대할 때 모두 한결같이 어짊으로 대한다는 말인데, 사람을 차별적인 시선 없이 상대한다는 뜻이다. '殺身成仁살신성인'도 우리가 잘 아는 성어다. 제 몸을 희생(殺身)해서라도 그 어짊의 덕목을 이룬다(成仁)는 뜻인데, 그 얼마나 거룩한 일인가.

　이런 여러 가지 좋은 뜻을 품고 있는 글자가 바로 '仁인'인데, 이를 크게 일으키자는 뜻의 현판이 동대문의 '흥인지문'이다. 그러나 조선의 시대 500년은 실제 어땠나. 걸어놓은 현판은 좋았으나, 그 어짊을 사방팔방에 결코 펴지 못했다. 양반과 상민, 지체 높은 사람과 상놈의 班常반상에 관한 구분이 아주 엄격했으며 심지어 왕조 막바지까지 노비가 상존했던 게 조선의 현실이다.

　구호가 좋으면 뭘 하나. 그 속을 채우려는 노력이 더 절실했던 것을. 조선시대의 풍상을 걸어왔던 우리 조상의 진짜 모습은 그럴지도 모른다. 그를 보완하려는 줄기찬 노력이 이어져야 하는데, 아직 힘겹게나마 버티고 서있는 동대문이 그 메시지를 전하고 있지는 않을까.

# 동묘앞 동녘 東, 사당 廟

동묘는 우선 東關王廟동관왕묘의 준말이다. 동쪽(東)의 관왕(關王)을 모신 사당(廟)이라는 뜻이다. 이 關王관왕이라는 존재는 우리가 잘 아는 역사적 인물이다. 劉備유비와 의형제를 맺은 뒤 활약했던 그의 장수 關羽관우다. 그가 왜 신으로 모셔지고 있는지에 관해서는 제법 잘 알려져 있다.

우선 중국의 신앙이 드러내는 특징 때문이다. 고래로부터 중국은 現世현세에서 강한 힘을 행사했던 인물은 죽어서도 힘과 권력을 지닌다고 믿어왔다. 가장 대표적인 경우가 바로 이 關羽관우다. 그는 충성과 의리의 인물이면서도 三國時代삼국시대의 시공간에서 가장 뛰어난 장수였다고 여겨지는 인물이다.

그런 關羽관우는 북송 때 황제의 꿈에 나타나 당시 조정의 골칫거리였던 사안을 해결하는 주역으로 등장했다. 마침 그 황제의 꿈은 곧 현실로 드러났다. 이어 왕조의 차원에서 그는 처음 신으로 대접을 받았고, 뒤를 이은 왕조에서도 몸값이 올라 지속적인 명예를 누렸다.

아울러 그는 중국 山西산서 남부가 고향인데, 그곳 사람들이 내륙 소금 판매업을 석권하면서 돈을 잘 벌어들인 적이 있었다. 그 고향의 후배들은 먼 곳을 이동할 때 자신을 지켜달라는 의미에서 무예가 출중했던 고향선배 關羽관우의 조각상을 모시고 다녔다고 한다. 다른 지역 상인들이 그를 보고 호기심이 발동했다.

조각상의 주인이 누구인지를 알아낸 다른 지역 상인들은 무릎을 쳤다. '아, 저 지역 사람들이 關羽관우 때문에 돈을 잘 버는구나!' 라면서 말이다. 그래서 關羽는 왕조가 떠받들어 모시는 무력의 신에서 '타이틀' 하나를 더 얻었다. 이번에는 돈을 잘 벌게 해주는 재물신의 타이틀이었다.

돈 버는 일은 누구나 다 좋아하지만, 예나 지금이나 중국인들은 더욱 그렇다. 그래서 關羽관우는 생명을 지켜주고 돈을 벌게 해주는 신으로 인기가 높다. 임진왜란 때 조선을 돕기 위해 출동한 명나라 장수나 사병들에게도 당연히 그의 인기가 최고였을 것이다.

그들의 출병에 고마움을 넘어 '우리를 다시 만들어준 은혜(再造之恩재조지은)'라고 떠받들며 감격에 겨워하던 조선의 조정이 그를 기념하기 위해 만든 곳이 바로 이 東關王廟동관왕묘, 즉 東廟동묘다. 조선에 와 있던 명나라 장병들에게도 잘 보일 필요가 있었고, 멀리 北京북경에 있는 명나라 황제와 대신들에게도 '우리가 이만큼 신경 쓰고 있다'라는 메시지를 보내는 데 필요했을 것이다.

이 동묘의 문화재적 가치는 상당하다고 한다. 당시 중국의 民俗민속을 한반도의 조선이 어떻게 해석해 형상화했는지를 알 수 있고, 건축과 조각에서 예술적 造營조영 능력이 어땠는지 등을 두루 살필 수 있다고 해서다. 그러나 關羽관우가 어디까지나 중국인 마음속의 신앙 대상일 뿐이어서 다소 생경한 느낌을 감출 수 없다는 점도 사실이다.

東廟동묘의 앞 글자 東동은 앞의 동대문역에서 살폈으니 다음 글자 廟묘를 보기로 하자. 廟는 일반적으로 조상이나 신앙의 대상인 신을 모시는 일종의 祠堂사당이다. 아울러 중국의 보통 쓰임새에서는 외래 종교인 불교 외의 토속 신앙의 신을 모시는 곳으로 정의할 수 있다. 중국에서는 토속 신앙인 土地神토지신 숭배가 많았는데, 그를 모시는 곳에 늘 廟가 붙었다.

太廟태묘는 권력의 정점이었던 皇帝황제의 神位신위를 두는 곳이고, 그 아래의 대신들도 등급에 따라 각자 家廟가묘를 지었다고 한다. 孔子공자의 신위를 모시는 곳은 孔廟공묘라고 했으며, 그가 文武문무의 영역에서 文문을 대표하는 인물이라고 해서 文廟문묘라고도 불렀다. 關羽관우는 孔子에 견줘 武무를 대표하는 인물이라 武廟무묘, 또는 關廟 관묘나 關帝廟관제묘라고 했다.

중국 재래 종교에 해당하는 道敎도교의 道師도사들이 이곳을 활용해 이제 때로는 道敎 사원의 이름으로도 쓰인다. 아울러 불교의 寺院 사원과 혼용해 종교적인 행사가 치러지는 곳의 일반적인 명칭인 寺廟 사묘라는 단어도 등장했다.

우리의 경우에는 宗廟종묘가 대표적이다. 조선 역대 임금의 신위를 모신 곳이다. 왕조 최고 권력자인 임금의 조상들 신위가 있는 곳이니 이곳은 神聖신성하기 이를 데 없는 곳으로 자리매김했다. 아울러 토지와 농사의 신을 모신 곳이 社稷사직이다. 이 둘을 합치면 宗廟社稷종묘사직인데, 이는 곧 왕조의 얼굴이나 근간을 이룬 곳으로 간주했다. 지금 식으로는 국가의 상징인 셈이다.

廟堂묘당이라는 말도 기억해두면 좋다. 황제의 신위를 모셔둔 태묘의 正殿정전 또는 그와 같은 새김의 핵심 건축물인 明堂명당을 일컫는 곳이다. 이곳에서는 국가의 중요한 일을 의논했던 모양이다. 그래서 나중에는 '국정을 의논하는 곳', 즉 朝廷조정이라는 의미를 얻었다.

廟算묘산은 그런 묘당에서 논의를 거듭해 다듬고 또 다듬는 戰略전략을 가리킨다. 兵法병법에서 나온 개념이다. 그 廟算묘산을 거듭하고 또 거듭해 상대를 제압하는 가능성을 높이면 그게 바로 勝算승산이다. "勝算이 있을까 없을까"라며 우리가 자주 쓰는 말이지만, 그 속내는 이렇듯 조금 다르다.

임진왜란과 정유재란을 혹심하게 거쳤던 조선의 조정은 그런 廟算묘산에서 실패했다. 그보다 작은 단위였으나 자신의 전쟁터에서 고민에 고민을 거듭하며 廟算에 열중했던 이순신 장군은 왜병에게 압도적인 승리를 거뒀다. 전략의 有無유무, 그를 다루는 깊이와 진지함의 차이에서 비롯했던 결과다.

국가를 이끌었던 조선의 廟堂묘당과 朝廷조정은 그런 전략 자체를 갖추지 못해 커다란 재앙을 불러들였고 결국 명나라에 다급하게 구원을 요청했다. 그 과정 뒤에 생겨난 게 바로 이 東廟동묘다. 우리는 이 역사의 아이러니를 어떻게 다뤄야 할까. 東廟를 지날 때면 늘 머릿속을 오가는 상념이다.

# 신설동 새新, 베풀設, 골洞

한자 뜻 그대로 풀자면 '새로(新) 만든(設) 동네(洞)'라는 의미다. 실제 이 지역은 조선시대 서울을 가리켰던 漢城府한성부의 동쪽 지역에 있던 崇信坊숭신방에 새로 만든 마을인 까닭에 그 이름을 얻었다. 당시의 이름은 '新設契신설계'였다. 왜 마을 이름에 '契계'가 들어있을까 궁금해진다.

이 글자는 사람 사이의 契約계약을 의미하는 한자다. 더 나아가 일정한 규약을 만들어 공동으로 이익을 추구하는 집단, 또는 그런 행위를 일컫기도 한다. 옛 마을에서 공동체를 만들어 서로 돕고 살아가자는 취지에서 만들어진 초기 사회조직이다.

조선시대 말엽에만 전국에 각종의 계가 480여 개에 달했다는 기록도 있다. 단순한 지역공동체적인 조직도 있었고, 특정한 산업 분야에서의 공동체도 있었다. 후자의 경우는 배를 만드는 사람의 모임인 船契선계, 그물 짜는 사람들의 조직인 漁網契어망계, 책을 팔고 사는 사람들의 집단인 書冊契서책계 등 종류가 매우 다양했다고 한다.

그러나 신설동의 원래 이름인 신설계는 조선 말에 서울 지역을 5 部부로 나눈 뒤 그 아래에 坊방과 契계 및 洞동을 뒀던 데서 비롯했다.

따라서 契는 坊보다는 작고, 洞보다는 조금 큰 마을을 가리킨다. 동대문 밖 숭신방 안에 새로운 마을을 설치했다고 해서 붙여진 이름이 바로 신설계였고, 행정구역 명칭 변경에 따라 신설계가 다시 신설동으로 바뀐 것이다.

新신이라는 글자는 어떻게 '새로움'이라는 뜻을 얻었을까. 초기 한자인 갑골문에서는 이 글자가 오른쪽은 도끼, 왼쪽은 나무를 가리키는 상형문자로 나온다. 손으로 도끼를 잡고 나무를 베거나 다듬는 모습이다.

나중에 중국인 학자가 그 뜻을 이렇게 풀었다. "옷을 처음 만들 때는 初초, 나무를 새로 벨 때는 新신으로 쓴다"고 말이다. 오랫동안 중국에서 사용했던 한자의 흔적을 좇아 진행한 연구였으니 그럴듯할 수밖에 없다. 그렇게 해서 新이라는 글자는 '새로움', '처음' 등의 뜻을 얻었다고 보인다.

이 글자의 반대는 '옛것'이라는 뜻을 담고 있는 舊구다. 둘을 병렬하면 新舊신구다. 우리 군대식으로 이야기하자면 바로 신참과 고참이다. 새로 자라나는 세대가 新世代신세대, 그들에게 자리를 비켜줘야 할 세대가 舊世代구세대다. 이 新舊 세대의 갈등이 깊어 문제가 자주 발생하는 요즘이다.

新舊신구라는 단어 말고도 우리가 거의 같은 의미로 자주 쓰는 단어가 新陳신진이다. 조금 낯설다는 사람도 있을지는 모르겠으나, 그 뒤에 代謝대사라는 말을 붙이면 곧 新陳代謝신진대사다. 新陳은 新舊와 같은 의미다. 陳진이라는 글자가 옛것, 오래 시간이 지난 것 등의 의미를 지닌다. '陳腐진부하다'와 같은 단어에 쓰이는데, 오래 지나(陳) 썩는(腐) 데 이르렀다는 의미다.

代謝대사라는 단어의 속도 궁금해진다. 누군가를 대신한다는 의미의 글자가 代대, '고마워하다' '사례하다' 등을 가리키는 글자가 謝사다. 그러나 여기서는 앞의 代가 '번갈아' '차례대로 이어지다' 등의 뜻이고, 뒤의 謝는 꽃이 시들어 떨어지듯 무엇인가가 사라지는 모습을 가리킨다.

그러니 신진대사는 묵은 것과 새로 받아들인 것이 서로 번갈아 자리를 교대한다는 뜻이다. 먼저 먹은 것은 배출하고, 새로 입으로 들인 음식과 물 등이 몸을 채운다는 뜻. 따라서 몸의 소화기와 순환기가 제대로 움직이는 상황이다. 이 신진대사에 이상이 생기면? 곧 병이 찾아온다.

새 것은 좋은 법이다. 낯설기도 하지만 뭔가 변화를 꾀할 수 있기 때문이다. 그래서 이 新신이라는 글자는 옛 선비들에게 제법 사랑을 받았다. 스스로 학문과 마음 등을 갈고 닦아 나날이 새로워지라는 주문이 있었다. '日日新, 又日新일일신, 우일신'이다.

나날이 새롭게, 그리고 또 새롭게 변하라는 뜻이다. 끊이지 않는 진지한 노력을 덧붙여 늘 새롭게 달라지는 革新혁신을 강조하는 내용이다. 그 革新이라는 말이 왜 중요한지는 곰곰이 따져볼 일이다. 자신에 대한 진지한 성찰, 그리고 부단히 새로워지려는 노력이 더해진다면 그는 아마 이 세상 최고의 승부사이리라.

設설은 '무엇인가를 어느 한 곳에 둔다'는 의미의 글자다. 그 무엇인가는 구체적인 모습을 띤 물건일 수도 있고, 아닐 수도 있다. 구체적인 모습의 물건을 어느 한 장소에 두는 행위를 우리는 '施設시설'이라고 부른다. 건물 안 일반 물건의 배치를 일컬을 때 '~施設'이라고 적는 경우가 대표적이다. 물을 빼는 데 필요한 '排水施設배수시설'이 한 사례다. 그러나 동사적 의미도 있다. '계단을 施設하는 중'이라고 표현하는 경우다.

동사의 경우에는 設置설치라는 단어를 더 많이 쓴다. 역시 '시설'과 뜻이 같다. 그런 행위를 거쳐 만들어지는 장비 등이 設備설비다. 무엇인가를 설치해 뜻을 이루면? 그게 바로 設立설립이다. 제사상에 제수를 늘여놓는 행위를 우리는 陳設진설이라고 한다. 陳진은 옛것, 오래 지난 것 등의 의미도 있지만 여기서는 '늘어놓다'라는 뜻이다. 쇼 윈도우에 상품을 늘어놓는 행위가 陳列진열이라는 점을 기억하면 좋다.

물건만 늘어놓을 수 있는 것은 아니다. 무엇인가를 개념적으로 정해 놓는 행위가 '設定설정'이다. 당신의 꿈을 늘어놓으면 어떤가. 그 꿈은 일종의 計劃계획이다. 따라서 우리는 그 꿈과 計劃을 늘어놓는 행위를 設計설계라고 적는다.

이 設설이라는 글자에 담긴 또 다른 뜻이 하나 있다. '만약', 즉 if의 의미다. 그래서 우리는 '設令설령', '設使설사', '設或설혹' 등의 단어를 사용한다. 뒤에 '~이(하)더라도'가 잘 따라붙는 말이다. 지하철

안의 안전설비를 잘 살펴두자. '設슈' 불길이 번지더라도 우리는 그런 '설비'와 '시설'이 있는 곳을 정확히 알고만 있다면 큰 재앙에서 내 몸을 지킬 수 있다. 새로 만들었다는 동네, 신설동을 지나면서 그런 '설정'도 해보자. 아울러 내 꿈을 더욱 알차게 영글도록 내 삶을 '설계' 해보자.

# 제기동 제사 祭, 터 基, 골 洞

제사(祭)를 지내는 터(基)가 있었던 모양이다. 아니나 다를까, 자료를 찾아보니 지금의 제기역 인근에 先農壇선농단이 있었다. 先農壇은 전형적인 농업 국가였던 조선이 농업의 신이라고 알려진 神農氏신농씨와 后稷氏후직씨에게 제사를 올려 백성들의 농사를 장려코자 했던 곳이다.

풍년을 기원하는 제사, 가뭄에 비를 내려달라고 비는 祈雨기우의 제사, 가을에는 왕이 벼 베기를 참관하는 행사 등이 이곳 선농단에서 열렸다고 한다. 풍년을 기원하는 선농제가 열리면 왕조는 이 지역의 나이 많은 노인들을 함께 참석시켰다고 하는데, 행사가 끝난 뒤 제사에 올린 고기를 잡아 끓여 노인들에게 대접한 국이 '선농탕'이었다가 다시 설렁탕으로 발전했다는 얘기도 있다.

어쨌든 국가적 행사인 선농제가 벌어졌던 곳이 선농단이고, 그 제사의 터가 있던 곳이라 해서 이곳은 '제기동'이라는 이름을 얻은 셈이다. 우리는 이 '祭祀제사'라는 행사와 멀리 떨어져 있지 않은 민족이다. 유교의 토양이 워낙 깊었던 조선 500년 동안을 살아온 조상들의 전통 때문이다.

祭제라는 글자는 탁자에 무엇인가를 올려놓고 손으로 잡는 모습을 표현하는 상형문자로 본다. 무엇인가를 올린다고 했는데, 결국은 제사상에 올리는 肉類육류와 관련이 깊을 것으로 사람들은 설명한다. 제사에 올리는 고기? 우리가 자주 사용하는 犧牲희생이다. 소와 돼지, 양 등 기르던 가축을 잡아 신이나 조상에게 제례를 올릴 때 사용하는 것이 바로 '犧牲'이다.

"누군가가 희생양이 됐다"라고 할 때 그 '희생양'은 제사를 위해 잡은 羊양의 의미다. 기독교에서 흔히 이야기하는 贖罪羊속죄양도 어떻게 보면 그 희생과 같은 의미다. 그래서 결국 이 희생이라는 단어는 '남을 위해 대신 목숨 등을 바치는 존재'라는 의미를 얻기에까지 이른다.

그렇다면 祭祀제사라는 단어에서 祭제와 祀사는 어떻게 구별을 지을까. 사실 정확하게 가르기는 쉽지 않다. 앞의 祭라는 글자의 뜻은 조상이나 신에게 올리는 禮예라는 점에서는 뜻이 명확하다. 특히 상에 희생을 올린다는 점도 분명하다. 뒤의 祀라는 글자 역시 동양의 전통으로 자리를 잡으면서 조상이나 신 등에게 올리는 禮라는 의미로 굳어졌다는 점에는 틀림이 없다.

일설에는 하늘에 지내는 제사를 祭제, 땅에 올리는 제사를 祀사라고도 했단다. 어느 경우에는 국가적 행사의 제사를 祀라고 한다는 설명도 있다. 그래서 우리는 굳이 이 둘을 나누지 말고 그냥 祭祀제사라고 하는 게 좋다. 그 안에 담긴 여러 가지 의미야 여기서 더 이상의 설명을 붙일 필요가 없겠다.

이 제사의 행위는 비단 동양에만 그치는 것은 아니다. 서양에서도 신 등에게 올리는 각종 祭禮제례가 많았다. 우리가 謝肉祭사육제라고 번역했던 카니발Carnival도 그런 제사에 가까운 행사. 예수가 광야에 나가 수난을 당했던 四旬節사순절에는 사람들도 고기를 입에 댈 수 없었다고 한다. 고기를 금지하는 禁肉금육, 역시 같은 의미의 謝肉사육의 기간을 앞두고 먼저 고기를 실컷 먹어두자는 취지에서 벌어진 행사가 카니발, 즉 謝肉祭라고 한다는 것이다.

제사와 연관이 있는 단어는 매우 풍부하게 발전했다. 제사를 올리는 예가 祭禮제례, 제사를 주관했던 관직이 祭司제사 또는 祭司長제사장, 제사의 절차와 예법 등을 적은 책 또는 그런 형식이 祭典제전, 제사에 쓰는 그릇 등이 祭器제기다. 젊은 남녀들이 좋아하는 祝祭축제 또한 빼놓을 수 없는 한자어다.

재미있는 단어 하나 소개하자. '獺祭달제'라는 말이다. 한자가 어렵다고 피하지 말자. 이 '獺달'은 동물을 가리킨다. 요즘 생태환경이 제법 살아나 우리나라 하천 등지에 조심스럽게 나타나는 '水獺수달'이 주인공이다. 이 녀석하고 제사가 무슨 연관이 있길래 獺祭라는 단어가 생겨났을까.

춘삼월에 차가운 바람은 북녘으로 몰려가고 따뜻한 봄이 올 기미가 나타나면 강에 있던 얼음이 깨지면서 수달이 본격적인 활동에 들어간다. 이 현상을 유심히 살피던 사람들의 눈에 띈 장면이 있다. 수달이라는 녀석은 물고기 잡이의 명수다. 녀석들이 아직 차가운 강물에 들어가 고기를 잡아들이는 장면까지는 이해할 수 있는데, 잡은 고기를 물가 바위에 가지고 나와 가지런히 늘어놓는다는 점이 이상했다.

수달이야 제 나름대로의 攝生섭생을 위한 방략을 선보인 것이겠으나, 사람들은 그 모양이 하도 신기했던 모양이다. 그래서 바위 위에 잡아들인 물고기를 죽 늘어놓는 수달의 행태가 마치 조상이나 신 등에게 제사를 올리려고 사람들이 음식을 상에 펼쳐놓는 모습과 닮았다고 본 것이다. 그래서 수달의 제사, 즉 獺祭달제라는 말이 생겨났다고 한다.

수달이 기특했겠지. 조상을 모시고, 신 앞에서 겸허하자고 올리는 게 제사인데 하찮은 동물이 그런 사람의 제사 모습을 흉내 내는 것으로 간주했으니 말이다. 그러나 이 단어 獺祭달제는 반드시 좋은 뜻만은 아니다. 오히려 자신을 지나치게 과시하는 사람을 비꼬는 말이기도 하다.

漢文한문 문장을 썼던 옛사람들에게 흔히 드러나는 단점이 하나 있다. 孔子공자와 孟子맹자를 비롯한 동양 옛 聖賢성현들의 글귀를 자주 인용한다는 점이다. 그런 좋은 글귀만 인용하면 문제가 적겠으나, 유식한 척 하느라 일반인들이 잘 알지도 못하는 각종 成語성어와 典故전고(일정한 준거가 있는 옛이야기) 등을 잔뜩 늘어놓는 사람이 적지 않았다.

이렇게 제 지식을 자랑하려 영양가 없는 옛이야기나 구절 등을 줄줄 펼치는 사람을 동양에서는 '수달 녀석이 또 제사를 지내는군' 이라며 마땅치 않은 시선으로 봤고, 그런 사람 또는 행위를 獺祭달제 라고 적기도 했다.

그러나 제기동의 옛 제터는 그런 수달이 미치지 못했던 영역이었 겠지. 국가의 안녕과 백성의 풍요함을 기원하는 선농의 제단이 들어 섰던 곳이니 엉뚱한 상상을 동원할 필요는 없다. 그러나 제사는 제 사다. 제사가 제사 이상의 虛禮허례로만 흐른다면 낭비에 그친다. 늘 경계해야 하는데, 그런 제사 줄줄 늘여놓는 사람 조심하자. 수달이 귀엽기는 하지만, 그저 생선만 하릴없이 늘어놓는다면 그 귀여움도 역시 반감하지 않겠는가.

# 청량리 맑을 淸, 서늘할 凉, 마을 里

조선시대에 일찌감치 생긴 이름이다. 본래는 신라 말엽에 창건한 淸凉寺청량사 때문에 이 같은 이름을 얻었다고 한다. 한때는 중앙선 발착역이 있어 강원도 일대로 떠나는 여행객들로 늘 붐비던 곳으로 유명하다. 특히 고등학생과 대학생 등 청춘남녀들이 경춘선을 타고 1박2일 등의 이른바 MT를 떠나면서 많은 일화를 남겼던 곳이기도 하다. 1970~80년대 고등학교와 대학을 다녔던 사람들은 대개 이 청량리역 광장 앞의 시계탑을 약속 장소로 해서 만나 여행을 떠났다.

이곳은 또 지하철 1호선의 시발역이기도 하다. 1974년 개통한 지하철 1호선은 청량리를 떠나 서울역에 도착하는 구간으로 먼저 개통했다. 지금은 9호선까지 생겨나고, 그 지선이 복잡하게 이어질 정도로 발전했다. 그러나 교통 수요가 많아 도로 사정이 좋지 않았던 1970년대 청량리와 서울역을 잇는 이 지하철은 그야말로 '인기만점'이 아닐 수 없었다.

동네 이름이 워낙 좋다. 淸凉청량함을 싫어할 사람 누가 있으랴. 물이 아주 깨끗한 상태를 가리키는 한자가 淸청이다. 그저 깨끗함이라고 이야기하기에도 좀 부족하다. 그래서 우리는 그를 '맑다'라고

칭한다. 높은 가을 하늘 아래 맑은 물이 있다고 상상해 보시라. 괜히 우리의 기분은 좋아진다.

그 다음 글자인 涼량은 '서늘함'을 가리킨다. 춥지는 않으면서 적당하게 시원하며 서늘한 경우다. 물론 차가운 겨울 날씨 속에서 이 글자를 떠올리는 일은 별로 유쾌하지 않을 듯. 그러나 더운 여름날이라고 가정하자. 마치 뜨거운 사막 속에서 떠올리는 차가운 물에 다름 아니다.

날씨와 기온 등의 주변 여러 조건을 감안한다 하더라도 어쨌거나 이 淸涼청량은 좋은 뜻이다. 그 반대의 한자가 앞의 경우는 '흐리다'의 새김을 지닌 한자 濁탁, 뒤의 경우는 '불꽃' '덥다'의 의미를 지닌 炎염이다. 물이 깨끗하지 않은 경우가 바로 濁이니 좋을 까닭이 없다. 아울러 몸에 병균이 옮겨와 안의 요소와 다투면서 생겨나는 게 바로 炎症염증이다. 이는 곧장 몸에 열이 나는 發熱발열로 이어지니 좋지 않다.

淸濁청탁은 물의 맑음과 흐림을 나타내는 단어다. 물에 관해서는 아무래도 맑은 게 우선이고, 흐린 게 뒤다. 그러나 술에 있어서는 그런 좋고 나쁨은 생략이다. 맑은 술이 淸酒청주, 흐린 술이 濁酒탁주다. 사람이 무엇을 좋아하느냐에 따라 평가는 엇갈린다. 淸酒를 좋아하는 사람이 있는 반면에 막걸리 등 濁酒를 선호하는 사람이 있다.

炎涼염량이라는 단어도 있다. 따뜻함과 서늘함을 반복하는 경우다. 사람의 처지가 좋을 때는 따뜻하게 맞이하다가, 별 볼일 없어지면 싸늘하게 대하는 그런 모습이다. 상대방이 어떤 위치에 있는가에 따라 의리와 정분이 달라지는 태도에 해당하니 아주 가벼운 처신이다. 이런 사람이 많아져 일정하게 사회의 분위기를 형성하면 '炎凉世態염량세태'다. 잘 나가는 사람 앞에서는 굽실거리고, 어려운 사람 깔보는 그런 사회의 풍조다.

그래도 사람들은 역시 맑음을 숭상한다. '淸風明月청풍명월'은 맑은 바람(淸風)에 밝게 뜬 달(明月)을 가리킨다. 시 한 수 읊조리고 싶은 낭만적인 분위기? 아니다. 사전적인 뜻은 '결백하고 온건한 사람' '풍자와 해학으로 세상사를 논함'으로 나와 있다. 어쨌든 그 맑음은 사람의 인격을 일컫는 쪽으로 이어진다. 공직자로서 으뜸으로 지녀야 할 덕목이 바로 淸廉청렴인데, 맑고 깨끗하다는 뜻의 단어다. 우리는 그런 공무원을 淸官청관이라고 적어 칭송한다.

두 소매에 모두 淸風청풍만이 가득하다고 하는 사람이 있다. 중국에서는 이를 '兩袖淸風양수청풍'이라고 적는다. 왜 소매일까. 옛 선비들은 붓과 작은 벼루를 비롯해, 어디를 다닐 때 넣고 다녀야 할 물건들을 대개 폭이 넓은 소매에 넣고 다녔다고 한다. 그 커다란 소매 안에 아무것도 없이 맑은 바람만이 가득하다는 게 이 말의 뜻이다.

그 어원은 차치하고, 이 말과 우선 깊은 관련이 있는 사람이 明명나라의 대표적인 청렴 관리 于謙우겸이라는 인물이다. 조정의 많은 관리가 부패에 찌들어 있던 무렵의 인물인데, 그는 당시 분위기에서는 매우 찾아보기 힘든 사람이었다고 한다. 그가 남긴 시에 등장하는 말이 바로 이 兩袖淸風양수청풍이다. 이 정도에 이르는 공무원이라면 요즘의 대한민국에서도 귀감으로 삼을 만하겠다.

'청초하다'는 말도 있다. 그 청초는 한자로 淸楚청초다. 이 단어는 맑아서 선명한 모습을 가리킨다. 사람의 판단력도 이렇게 맑아서 선명한 경우가 좋다. 어디에 몰두한 사람보다는 그를 옆에서 지켜보는 사람의 판단력이 좋은 때가 많다. 한자 성어로는 그를 '傍觀者淸방관자청'이라고 적는데, 옆의 관찰자인 傍觀者방관자의 판단력이 정확하다(淸)는 의미다.

어쨌든 맑아서 서늘함을 유지할 수 있는 경우가 淸凉청량이다. 단순히 우리가 무더운 여름에 마구 마시는 청량음료만을 떠올려서는 곤란하다. 청량리는 따라서 청량음료의 淸凉이 아니라, 사람이 곧은 뜻과 함께 서늘함까지 유지하며 마땅히 가야 할 길을 가는 의미의 淸凉으로 보는 게 좋을 듯하다. 물론 차원이 높은 佛家불가에서의 가르침은 더 깊은 뜻을 담고 있을지 모르겠지만 말이다.

이곳 청량사에 거주했던 偉人위인이 있다고 한다. 卍海만해 韓龍雲한용운 선생이다. 일제강점기 그들의 엄혹한 탄압에도 민족의 기개와 함께 자유인으로서 뜻을 굽히지 않았던 인물이다. 그가 이곳에 머물면서 품었을 淸凉청량한 뜻을 되새기는 게 좋을 듯하다. 맑고 서늘해야 세속이 드러내는 작은 욕망에 묻히지 않을 테니, 큰 기개는 그런 자세에서 흘러나오는 법이다.

# 남영~신창

기존의 경부선 운행 철도에 전철 운행 구간을
덧붙여 만든 경부선에 올랐다.
수원, 천안까지 이어지는 제법 긴 여정을
한자와 함께 해보자.

# 남영 남녘 南, 경영할 營

일반적으로 지명에 營영이라는 글자가 붙으면 군대가 머물렀던 곳을 말한다. 따라서 남영이라고 하면 서울 남쪽의 군대 주둔지였다는 뜻이다. 조선 때 군이 머물렀던 정확한 위치는 지금 찾기 힘들다. 단지 조선 말, 또는 구한말 무렵부터 이곳을 남영으로 불렀던 점은 분명하다.

군이 주둔하는 기지를 직접적으로 軍營군영으로 적는다. 營門영문이라는 단어도 군대 주둔지를 가리킨다. 군대가 행군 등을 하다가 밤을 보내는 일이 宿營숙영이다. 진을 펼치고 있는 군대를 우리는 陣營진영이라고 부른다. 轅門원문도 군대의 정문이다. 전쟁터에 끌고 다니는 수레인 轅원을 주둔지에 세워 문으로 삼았던 데서 나왔다.

營영은 원래 무엇인가를 둘러싸서 건물 등을 짓는 작업을 가리켰다. 나중에 군사적 의미로 발전해 막사 등을 지어 주둔하는 모습의 의미도 얻은 것으로 보인다. 건축 용어에 營造영조라는 말이 있다. 집 등을 지을 때 쓰는 말이다. 직접적으로는 '~을(를) 짓다'라는 새김이다. 거꾸로 뒤집어서 표현하면 造營조영이다. 역시 같은 뜻이다. 무엇인가를 만들거나 짓는 일이다.

한 걸음 더 나아가 무엇인가를 꾸미고 계획해 일을 도모하는 행위의 경우에도 이 글자를 쓴다. 이익을 얻으려는 게 營利영리, 기업을 이끌고 가는 일이 經營경영이다. 기업 등이 아니라도 무엇인가를 이끌고 가는 일이 運營운영이다. 아무튼 쓰임새가 적지 않은 글자다.

우리의 관심은 우선 군대의 주둔지에 있다. 중국의 역사에서 가장 유명한 군대 주둔지를 꼽으라고 한다면 細柳營세류영이다. 가느다란 버드나무 가지가 있는 곳? 그럴지도 모르겠다. 원래 앞의 두 글자, '細柳세류'는 여기서 지명이다. 그곳에 가지 가느다란 버드나무가 많아 바람에 흔들리며 낭만적인 모습을 연출했는지는 잘 모르겠다.

중국 최초의 통일제국을 세운 진나라의 수도는 지금 중국의 셴양이다. 한자로는 '咸陽'으로 적고, 우리식 한자 발음으로는 함양으로 읽는다. 그곳 인근의 지명 중에 이 '細柳세류'가 등장한다. 지금으로부터 약 2000년 전인 중국 西漢서한 때 유명한 장수 周亞夫주아부라는 인물이 주둔했다. 그가 이끌었던 군문의 이름이 細柳營세류영이다.

당시 서한 왕조의 가장 큰 근심거리는 북방의 흉노였다. 늘 남쪽의 서한을 침략해 약탈을 벌였기 때문이다. 그래서 그에 대비하려는 움직임에 분주했다. 황제는 文帝문제였고, 그 서한의 수도 주변을 지키는 부대 중의 하나가 세류영이었다.

황제는 어느 날 시찰에 나섰다. 覇上패상과 棘門극문, 그리고 細柳營세류영에 주둔 중인 군대를 방문하기로 했다. 황제의 일행은 覇上과 棘門을 아무런 제지 없이 통과했다. 그도 그럴 것이, 절대적인 권력을 쥐고 있던 황제의 御駕어가 행렬을 누가 막을 수 있었을까. 그러나 細柳營에서는 달랐다.

황제 행렬의 호위대가 먼저 도착했다. 細柳營세류영의 입구에는 갑옷을 걸치고 칼과 활로 무장한 무사들이 서 있었다. "황제 행렬이 곧 도착하니 길을 열라"고 했으나 장병들은 꿈쩍도 하지 않았다. 옥신각신하는 일이 벌어졌을 게다. 그러나 역시 안 통했다. 그럼에도 문을 지키고 섰던 초병들은 "군문에서는 장군의 명령만 받든다"며 막무가내였다.

이어 황제가 도착했다. 역시 반응은 마찬가지였다. 영문 앞의 장병들은 역시 태산처럼 미동도 하지 않았다. 황제 일행이 장수에게 통첩을 보내서야 비로소 길을 열어줬다. 그러면서도 "규율에 따라 영내에서는 말을 빨리 달릴 수 없다"고 했다. 황제가 기분 좋을 리 없었을 터. 그러나 방법이 없었다. 조심스레, 천천히 말을 움직여 도착한 뒤에도 상황은 결코 녹록지 않았다.

장수 周亞夫주아부는 완전히 무장을 한 채 무릎도 꿇지 않았다. 그러면서 이렇게 말했다. "장수가 군영에 있을 때는 무장을 풀지 않고, 황제가 오시더라도 무릎을 꿇지 않으니 이해하라"는 내용이었다. 이런 상황에서 기분이 좋으면 문제는 훌륭한 황제, 그렇지 않으면 큰 국면을 관리하지 못하는 용렬한 황제다. 그러나 문제는 좋은 황제였다.

그는 우선 기분이 좋았다. 周亞夫주아부가 명장임에 틀림없다는 생각이 들었기 때문이다. 군은 국가를 지키는 초석이다. 따라서 제 아무리 높은 신분의 사람이 오더라도 군영 안에서는 군의 규율, 軍律군율을 지켜야 한다. 그런 군대는 적을 보면 반드시 나가서 용감하게 싸울 수 있는 법이다. 그런 장면을 확인하고 기분이 좋았으니 문제도 괜찮은 황제이리라. 그는 周亞夫를 "진짜 장군(眞將軍)"이라고 불렀다.

임금의 명령은 하늘과도 같다. 정말 그럴까. 그게 안 통하는 곳이 군문이다. 『孫子兵法손자병법』을 지은 孫子손자는 유구한 전통을 자랑하는 중국 군사철학의 '할아버지'에 해당하는 인물이다. 그가 그랬다. "전쟁을 치르는 장수는 임금의 명령이라도 거부할 수 있다(將在外, 君命有所不受)"고 말이다. 周亞夫주아부는 孫子의 그 훌륭한 가르침을 제대로 이행한 장수다. 나라의 군대는 그만큼 중요하다.

그래서 '細柳營세류영'은 '제대로 준비를 마친 군대' '훌륭한 군대'의 대명사로 변했다. 군대를 키우면서 가꾸고, 그들의 의지를 북돋우는 일이 아주 중요하다. 우리의 대한민국 군대는 어떤 모습일까. 늘 생각하는 대목이다. 그나저나 남영 일대는 어쨌거나 군사적인 기운과 관련이 깊은 곳인가 보다.

조선 말, 또는 구한말에 이미 이곳이 수도 서울을 수호하는 군대의 주둔지였고, 이어 한국을 식민 통치한 일본의 연대가 주둔했던 곳이 바로 남영 인근의 용산이다. 이제는 6·25전쟁 뒤 한국에 주둔하는 미 8군의 캠프로 변했다. 곧 평택 기지로 옮겨갈 예정이기는 하지만.

그래도 예전 육군본부가 있던 자리는 이제 전쟁기념관으로 변해 군사적인 감성으로 사람들의 발길을 부른다. 그 건너편에는 대한민국 안보의 초석, 국방부 건물이 웅장하게 버티고 서있다. 중국인이 스스로 만들어 사용했던 '細柳營세류영'이기는 하지만, 대한민국 안보를 책임지고 있는 우리 국방부에 늘 그런 기대를 걸어본다. 권력의 흐름에 전혀 아랑곳하지 않으며, 엄격한 규율로 훈련을 거듭하다 유사시에 적을 맞아 추호의 망설임도 없이 싸우는 그런 군대 말이다.

# 용산 용龍, 뫼山

한국이나 중국이나 이 龍山용산이라는 이름을 단 곳은 매우 많다. 한국에만 해도 서울 龍山을 비롯해 경상도와 충청도 등 곳곳에 등장한다. 특히 산이 발달한 곳에는 반드시 이 龍용에 관한 관념이 따라 붙기 마련이다. 한반도 40배 면적에 이르는 중국도 사정은 같다.

우선 산의 생김새가 상상의 세계에서나 그리는 용과 매우 닮았다. 구불구불하게 내려오는 산의 흐름, 우리는 이를 흔히 山脈산맥 또는 地脈지맥이라고 표현하면서 그 모양새를 용의 생김새와 일치시키는 버릇이 있다. 산이 품고 있는 암석 등 바위의 흐름은 용의 뼈인 龍骨용골, 산이 담은 흙은 용의 살인 龍肉용육, 산이 키워낸 빽빽한 나무와 잡풀 등은 용의 털에 해당한다고 보는 것이다.

서울의 용산도 이 점에서는 결코 예외일 수 없다. 지금의 청와대 서쪽에 있는 仁王山인왕산의 지맥이 흐름을 타고 남쪽으로 이어져 마포구와 용산구에 이르러서도 산의 모습을 유지했는데, 사람들은 그 봉우리에 '용산'이라는 이름을 붙였다. 높이는 약 90m다. 현재의 위치로 따지면 서울시 마포구 아현동과 용산구 효창동에 남북으로 걸친 작은 구릉이다.

작고 낮지만 어쨌든 이 구릉이 인왕산에서 시작해 이리저리 흐르다 한강에 조금 미치지 못하는 지점에서 작으나마 봉우리를 형성하자 그런 이름을 붙였던 것이다. 이 이름은 제법 일찍 등장하는 모양이다. 지금의 서울 동남쪽에 처음 터전을 잡았던 백제 시대에도 용산이라는 이름이 나오는 점을 감안하면 그렇다는 얘기다.

땅의 기운을 살피는 風水풍수에서 이 용은 매우 중요한 개념이다. 가장 큰 땅 기운을 이 용으로 형상화해서 그를 龍脈용맥이라고 부르는데, 전통 왕조의 수도가 들어선 곳에는 반드시 帝王제왕의 기운이 흐른다고 해서 그를 축으로 궁전을 짓는 게 보통이었다. 특히 중국은 이 관념이 매우 강해 황제가 머무는 곳을 이 龍脈이 흐르는 곳과 일치시켜 궁전이나 누각을 지었다고 한다.

용은 실재하지 않는 상상 속의 동물이다. 그 생김새와 관련해서는 여러 설들이 있지만, 우선 말이나 소의 머리에 사슴의 뿔, 뱀의 몸체, 물고기의 비늘 등이 일반적인 모습이다. 동양에서는 흰 호랑이를 가리키는 白虎백호와 붉은 공작인 朱雀주작, 검은 뱀의 모습을 한 玄武현무와 함께 푸른색의 靑龍청룡을 네 마리 상서로운 짐승이라는 뜻의 四瑞獸사서수라 불렀다.

고구려 고분에 등장하는 벽화에서도 청룡은 東동, 백호는 西서, 주작은 南남, 현무는 北북 등 각각이 네 方位방위를 가리키고 있다. 색깔도 동쪽이 푸를 靑청, 서쪽이 흰 白백, 남쪽이 붉을 朱주, 북쪽이 검을 玄현이라는 식이다. 물론 이는 중국에서 발전한 方位와 색깔의 개념이다.

용이 중국의 독자적인 발명품이냐에 관한 논의도 있다. 옛 중국이
야 그 개념이 매우 모호하다. 지금의 중국 판도로 옛 중국을 모두 가늠
할 수는 없다. 따라서 용도 중국에서 자라나 크게 발전한 개념 속의 동
물이기는 하지만, 오로지 '메이드 인 차이나'라고 하기는 힘들다.

동남아의 몇 나라 사람들 또한 지금의 중국인들과 마찬가지로
이 용을 자신의 뿌리에 해당하는 동물로 보는 경우도 있다. 인도와
옛 수메르 지역, 더 나아가 서구에서도 이 용은 줄기차게 등장한다.
서구에서는 특히 이 용을 dragon이라 부르면서 사악한 동물의 전형
으로 간주하는데, 이는 중국과 정반대다.

중국에서 용은 가장 신성한 그 무엇을 뜻하기도 한다. 특히 절
대 권력자인 황제를 상징하는 때가 많았다. 발톱이 5개 달린 용은 곧
황제의 권력을 상징해 이와 같은 그림의 용을 그려 사용할 경우 황
제에 반역하는 사람으로 간주해 대역죄에 처하기도 했을 정도다.

용은 12지지의 다섯째를 차지하는 동물이기도 하다. "용띠의 해
에 태어난 사람은 ~~하다"라는 식의 풀이가 유행하는 것은 어제오
늘의 일이 아니다. 우리 식으로는 용이 괜찮은 편이다. 우선 "개천에
서 용 났다"고 하는 말이 있다. 별 볼일 없는 집안이나 고장에서 태
어나 매우 높은 사회적 지위를 획득한 사람에게 쓰는 말이다.

홍콩 출신으로 세계적인 영화배우의 반열에 오른 청룽(재키 찬)
의 한자 이름은 '成龍성룡'이다. 藝名예명인 이 '成龍'이라는 말은 중

국인들이 흔히 쓰는 단어다. 자식이 자라나 용처럼 성공하기를 바란다는 뜻의 성어가 '望子成龍망자성룡'이다. 아들(子)이 용(龍)이 되기를 (成) 바란다(望)는 구성이다.

용의 이미지는 '강함'이다. 지상에서 최고의 권력을 누리는 황제의 상징이니 그럴 수밖에 없다. 그런 용이 육상의 최강 맹수인 호랑이와 싸운다는 뜻의 성어가 '龍虎相搏용호상박'이다. 좀체 승부를 가릴 수 없는 맹렬한 싸움을 가리키는 말이다. 1970년대 세계 최고의 쿵푸 스타 李小龍이소룡의 이름에도 역시 '龍용'이 들어 있는데, 그가 주연해 크게 흥행시킨 영화의 하나가 龍爭虎鬪용쟁호투다. 위의 龍虎相搏이라는 성어와 비슷한 의미다.

우리에게도 이 용은 친숙한 글자다. 중국을 중심으로 할 때의 방위 개념으로는 우리가 동쪽의 푸른색을 대표한다고 해서 자주 썼던 말이 '靑龍청룡'인데, 한때 대한민국 축구대표팀의 명칭이기도 했다. 날아오르는 용이라는 뜻의 飛龍비룡도 우리 공군의 미사일 명명식에 자주 등장했던 단어다. 인류가 지구를 지배하기 훨씬 전에 이 땅을 주름잡았던 동물을 恐龍공룡이라고 하는데, 생김새가 상상 속의 용과 닮아서 그런 이름을 얻었을 것이다.

『易經역경』에는 이런 용이 등장한다. 潛龍잠룡과 亢龍항룡이다. 潛龍은 아직 성숙하지 않은 용이다. 발전의 잠재력은 있으되 아직 힘을 제대로 갖추지 못한 상태의 용이다. 뒤의 亢龍은 너무 높이 올라간 용이다. 앞의 글자 '亢항'이 여기서는 '높다'의 의미다. 潛龍은 아직 갖추지 못한 실력임에도 앞으로 나섰다가, 그리고 亢龍은 너무 높이 오른 나머지 자만과 성찰의 부족에 빠져서 각기 실수를 저지를 수 있다고 봤다.

그래서 나온 성어가 '潛龍勿用잠룡물용'이고, '亢龍有悔항룡유회'다. 때를 기다려야 하는 용(潛龍)을 함부로 쓰지 말며, 하늘 높이 오른 용(亢龍)은 내려가는 길밖에 없음을 일컫는 성어다. 이런 용은 이도 저도 아닌 雜龍잡룡으로 변할 운명에 놓일 수 있다.

그러니 아무리 용의 씨앗으로 태어난다고 할지라도 부단한 자기 혁신, 피눈물 나는 수련, 거듭 이어지는 성찰 등이 뒤따르지 않으면 모두 '도로아미타불' 아니겠는가. 좋은 가정에서 태어나 남을 괄시하는 사람, 잠시 사회의 높은 지위를 얻었다고 우쭐대는 사람 모두 귀담아 들을 말이겠다.

# 노량진 해오라기 鷺, 기장 梁, 나루 津

마땅한 설명이 없다. 이 지명에 관해서도 말이다. 해오라기가 많아 그를 가리키는 한자 鷺로를 사용했다는 설명이 있고, 강이나 바다를 사이에 둔 땅이라는 뜻에서 우리말 식으로 한자를 전용한 梁량을 붙였다는 얘기가 있다. 앞의 해오라기를 가리키는 鷺라는 글자 대신에 '드러내다' '이슬'의 새김이 있는 露로를 쓰는 경우도 있었다고 하는데, 어쨌든 지금은 해오라기의 鷺를 쓴다.

노량진을 순우리말로 '노들강변'이라고도 부른다고 하지만 이 역시 뜻이 분명치 않다. '노들'의 앞 글자 '노'가 해오라기라는 의미의 한자 鷺로라는 설명도 있다. 그 해오라기가 거니는 '들판'이라는 점에서 '노들'이라는 이름을 얻었다고 하는데, 확정적으로 이야기하기에는 조금 부족하다는 느낌이 든다.

순우리말 지명에서는 '돌' '도'가 자주 보인다. 해안가 지명에서 특히 자주 눈에 띈다. 우선 임진왜란과 정유재란 때 불세출의 명장 이순신 장군이 적을 맞아 싸웠던 鳴梁명량과 露梁노량이 있다. 아울러 통영의 蛇梁사량과 見乃梁견내량 등이 있다. 앞의 鳴梁과 露梁은 우리 식 지명으로 부를 때는 '울돌'과 '노돌'이다.

'울돌'은 '울돌목'이라고도 적는데, 육지와 육지 사이를 빠져나가는 바다의 폭이 좁게는 294m까지 좁아져 물살이 매우 빠르고, 그 까닭에 해류의 소리도 높다. 그래서 '울다'라는 뜻의 한자어 '鳴명'을 붙였을 것으로 본다.

이순신 장군이 왜군을 마지막으로 물리쳐 대승을 이루면서 장렬하게 전사한 露梁노량의 이름은 바다를 건너는 배들의 모습이 이슬과 같았다고 해서 붙은 이름이라는 설, 바다를 건넌 뒤 돌아보니 건네준 배들이 이슬처럼 사라졌다고 해서 지은 이름이라는 설이 있다.

어쨌거나 우리 한자 지명에 梁량이라는 글자가 들어가 있으면 순우리말로 '돌'이나 '도'로 부르며, 바다나 강을 낀 지역으로 사람이 그곳을 건너는 '나루'의 뜻도 지니고 있음을 알 수 있다. "노들강변 봄버들~"로 시작하는 노래 속 서울의 노량진 또한 그와 같다고 볼 수 있다. 그곳 역시 이름에서 알 수 있듯이 사람이 건너는 나루의 하나였을 테다. '노량'의 뒤에 친절하게도 '나루'의 의미를 지닌 한자 津진이 붙었으니 말이다.

땅을 밟으며 길을 가도 사람은 언젠가 물의 가로놓임과 마주친다. 요즘에야 현대식 공법으로 철교와 콘크리트 다리를 척척 놓아 통행에 불편이 없지만, 사정이 이만 못했던 옛 시절에는 그 강과 하천이 늘 문제였다. 잔잔하고 얕은 물길이야 그저 걸어 넘어갈 수 있지만, 깊고 물길 센 강과 하천은 자칫 잘못하면 그곳에서 목숨을 잃을 수도 있는 천연의 障碍장애다.

그래서 陸路육로를 가다가 큰 강이나 하천을 만나면 두려움에 떤다. 그 모습은 조선 후기에 명문장으로 이름을 떨친 燕巖연암 朴趾源박지원의 『熱河日記열하일기』에서도 잘 드러난다. 하룻밤에 하천 아홉을 건너면서 지은 '一夜九渡河記일야구도하기'라는 문장이 그렇고, 만주벌판과 北京북경에서 熱河열하를 오가며 겪은 고생담도 생생하다.

그래서 육로를 오가는 고충보다는 물길을 건너는 고생이 심했다. 예전, 아주 예전에도 늘 그랬던 모양이다. 그래서 사람들은 '나루'를 찾는가 보다. 물길이 거세지 않고, 땅과 땅 사이를 흐르는 강이나 하천의 폭이 좁으며, 사람과 말 또는 재물 등을 안전하게 실을 수 있는 배가 있는 그런 나루 말이다.

그래서 동양에서는 '問津문진'이라는 단어가 나왔던 모양이다. 그 유래는 孔子공자다. 그가 여러 나라를 떠돌던 시절 길을 가고 있었다. 정황으로 볼 때 길을 헤맸던 모양이다. 제자를 시켜 밭을 갈고 있던 두 늙은이에게 길을 물었다. 세속의 번잡함을 멀리 하고 자연에 묻혀 살던 隱者은자였다.

그러자 두 은자는 공자의 제자에게 거꾸로 묻는다. "네게 길을 묻게 한 사람이 누구냐?"는 식이었을 것이다. 그러자 공자의 제자는 스승의 이름을 댔다. 두 늙은이는 길을 물은 사람이 춘추시대의 혼잡함 속에서 그나마 좋은 '길'을 찾고자 했던 공자라는 사실을 알고 난 뒤 딴청을 피운다. 그리고 끝내 길을 가리켜 주지 않는다. 공자는 그 얘기를 듣고 깊은 탄식을 한다.

이 問津문진이라는 단어는 결국 '길을 묻다'라는 뜻으로 진화했다. 그러나 왜 하필 '나루'를 뜻하는 '津진'이라는 글자가 붙었는지 주목할 일이다. 옛 시절의 불편하기 짝이 없었던, 그래서 심지어 사람의 목숨까지 위협하는 물길의 험악했음을 떠올리면 답이 나온다.

그렇게 길을 묻는 일은 매우 중요하다. 인생의 성장기에, 때로는 인생의 숙성기에, 또는 인생의 말년에도, 나아가 사람이 생을 다하기 전까지도 그 길은 묻고 또 물어야 한다. 겸허한 마음으로 길을 헤쳐나가는 일이 중요하다. 풍파가 많고 늘 위험이 도사린 사회에서는 물론이고, 안전한 환경 속에서도 사람은 길을 묻고 또 물어야 한다.

'나는 제 길을 바르게 가고 있는가' '누구에게 다음 길을 물어야 하나' '내 앞에 선 사람이 가리키는 길은 옳은가'…. 이런 상념은 많을수록 좋다. 갈래가 많고 복잡해 제 길을 놓치기 쉬운 인생은 迷路미로와 다름이 없다. 올바른 길을 가도록 깨우칠 이 그 누군가. 노량진을 건너면서 떠올려보면 좋은 주제다.

# 대방 클 大, 모 方

'높은 절', '번댕이'라는 두 마을이 있었다고 한다. 조선왕조 말까지 이런 명칭의 두 말이 합쳐졌다고 하는데, 그래서 생긴 이름이 番大方里번대방리. 이어 洞동이라는 이름을 붙이면서 현재의 大方대방이라는 명칭이 나왔다고 한다.

번댕이는 순우리말로 보이지만, 일부 조사에 따르면 이 역시 한자어에서 나왔음을 추정할 수 있다고 한다. 대방동 옛 공군사관학교 자리에 있던 연못이 樊塘번당이었는데, 이를 우리 식으로 발음하다 번댕이라는 명칭으로 불렸고, 결국 글자로 정착하는 과정에서 '번대방리', 그마저 후에는 글자를 줄여 결국 '대방'이라는 이름으로 자리 잡았다.

아무튼 이런저런 우여곡절을 거치다가 결국에는 한자 이름을 얻은 셈이다. 원래의 우리말이 계속 힘을 얻었다면 좋은 일이겠으나, 어쨌든 문자를 향유하는 많은 지식인의 습성과 주장에 따라 우리말이 한자로 탈바꿈하는 경우는 수를 헤아릴 수 없을 정도로 많았을 것이다.

'대방'은 뜻이 좋은 한자다. 클 대(大)에다, 모 방(方)이라는 두 글자의 합성어다. 동양에서는 전통적으로 '天圓地方천원지방'을 우주의 모습이라고 했다. 그 뜻은 '하늘(天)은 둥글고(圓), 땅(地)은 네모 반듯하다(方)'는 내용이다. 우주자연의 질서를 주재하는 하늘은 모든 것을 품을 정도로 圓滿원만하며, 땅은 반듯한 모양을 갖춰야 좋다는 얘기다. 그래서 大圓대원은 하늘, 大方대방은 땅을 가리키는 한자 단어다.

인격의 수양에도 이 말은 쓰인다. 겉은 둥글어 원만한 모습이며, 속은 반듯하게 자리를 갖춰야 한다는 식이다. 대인 관계에서는 원만하되, 속으로는 자신을 수양해 엄격함으로 채워야 한다는 얘기다. 그런 반듯함(方) 앞에 크다(大)라는 글자를 붙였으니 그 뜻이 좋지 않으면 오히려 이상하다.

학식이 풍부하고 문장이 뛰어난 사람에게 이 大方대방이라는 말을 붙인다고 한다. 『조선왕조실록』을 보면 정조가 대신들을 야단치면서 "이런 식으로 식견이 좁으면 大方家대방가가 비웃을 일"이라고 하는 대목이 나온다. 여기의 '大方家'는 학식이 뛰어나 식견 등이 매우 넓고 큰 사람을 가리킨다.

그보다 더 근본적인 새김은 '道理도리'다. 다른 말로 풀자면, 사람이 살아가면서 계속 따지고 새겨야 하는 '이치'다. 둥근 하늘과 함께 반듯한 모습을 갖춰 만물의 삶터를 제공해야 하는 땅, 그를 가리키면서 바로 '세상의 道理이자 이치'라는 뜻을 얻은 것으로 보인다.

어디에 얽매여 좁은 틀을 벗어나지 못하는 사람을 우리는 '쩨쩨

하다'라고 한다. 그렇지 않은 사람, 즉 일을 처리할 때 조그만 조항 등에 얽매이지 않고 시원시원한 태도를 보일 경우 중국에서는 이 단어 大方대방을 사용한다.

사람의 됨됨이를 이야기할 때 주로 등장하는 단어가 '方正방정'이다. 요즘은 이 말을 잘 쓰지는 않지만, 1980년대 이전에는 자주 사용했다. 쉽게 말하자면, 네모반듯한 사람이다. 용모가 端正단정하고 品行품행이 바른 사람이라는 뜻이다. 당시 사용했던 말 중에서는 일반적으로 대상을 칭찬할 때 쓰임새가 가장 많았던 말이기도 하다.

그 '네모반듯'은 어른들이 아이들에게 귀가 따갑다 싶을 정도로 들려주던 훈계다. "사람은 자고로 품행이 방정해야 한다"며 시작하는 집안이나 마을 어른들의 가르침을 듣지 않고 자라난 사람이 없을 정도였다. 1970년대의 학교에서 상장을 받았던 사람은 다 기억하는 말이 있다.

"上記상기 학생은 품행이 方正방정하고 학업성적이 우수해…"라고 시작하는 賞狀상장의 문구 말이다. 선생님은 참 재미없는 어조로 이 딱딱한 글을 읽어내려 가다 마침내 맨 밑의 날짜까지 다 밝힌 다음 상장을 학생에게 건넸다.

그러나 땅이 반듯한 데 비해 하늘은 둥글어야 한다. 네모가 있으면 동그라미도 있어야 기하학적인 구도도 훨씬 풍요롭다. 땅이 네모진데 하늘까지 네모지면 그 세상은 딱딱하고 무료할 것이다. 그래서 네모에 동그라미가 합쳐져야 사람의 인성도 단조롭지 않다.

그러니 안 모습은 네모지더라도, 겉모습은 주변에 두루 원만해야 한다고 강조하는 게 아닐까. 그래서 생겨난 말이 '外圓內方외원내방'이다. 우리보다는 중국에서 자주 사용하는 말이다. 한국에 비해 중국은 二元的이원적이며 상대적인 관점을 풍부하게 발전시켰다.

예를 들면 빛이 있을 경우 그늘이 그 뒤를 따른다는 식이다. 밝음이 있으면, 어둠도 있다는 식의 논리는 결국 '陰陽음양'의 세계관으로 발전했다. 길고 짧음은 長短장단이요, 큼과 작음은 大小대소요, 노인네와 젊은이는 長幼장유, 남정네와 여인네는 男女남녀로 표현하며 성질이 다른 두 대상을 병렬하는 식의 사고방식이다.

결국 네모와 동그라미다. 네모는 규격에 맞춰 움직이는 '공무원' 스타일, 동그라미는 자유분방하면서 틀에 얽매이지 않는 '예술가' 스타일이다. 그래서 네모와 동그라미, 方圓방원에 관한 사고는 사람이 살아가면서 제 품성과 性情성정을 따질 때마다 늘 등장할 수밖에 없는 대목이다.

대방역 지나치면서 한 번 생각해 볼 일이다. 나는 네모에 속할까, 아니면 동그라미에 속할까. 그도 저도 아니면 나는 세모꼴일까. 주사위 모습의 육면 입체는 어떨까. 각 모서리를 살짝 깎는다면 그 주사위는 네모일까 동그라미일까…. 이런 생각들 말이다.

# 신길 새新, 길할吉

경상도 사투리에 '대끼리'라는 말이 등장한다. 요즘 젊은 친구들의 표현대로 하자면 '짱'이다. 아주 좋은 것, 훌륭하기 그지없는 것, 대단하게 좋은 것, 말로 형용키 어려울 정도로 좋은 것…. 그래서 흐뭇한 말이다. 단지 발음에 된소리 '끼'가 들어가 속어의 느낌을 풍기므로 맘껏 말하기가 좀 뭐 하지만.

이 말 '대끼리'의 정체는 大吉대길로 보인다. 설이나 입춘이 다가오면 대문에 걸어두는, 그래서 우리에게 어딘가 눈에 익은 한자 표현 말이다. 바로 '立春大吉입춘대길'이다. 입춘은 새해를 맞이해서 처음 다가오는 節氣절기다. 한 해를 스물넷으로 나눈 그 절기의 첫째에 해당하니 곧 새해의 시작과 다름이 없다. 이 입춘이라는 절기가 올 때 사람들은 '크게 복을 받으라'는 뜻에서 '立春大吉' 네 글자를 큼직하게 써서 대문 등에 내다 붙인다.

그 '大吉대길'이 된소리 섞인 '대끼리'로 전화했으리라는 짐작은 충분히 이유가 있다고 보인다. 사실이지 이 세상은 世波세파라고도 적고, 나아가 風波풍파와도 동의어다. 세상(世)에 몰아닥치는 끊임없는 물결(波), 바람(風)에 이는 물결(波), 그래서 늘 문제가 생기고 아픔이다가오는 게 세상살이다.

바람이 자고, 그로써 물결이 함께 누우면 좋은 세상이다. 바람이 불어 거세게 일어나는 물, 즉 風浪풍랑이 잦아들면 좋다. 급히 솟구치는 물결, 즉 激浪격랑이 일지 않으면 저 먼 곳을 향해 움직일 수 있다. 바닷길, 물길, 水路수로에 빗댄 세상살이의 갖가지 모습이다.

땅으로 난 길 또한 마찬가지다. 위험이 도사린 그악스러운 산길, 우리는 그 모습을 險峻험준이라고 부르고 적는다. 살아가면서 돌아가기에는 너무 높고, 그냥 넘어가기에는 퍽 위험한 산이 있다. 우리는 그를 泰山峻嶺태산준령이라고 한다. 실제 중국에서 따온 泰山태산은 높지는 않지만, 평야에 우뚝 서서 크고 우람한 산이라는 상징으로 자리 잡았다.

어쨌든 인생이 향하는 길에 그런 크고 우람한 산, 그리고 높고 험한 峻嶺준령이 버티고 서 있으면 골치 아플 수밖에 없다. 그보다는 넓게 길게 뻗어 있는 坦坦大路탄탄대로가 좋지 않은가. 그 길에 부는 바람, 내리는 비까지 적으면 그야말로 錦上添花금상첨화다.

우리는 그런 행운을 마음속으로 빈다. 그 바람이 모아지는 글자가 '吉길'이다. 그 반대는 '凶흉'이다. 좋은 게 있으면 나쁜 것도 있다. 인생의 섭리가 그렇고, 자연의 이치도 그렇단다. 그래서 吉凶길흉은 짝을 이룬다. 마치 빛이 있으면 그늘이 따르는 법과 같다. 내친김에 덧붙이는 글자가 禍福화복이나. 안 좋은 게 禍화, 많을수록 좋은 게 福복이다.

우리는 언제부터인가 이런 두 쌍의 단어조합을 함께 갖다 붙였다. 바로 吉凶禍福길흉화복이다. 그들이 언제 어떤 모습으로 내 곁에 다가올지는 좀체 알 수가 없다. 그래서 우리는 吉凶禍福에 관해서는 점에 의존하는 경향이 있다. 언제 吉길이 찾아올지, 다가서는 여정에 凶흉은 없는지, 禍화는 어떻게 미칠지, 福복은 당장에라도 오지 않는지…. 그저 궁금하지 않을 수 없는 것들이다.

'新吉신길'이라는 이름, 그래서 만들었던가 보다. 세상살이가 험한 길, 險路험로의 연속이다 보니 지명에 '새로운 행복의 터'라는 뜻의 이름을 붙였을 것이다. 원래는 '新基里신기리'라고 했던 모양이다. 새 신(新), 터 기(基)라는 의미였으니, 요즘 폭정을 피해 북한에서 탈출한 동포들에게 쓰는 말 '새터'에 해당하는 한자어였을 테다.

우리는 결코 평탄치만은 않은 세상살이에서 어쩔 수 없이 그런 좋고 바람직한 상태, 즉 吉길함과 福복됨을 바란다. 목이 마른 사람이 단비를 바라듯이 그 행복을 좇고 바란다. 그래서 늘 '로또'의 그림자를 밟으려 노력하고, 답답하다 싶으면 길가 천막을 걷어 올리고 점을 쳐주는 사람에게 다가선다.

그럼에도 불구하고 그런 吉凶禍福길흉화복에서 잠시나마 담담해지려는 자세도 잃지 않아야 좋다. 동양의 지혜를 갈파했던 老子노자는 이런 말을 했다. "화는 복이 걸쳐 있는 곳, 복은 화가 숨어 있는 곳(禍兮福所倚, 福兮禍所伏)." 화복을 같은 줄에 세운 뒤 그 둘이 서로 의존하는 관계, 나아가 서로 엇갈려 함께 있는 것으로 봤다.

그러나 이는 그저 '禍福화복이 함께 붙어 다닌다'는 뜻이 결코 아닙니다. 노자의 지혜는 화를 복으로, 또는 자칫 잘못 다룰 경우 복이 화로 변할 수 있다는 '轉換전환'의 의미를 가리키고 있는 것으로 볼 수 있다. 실제 우리는 주변에서 그런 장면을 자주 목격한다. 로또의 '대박'을 건진 뒤 주체할 수 없는 돈 때문에 가정이 풍비박산으로 치닫고, 제 목숨도 건사하지 못하는 경우 말이다.

그 자세한 속사정은 인천행의 길목에 있는 부평역을 지날 때 자세히 덧붙이기로 한다. 우리가 잘 아는 塞翁之馬새옹지마의 스토리에는 老子노자의 그런 철학적 시선이 듬뿍 담겨 있다. 부평역을 지날 때 塞翁之馬에 담긴, 禍福화복을 바라보는 속 깊은 사람의 심정을 소개할 작정이다.

그래도 어쨌거나 풍파가 많은 세상살이다. 그런 소용돌이와 같았던 옛 삶의 여정에서 새 터로 옮겨와 가정의 평안과 마을의 번영을 꿈꾸면서 지었을 법한 新吉신길이라는 이름의 울림은 여전하다. 헐벗고 굶주린 삶 속에서 그만큼 간절하고 소박한 염원이 어디 있을까. 순우리말도 그렇지만, 당대 많은 이들의 염원이 담긴 한자 지명도 삶의 여정이 그리 순탄치만은 않다는 점을 우리에게 보여준다.

# 영등포 길 永, 오를 登, 개 浦

서울시가 여의도 권역을 개발하면서 함께 번창의 흐름을 탔던 곳이다. 값싸고 맛있는 음식이 많았고, 이곳을 거쳐 가는 인구가 많아 서울 서남 권역에서 가장 유명해진 지역이다. 한강에 붙어 있어 포구를 의미하는 浦포라는 글자가 들어 있다는 점은 우리가 충분히 이해할 만하다. 그러나 앞의 '永登영등'이 문제다. 지명을 풀어놓은 사전을 들여다봐도 이 글자의 조합을 자신 있게 설명하는 곳은 없다. 그러나 지명만으로 볼 때 이 '永登'이라는 글자의 조합은 곳곳에서 나타난다.

먼저 경남 거제도에도 있었다. 임진왜란 또는 그 전의 기록 등을 봐도 거제도의 '永登浦영등포'라는 지명은 자주 등장한다. 중국에도 서북부 甘肅간쑤라는 성에는 아예 이 이름을 단 縣현이 존재한다. 지명은 현지의 풍물적인 특성이나 많이 자라나는 植生식생, 또는 그런 지리와 인문적 특성을 반영하는 경우가 많다. 때로는 사람들의 希求희구와 願望원망을 담아 지어지기도 한다.

지명이자 역명 永登영등에서 앞의 글자 永영은 우리에게 너무나 친숙한 글자다. 붓글씨를 처음 배울 때 이 '길 영(永)'이라는 글자를 골백번 넘게 써본 경험이 있는 사람들이 많다. '길다'의 의미에서 '끊어지지 않고 계속 이어지는' 어떤 형태와 모습을 가리키는 한자다. "우리의 우정 永遠영원히 변치 않기를…"로 이어지는 친구와의 우정 맹세에 자주 등장하며, "검은 머리 파뿌리 되도록…"이라며 시작하는 옛 결혼 서약에도 자주 나온다.

그러니 그 글자를 여기서 자세히 풀어갈 필요는 없겠다. 다음 글자 '登등'이 문제다. 이 역시 우리에게 낯선 글자는 아니다. 서울 외곽의 북한산과 도봉산 등을 오르는 '登山등산'을 생각하면 좋다. 어딘가 오른다는 뜻의 '오를 등(登)'이라는 글자다. 그러나 그 처음은 그저 오르는 무언가를 말하지는 않았다.

이 登등이라는 글자 밑을 받치고 있는 부분에 주목하시라. 豆두라는 글자 말이다. 이는 우리가 흔히 '콩 두(豆)'로 알고 있는 글자다. 그러나 원래의 출발점은 '콩'에 앞서 제사를 드릴 때 사용하는 일종의 祭器제기다. 글자 윗부분은 무엇을 올리게끔 편평한 상태고, 그 밑은 위에 올린 무언가를 받치는 그릇의 꼴이다.

이 豆두라는 제기 위에 여러 가지 물건을 올려놓은 모습이 바로 登등이다. 따라서 이 登은 豆와 비슷한 모습의 제기라는 뜻, 나아가 그런 그릇에 무엇인가를 올려 남에게 바친다는 의미를 함께 지닌 글자다. 이로써 '올린다' '進上진상한다' '進獻진헌한다'의 의미를 얻었고, 더 나아가서는 '오르다'의 뜻도 얻었던 것으로 보인다.

아울러 주목해야 할 의미가 '풍년'이다. 豆두라는 제기에 많은 물건을 담아 올리는 행위가 가능할 정도로 많은 농작물을 거둔 해 또는 그런 상황을 뜻한다. 그래서 풍년을 뜻하는 豐풍이라는 글자와 이 登등을 조합한 단어가 豐登풍등인데, 이는 곧 '五穀오곡을 풍성하게 거둠'이라는 뜻이다. 곧 풍년을 가리킨다.

따라서 영등포의 永登영등은 '영원히 풍성한' '길이길이 번창하는'의 뜻이다. 영등포는 그래서 '영원히 번창하는 (한강 유역의) 포구'라는 의미의 글자 조합이다. 그 유래는 자세히 고증할 길이 별로 없는 듯하다. 조선시대 내내 이 지명이 쓰였다가, 구한말 또는 일제 강점기 때 행정구역으로 번듯하게 자리를 잡았던 모양이다.

등산하는 사람들이야 이 登등이라는 글자의 의미가 아주 친숙할 것이다. 이 글자의 쓰임새는 매우 풍부하다. 학교를 가는 일이 登校등교다. 법원 등에 가는 일이 登院등원이다. 공무원이 관청에 나가는 일은 登廳등청이다. 호적 등 장부에 이름이나 기록을 올리는 일이 登記등기다. 제 이름을 명부에 적어 출석 등을 알리면 登錄등록이다. 서류 등에 이름이나 내용물을 적는 일이 登載등재다.

임금과 君王군왕 등 사람이 도달할 수 있는 가장 높은 곳(極)에 오르는 일이 登極등극인데, 요즘 우리 식으로 표현하자면 '챔피언 먹는 일'이다. 중국에서는 그런 최고의 경계에 오르는 사람을 '登峰造極등봉조극'이라고 적는다. '가장 높은 봉우리(峰)에 오르고(登), 최고의 자리(極)로 나아갔다(造)'는 식의 조합이다.

과거에 급제하는 일을 登科등과라고 적었고, 때로는 登第등제라고도 했다. 남의 집을 직접 방문해 찾아가는 일은 登門등문, 어떤 상황에 모습을 드러내면 登場등장이다. 아무리 높이 올라도 하늘까지 오르는 일은 삼가는 게 좋다. 이를 登天등천이라고 적는데, 이승을 하직하고 저승으로 가는 일이다. 登仙등선이라고도 하는데, 돌아가시는 분을 '신선세계로 가셨다'는 의미로 적은 것이다.

그나저나 인재를 쓰는 일이 登用등용이다. 適材適所적재적소, 좋은 인재를 마땅한 곳에 登用하는 일이 국가와 사회의 운용에는 가장 중요한데, 우리는 그를 잘하고 있는 것일까. 이 영등포를 지날 때면 건너편 여의도 국회의사당이 늘 시야에 들어온다. 우리 국민들이 인재를 잘 뽑아 그곳 의사당에 제대로 登用을 하고 있는지…. 그런 생각에 늘 우려스러운 감이 드는 것은 혼자만의 일은 아니리라.

# 신도림 새新, 길道, 수풀林

우리말로는 도야미리, 되미리라고 했던 곳이란다. 이름의 유래와 관련해서는 정설이 없다. 우선은 마을 일대의 들판에 억새풀 종류인 새나무가 많아 이런 이름을 붙였다고 한다. 다른 하나의 설은 야산의 모습이 마을 뒤를 성처럼 둘러싸고 있어서 이름을 얻었다는 것이다. 또 그 마을 형국이 국도에서 돌아앉은 모습과 관련 있다고 하는데, 딱히 이해가 가지 않는 풀이로 보인다.

상도천이라는 하천 한쪽에 있던 도림리가 일제 때인 1936년 경성부로 편입됐는데, 다른 한쪽에 있던 도림리 일부가 나중에 서울의 행정구역 안으로 들어오면서 '새 신(新)'이라는 글자를 달고 신도림동이라는 이름을 얻었다는 설명이다.

따라서 신도림동의 '道도'라는 글자는 유교적인 영향과는 별반 관련성이 없다고 볼 수 있다. 어쨌거나 이 지역 일대에 자생하던 수풀(林)이 동네 이름의 주요 근거로 작용했다고 보인다. 지금이야 워낙 개발붐이 오래 이어져 그런 수풀이 남아 있지 않다.

과거의 숲은 어딘가 으스스하다. 호랑이가 많았던 조선시대에는 그런 숲이 요즘의 반가운 천연의 숲과는 다른 분위기였을 터. 하여

튼 그 숲의 종류는 제법 많다. 우선 나무가 많아 빽빽한 숲을 우리는 森林삼림이라고 적는다. 모두 나무(木)가 가득 들어찬 모양의 형용이다. 森삼이라는 글자는 木목이라는 글자가 셋, 숲을 의미하는 林림은 두 개가 있다.

한자의 세계에서 그 숲은 종류가 다양하다. 천연의 숲을 의미하는 경우도 많지만, 사람의 요소가 들어간 숲도 많다. 우선 어떤 나무가 살고 있는가를 따져 적는 단어가 있다. 竹林죽림은 대나무 숲이다. 복숭아나무가 많으면 桃林도림이라고 적는다. 산에 무성한 숲은 山林산림이다. 이 산의 숲에 '통행금지' 팻말 붙여놓고 사람들 출입을 막으며 숲을 키우는 일이 封山育林봉산육림이다.

비가 자주 내려 무성한 열대의 숲을 우리는 雨林우림, 아예 네 글자로는 熱帶雨林열대우림으로 적는다. 그런 열대의 숲은 가본 사람은 알겠지만, 정말 숲 안이 빽빽하기 이를 데 없다. 그래서 우리는 그곳을 密林밀림으로 적고, 영어로는 정글jungle로 부른다. 그런 숲 전체를 때로는 樹林수림으로 표기한다.

그런 숲을 조성하는 일은 바로 造林조림이다. '만들다'의 새김인 造조라는 글자를 썼다. 앞에서도 소개했지만 育林육림도 그와 같은 뜻이다. 造林과 育林 모두 국가의 경제적 틀을 세우는 데 필요한 사업이다. 십년을 내다보고 세우는 계획을 우리는 十年之計십년지계라고 하는데, 그런 기산을 상정해서 벌이는 사업이 바로 造林과 育林이다.

'十年樹木, 百年樹人십년수목, 백년수인'이라고 자주 쓰는 한자 성어가 있다. 십년을 내다보려면 나무를 심고, 백년을 내다보려면 사람을 심는다는 말이다. 조림과 육림의 중요성, 나아가 그런 장기적인 안목으로 사람 키우는 일에 치중하자는 뜻이다. 그래서 사람 키우는 일을 百年大計백년대계, 혹은 百年之計백년지계라고 했다.

사람 또는 사람의 요소로 숲을 채우는 경우도 있다. 선비들이 많은 곳, 또는 그들이 모이는 곳, 그들이 일정한 일을 행하는 곳이 바로 士林사림이다. 풍부한 학식을 자랑하는 곳이겠으나, 때로는 저들끼리 벌이는 피 튀기는 政爭정쟁이 빈발해 가끔 눈살을 찌푸리게 만드는 곳이다.

江湖강호에 즐비한 무예의 고수들이 모이는 곳은 어디일까. 바로 武林무림이다. 무협 영화나 무협지 등에 자주 등장하면서 손에 땀을 쥐게 하는 스토리로 사람들의 흥미를 바짝 일으켜 세우는 곳이다. 상대를 단 한 방에 눕히는 必殺技필살기로 실력을 드러내는 무인들이 모이는 곳과 달리 "공자왈, 맹자왈…" 하는 유학자들이 모여 거창한 담론을 펼치는 장소가 있는데, 우리는 이곳을 儒林유림이라고 한다. 書林서림은 책자가 많은 곳, 더 나아가 書店서점을 일컫는 단어로도 쓰였다.

綠林녹림이라는 단어도 있다. 우리 식으로 풀자면 '푸른 숲'이다. 그러나 어감은 썩 좋지 않다. 옛 시절의 이런 푸른 숲에는 위험이 도사렸다. 호랑이나 표범, 곰이나 승냥이를 일컫는 게 아니다. 그 푸르다 못해 시커먼 숲에 도사린 존재는 바로 盜賊도적이나 山賊산적이다.

그 綠林에 있는 좋은 사내라는 뜻의 한자어가 '綠林好漢녹림호한'이다. 좋을 호(好), 사내 한(漢)이라는 글자가 붙어는 있지만, 실제 가리키는 대상은 '숲 속의 盜賊'이다. 로빈 후드와 같은 의적이면 좋겠으나, 盜賊은 盜賊이라서 그 의로움을 기대하기는 하늘의 별 따기다.

'酒池肉林주지육림'은 우리가 자주 쓰는 한자 성어다. 술(酒)로 연못(池)을 이루고, 짐승 살코기(肉)로 수풀(林)을 이루는 곳이라는 뜻이다. 임금이나 귀족이 극히 호사스러운 생활을 하는 모습을 일컫는다. 그 가운데 살코기는 그냥 먹는 살코기의 수준을 넘어, 술자리 접대 여성이 낀 극도의 향락을 가리키기도 한다.

도야미리, 되미리 등에서 번진 한자어 이름을 얻어 우리 서울의 한 축인 도림과 신도림이 어쨌든 道林도림이라는 명칭으로 자리 잡았다. 그 道도는 조선을 주름잡았던 유교의 道만은 아닐 터, '사람이 가는 번듯한 길'의 새김이 원래의 것일 게다. 그 번듯함은 영어로 gentle이리니, 道林과 신도림은 젠틀한 사람으로 숲을 이룬 동네이리라. 그 이름처럼 멋과 품위가 있는 장소로 발전하면 좋겠다.

# 구로 아홉 九, 늙을 老

지금의 구로동은 조선 초기부터 조선 말, 일제 시기 중반까지 줄곧 경기도 등에 속해 있다가 광복 뒤인 1949년 '九老里구로리'라는 이름으로 서울시 영등포구에 편입된 뒤 1950년 서울시 조례에 따라 지금의 이름을 얻었다고 한다.

구로동의 이름은 '아홉(九)의 늙은이(老)'라는 뜻이다. 이 동네에 원래 아홉의 노인네가 살았다는 얘기인데, 실제는 어떤 모습일까. 그 정답을 얘기해 줄 만한 사람은 없다. 그러나 이름을 붙이는 데에는 대개 유래가 있는 법이다. 아홉의 노인네를 뜻하는 九老구로라는 말의 원전은 아무래도 과거의 중국, 그중에서도 역대 왕조 중 가장 번창했다는 唐당나라에서 찾아야 좋을 듯하다.

중국 역대 시인 중에서도 특이한 빛을 발하는 사람의 하나가 白居易백거이, 772~846년다. 그는 李白이백, 杜甫두보와 함께 詩歌시가 문학이 최고조로 발달했던 당나라 문단에서 크게 이름을 떨친 문인이다. 인생 말년에 들어서 그는 여러 사람과 함께 어울렸던 모양이다. 그 동호회 비슷한 멤버는 白居易 자신을 포함해 모두 아홉이다.

따라서 그들은 동호회 이름에 '九老구로'라는 말을 붙였다고 한다. 특히 당시 번성했던 도시 洛陽낙양의 동쪽에 있는 香山향산이라는 곳이 백거이의 거주지였으며, 아울러 모임을 주도했던 그의 역할에 따라 동호회 멤버의 만남 장소도 이곳이었다고 한다. 그래서 정식으로 이름을 얻은 게 '香山九老會향산구로회'였다는 얘기다.

서울의 구로동은 아마 그 영향을 받았을 것이다. 이 이름은 어쩌면 과거 조선, 나아가 동양사회에서는 스스로 키운 문화 바탕에 딱 들어맞는 말일지 모른다. 왜냐하면 노인을 공경해서 잘 모시는 '敬老경로'의 풍속 또는 그런 관념과 관계가 있기 때문이다.

옛 동양사회에서 중요한 덕목으로 치던 것의 하나가 尊老존로와 尚齒상치다. 붙여서 '尊老尙齒존로상치'라고도 적는다. 앞의 '尊老'는 현재 우리가 자주 사용하는 '敬老경로'와 같은 의미다. '높이다'라는 뜻의 '尊존'과 '공경하다'라는 뜻의 '敬경'이 다르지 않은 까닭이다.

궁금증이 이는 단어가 바로 '尙齒상치'다. 앞의 글자인 尙상은 '숭상하다' '받들다' 등의 새김이다. 앞에 적은 尊존이나 敬경과 같은 뜻이다. 그런데 왜 이빨을 가리키는 齒치가 등장할까. 이 글자의 쓰임새는 우리에게 매우 많다. 도시 곳곳에 들어서 있는 齒科치과를 가리키는 글자이기 때문이다.

그러나 이 글자는 이빨과 함께 '나이'를 지칭하는 경우가 많다. 아무래도 사람이 나이를 먹어가면서 먼저 흔들리고 빠지는 것이 이빨이고, 머리카락이기 때문일 것이나. 말(馬)의 경우는 세월에 따라 일정하게 이빨이 생겨나는 까닭에 말의 나이를 알려면 먼저 그 이빨을 확인한다. 사람도 나이 들어가면서 먼저 흔들리고 시려지는 게 이빨이다. 따라서 그 둘의 상관관계는 제법 깊다.

그래서 사람의 나이를 가리키는 한자 '年齡연령'의 齡령이라는 글자가 생겼을 테다. 齡이라는 글자에 齒치라는 글자가 들어가 있음에 주의하자. 정확하게 가르자면, 이빨을 일컫는 齒牙치아에서 齒와 牙아는 서로 다르다. 같은 범주에 들기는 하지만 앞의 齒는 음식을 물어 자르는 앞니 등을 지칭한다. 뒤의 牙는 잇몸에 누워서 음식을 씹는 어금니 등을 가리킨다.

그래도 이빨을 가리키는 대표적 한자는 齒치라고 볼 수 있다. 여기서 파생한 말들이 재미있다. '年齒연치'는 年齡연령과 같은 뜻의 단어다. 앞에 順序순서를 의미하는 글자를 붙여 만든 '序齒서치'는 우리식으로 풀자면 '나이 순서'다. 서열을 정할 때 "민증(주민등록증) 번호대로 하자"는 경우에 쓸 수 있는 말이다. 활동력이 강한 장년의 나이에 있는 사람을 壯齒장치라고 적으며, 또는 '나무가 무성하다' 할 때의 글자를 붙여 茂齒무치라고도 적는다. 나이 들어 이빨의 건강이 나빠지는 노인은 저녁을 뜻하는 글자를 붙여 暮齒모치라고 한다.

不齒불치라는 단어가 제법 흥미를 끈다. 우리 사전을 보면 '不齒人類불치인류'라는 말이 나온다. '사람 축에 들지 못함'이라는 새김이란다. 풀자면 이렇다. 앞의 不齒는 '입에 담지 못할(하는)'의 뜻이다. 齒치라는 글자가 '입에 담다' '거론하다'의 뜻으로 발전한 것이다. 그럴 정도로 사람 됨됨이가 영 글러먹었다는 말이 '不齒人類', 즉 '입에 담기조차 거북한 ×'이라는 얘기다.

이빨 이야기는 여기서 멈추자. 어쨌든 이빨은 결국 연령을 의미하는 단어로 자리 잡았고, 결국 尙齒상치라는 단어가 생겼으며, 그런 전통은 동양 곳곳에서 '노인의 모임'을 가리키는 尙齒會상치회로 발전해 당나라 때는 백거이가 주도한 九老會구로회까지 이어졌다는 점이 중요하다.

사람에게 목숨만큼 중요한 게 또 있을까. 때로는 그런 목숨을 생각지 않고 나서야 할 경우도 있으나, 그럼에도 사람에게 생명은 무엇보다 귀중하다. 따라서 오래 사는 일은 모든 이가 바라는 꿈이다. 오래 살아도 시름시름 앓으면서 버티면 의미가 없다. 그래서 앓는 일 없이 오래 사는 일, 無病長壽무병장수가 최고다. 延年益壽연년익수도 가끔 쓰는 말이다. '오래 오래 더욱 장수하라'는 축원이다.

龜齡귀령이라는 단어도 있고, 鶴年학년이라는 말도 있다. 장수하는 거북이(龜)와 학(鶴)처럼 오래 사는 사람을 가리키는 말이다. 壽比南山수비남산이라는 성어도 있는데, 목숨(壽)이 아주 오랜 세월을 견디며 서있는 남산(南山)에 견줄(比) 수 있을 정도라는 얘기다. 역시 "무병장수하시라"는 기원이다. 노인들의 생신에 자주 쓰는 말이다.

老益壯노익장이라는 단어는 우리가 요즘에도 자주 쓴다. 나이 들수록 더욱 강해지거나, 활력 있게 움직이는 노인들을 가리킨다. 원래는 장부가 뜻을 세울 때 '어려울수록 단단해지며, 나이 들수록 강해져야 한다'는 뜻의 '窮當益堅, 老當益壯궁당익견, 노당익장'이라는 말에서 나왔다.

『三國志삼국지』에 등장하는 영웅 曹操조조는 소설 『三國志演義삼국지
연의』가 묘사하듯 그런 간사한 인물이 아니다. 적수인 劉備유비와 孫權
손권을 크게 압도한 시대의 영웅이었다. 문장에도 뛰어났던 그는 이런
말을 남겼다.

> '천리마가 구유(말먹이통)에서 먹이를 먹는 이유는 그 뜻이 천리를
> 내닫는 데 있음이요, 뜻을 굽히지 않는 이는 노년에도 그 장한 마음
> 을 그치지 않는다.'
> (老驥伏櫪, 志在千里. 烈士暮年, 壯心不已)

100세를 사는 시대라고 한다. 천리를 내닫기 위해 먹이를 챙겨 먹
는 늙은 천리마, 인생의 황혼기를 맞아서도 굳센 뜻을 접지 않는 열
사처럼 건강하고 왕성하게 살 일이다. 한국의 노인들이 생활 속에서
활기를 잃지 않고 늘 건강하게 살아간다면, 우리가 지나치는 이 구
로동의 의미도 바뀔지 모른다. 아홉의 노인네는 그야말로 120세, 또
는 그 이상의 할아버지들일 것이다. 모든 노인이 건강한 육체와 활달
한 마음으로 살아가는 모습, 대한민국의 꿈이 아닐 수 없다.

# 가산디지털단지 더할 加, 뫼 山

원래의 역명은 加里峰가리봉이었다가 2005년 지금의 이름으로 바뀌었다. 지금의 '加山가산'이라는 이름은 가리봉동과 독산동의 이름에서 한 글자씩을 따와 새로 합성한 것이다. 따라서 그 유래를 따지는 일은 별로 의미가 없다. 차라리 역이 들어서 있어 전철을 개통할 때 먼저 붙었던 동네 이름, 加里峰가리봉을 살피는 일이 더 낫겠다.

이는 구로구 북동쪽에 있는 동네 이름이다. 봉우리(峰)들이 이어져 마을을 이뤘다(加里)는 식의 해석이 가능하다. 실제 지명 사전 등에는 그런 해설이 덧붙여져 있는 상태다. 혹은 '가리'는 우리말로서, '갈'과 함께 고을을 가리키기도 하며, 아울러 갈라진 땅의 모양을 지칭하기도 한다는 설명이 있다. 우리말을 바탕으로 만들어낸 한자 동네 이름이리라는 추정은 그래서 가능하다.

옛 조선 시절 경기 지역의 시흥현에 속해 있던 동네로 일찌감치 문헌 등에 이름이 등장하고 있다는 설명이다. 1963년 정식으로 서울 권역으로 들어앉았다. 현재는 가리봉1동과 2동으로 나뉘어져 있는 상태라고 한다.

이 동네의 한자 이름에서 주목할 만한 글자는 里리다. 이 글자는 우리의 한자 단어에도 자주 등장한다. 우선 대표적인 쓰임새가 '마을'을 가리키는 경우다. 지금도 대한민국 행정 지명 용어에는 이 글자가 많이 쓰인다. '~리'라고 부르는 동네 명칭이 다 그렇다. 이 점은 자세히 설명할 필요가 없다.

『孟子맹자』에 나오는 유명한 말이 있다. 孟子가 魏위나라 惠王혜왕을 만나러 갔다. 자신의 정치적 이념을 위나라에 전파하기 위해서였다. 그런 孟子를 접견한 惠王이 이런 말을 한다. "선생께서 천리를 멀다 않고 우리나라를 찾아주셨는데, 제게 어떤 이익을 주시려고 하십니까?"

그 다음 이야기는 많이 알려져 있다. 맹자는 "그런 이익만을 좇으면 좋지 않다"며 정색을 하고 그를 논박한 뒤 "이해관계보다는 어짊과 의로움(仁義)을 숭상하라"고 한 수 가르친다. 그런 엄숙한 맹자를 혜왕이 곱게 봤을 리 없다. 그래서 맹자의 遊說유세는 실패한다.

그러나 혜왕이 맹자를 접견하면서 꺼낸 "천리를 멀다 않고"라는 말은 후에 성어로 자리를 잡는다. 한자로 적으면 '不遠千里불원천리'다. 우리말에서의 쓰임도 제법 있다. 과거에는 대화나 연설 중에 "不遠千里 여기까지 와주셔서 감사드리며…"라는 표현을 자주 들을 수 있었다.

그렇다. 里리는 '마을' '동네' '洞里동리'의 새김 외에 '길이'와 '거리'를 표시하는 경우에 많이 쓴다. 특히 한 지점에서 다른 지점까지의 거리를 가리킬 때 대표적으로 등장하는 단위에 해당한다. 그 거리를 구체적으로 가리키는 단어가 '里程이정'이고, 그 거리를 표시해 놓은 팻말 등이 바로 '里程標이정표'다.

옛 조선의 마을 앞에는 흔히 '天下大將軍천하대장군' '地下女將軍지하여장군'이라고 적은 장승 둘을 세워놓았는데, 그 장승 한쪽에 '이곳에서부터 서울까지는 ~리'라고 적어 거리와 방향을 표시했다. 당시의 장승이 이정표 역할을 했던 셈이다. 특기할 만한 일이나 공적을 세워 그를 기념할 만한 일이 생긴 경우를 칭찬할 때도 이 단어를 쓰곤 한다. '~분야에서 이정표를 세우다'라는 표현이다.

里리가 그런 길이와 거리를 가리키는 글자로 쓰이면서 이루어진 유명한 성어가 있다. 毫釐千里호리천리라는 말이다. 앞의 '毫釐호리'는 '털끝' 또는 '아주 작은 것'을 가리키는 毫호에 역시 아주 작은 길이 단위인 釐리(또는 厘리)를 보탠 말이다. 따라서 아주 짧거나 작은 것, 미세한 것 등을 가리킨다. 뒤의 千里천리는 그냥 천리다. 아주 긴 거리를 뜻한다.

毫釐千里호리천리라는 성어의 원전은 '差以毫釐, 失之千里차이호리, 실지천리'다. 좀 어려워 보이지만, 이렇게 풀면 이해할 수 있다. 첫 출발지에서 아주 조그만(毫釐) 정도로써(以) 실수(差)하면, 저 멀리에 이를 때는 천리(千里)를 잃을 수 있다(失之)는 얘기다. 이 표현은 '差以毫釐, 謬以千里차이호리, 류이천리'라고도 쓰는데, '스타트에서 조금 어긋나면 저 멀리에서는 큰 오차(謬)가 생긴다'라고 풀 수 있다.

莊子장자는 큰 뜻을 품은 사람에게 '鵬程萬里붕정만리'라고 했다. 아주 커다란 새 鵬붕은 한 번 날아오르면 萬里만리를 간다면서 꺼낸 이야긴데, 큰 뜻을 품고 크게 세상을 보는 사람의 웅장한 뜻, 마음가짐을 이야기했다. 千里천리나 萬里 모두 사람이 품은 큰 뜻, 나아가 길고 웅장하게 설계한 인생의 이정표를 말하는 듯하다. 비록 과장이 섞였을지언정, 그런 큰 뜻과 마음가짐을 지녀야 멀리 내다보며 길을 갈 수 있지는 않을까. 그러나 역시 출발점에 제대로 서야 한다는 점을 잊지 말아야 한다. 가리봉에서 생각해보는 인생의 路程노정이다.

# 독산 대머리 禿, 뫼 山

서울시 금천구의 중앙에 있는 동네 이름이다. 그곳에 뾰족한 산이 있는데, 지금과는 달리 예전의 이 산에는 나무가 별반 없었던 듯하다. 지금이야 산에 나무 등을 심어 숲을 가꾸는 山林綠化산림녹화가 잘 펼쳐져 우리 대한민국의 山野산야가 보기에 참 그럴듯하다. 그러나 대한민국 건국 전의 산과 들판 모습은 보기에 민망했다. 나무가 우거져 있지 않았기 때문이다. 헐벗은 대지에서 보듯이 옛 조선과 대한민국 건국 전후의 산야 모습은 초라하기 그지없었다.

그때의 산을 우리는 민둥산으로 부른다. 산에 나무가 거의 없거나, 있더라도 드문드문 있을 뿐인 그런 산이다. 그 민둥산을 부를 때 등장하는 '민둥민둥하다'가 바로 아무것도 없는 '대머리'를 가리킨다. 그 대머리를 가리키는 한자가 '禿독'이다. 그런 산을 가지고 있던 동네여서 독산동은 오늘날의 이름을 얻었다고 한다.

동양사회의 옛 風水풍수 관념에서는 산을 한 마리의 龍용으로 간주한다. 그 산의 흐름을 형성하는 전체의 모습은 그래서 龍脈용맥이라고 적었다. 저 멀리 백두산의 정기가 흐르고 흘러 서울에 와서 닿는 곳이 북악산이라는 식이다. 그 모두를 하나의 흐름으로 봤고, 그런 모양을 龍脈이라는 말로 부른 것이다.

그 산에 있는 흙은 용의 몸체를 설명할 때 살을 가리킨다. 사람을 포함한 모든 동물이 제대로 살집을 지니지 못하면 어딘가 춥고 가난해 보이게 마련이다. 따라서 산이 지닌 흙, 용의 살도 매우 중요하다. 그러나 살집만 갖춘다고 모양새가 나기는 어렵다. 튼튼한 골격을 갖춰야 함은 물론이다. 동양의 풍수는 산의 바위와 암석이 용의 뼈, 즉 骨格골격을 이룬다고 봤다.

살집에 골격까지 갖추면 다일까. 그래도 어딘가 부족하다. 살집에 아무것도 얹지 않으면 그야말로 뭔가 빠진 듯한 느낌을 준다. 피부에는 반드시 털이 나 있어야 한다. 모양에서도 그렇고, 습도 등을 조절하는 毛髮모발이 있어야 제 모습이다. 산을 용으로 볼 때 그 毛髮에 해당하는 것이 바로 나무와 풀이다. 수풀이 있어야 산을 타고 흐르는 용의 모습이 제대로 그려진다.

살집과 골격은 다 갖췄는데 피부 위에 얹어야 할 모발이 제대로 없는 산, 그게 바로 민둥산이자 禿山독산이다. 그래서 일찍 머리털이 빠져 유전적인 대머리를 지닌 사람들은 마음 한구석이 불편하기 짝이 없다. 젊어서 대머리에 이르면 婚事혼사마저 지장을 받을까 두려울 정도다. 그래서 모발 이식이 성행하고, 假髮가발산업도 꺾일 줄 모른다.

머리에 털이 제대로 나지 않은 수리를 우리는 '독수리'라고 한다. 수리는 사나운 조류, 다른 새를 잡아먹는 이른바 猛禽類맹금류의 하나로 하늘의 제왕이라 일컬어지는 새다. 그 독수리의 '독' 역시 대머리를 일컫는 한자 禿톡의 뜻이자 발음이다. 대머리는 흔히 禿頭톡두라고 도 적으며, 그런 모습의 나이든 사람을 禿翁톡옹이라고 한다. 머리털 빠진 정수리라는 의미의 禿頂톡정도 역시 같은 뜻이다.

물자가 귀한 옛날에는 붓도 마구 쓰기가 어려웠을 터. 계속 쓰다 보니 그 끝이 닳는다고 했다. 그런 붓을 禿筆톡필이라고 했는데, 다른 한 편으로는 자신의 문장 등을 낮춰 부르는 용어로도 쓰였다고 한 다. 가을이 오면 나무는 잎을 떨어뜨린다. 그렇게 잎을 다 잃은 나무 를 禿樹톡수 또는 禿木톡목이라고 적었단다. 머리털 없는 사내, 그런 의 미의 禿丁톡정은 불가의 승려를 낮춰 적은 단어다. 유교 성리학이 대 세를 이루며 불교를 억압했던 조선의 분위기를 보여주는 말이다.

민둥산이라고 해서 산으로서의 가치가 없을까. 그 바위가 우뚝 하고 사나우면 골격이 뛰어난 산이다. 피부에 난 모발이 적다고 해서 그 사람의 가치가 없을까. 역시 중요한 것은 사람의 내면이며 기품 이다. 겉모습만 보고서 사람을 비웃고, 그에 빠져 그 사람이 지닌 진 정한 가치를 놓친다면 그만큼 어리석은 일도 없다. 그런 점에서 보면 독산동은 우리의 거울이다. 우리는 그 머리카락 없었던 산을 어떻게 바라보는 사회일까. 그 점을 비추는 거울 말이다.

# 금천구청 옷깃 衿, 내 川, 구분할 區, 관청 廳

원래의 역명은 始興시흥이었다가 2008년 12월 지금의 역명으로 바뀌었다. 지금 역명인 衿川금천에 관한 소개는 우리가 곧 닿을 衿井금정역에서 차분히 알아보기로 하자. 따라서 이번에는 원래 역명이었고, 아울러 역 주변의 주요 행정 명칭으로 등장하고 있는 始興이라는 한자 조합을 살펴보자. 이 이름의 유래를 보면 제법 흥미를 끄는 대목이 있다. 원래 이 동네 사람들이 있던 자리는 말죽거리를 넘어 서울로 향하던 길가의 마을이었다고 한다. 그러나 인접한 청계산 일대에 있던 도적의 피해가 아주 심해서 현재의 위치인 경기도 성남시 수정구 남부로 마을 전체가 옮겨 왔다는 설명이다. 도적놈들의 행패가 너무 심해 이주의 설움을 감내해야 했던 사람들, 그래서 옮긴 터전에 '새로 일어서라'는 뜻의 始興이라는 한자 이름을 붙였다는 것이다.

순우리말의 지명으로는 이들을 길가의 마을에서 이주시켰다고 해서 '보낸말'이라 불렀고, 그것이 다시 '모랜마'로 변하기도 했다고 한다. 어쨌든 서울에서 멀지 않은 청계산에 도적들이 몰려 있었다니 흥미롭고, 그들의 폐해로 인근 마을이 두려움에 떨어야 했다는 점도 관심을 끈다. 치안이 좋지 않았던 상황, 또 산속에 들어가 도적질을 하며 연명했던 유민들의 경우가 다 관심거리다.

始興시흥이라는 한자 이름의 앞 글자 始시는 영어로 스타트start를 뜻한다. 우리가 어떤 일을 벌이면서 '始作시작한다'라고 할 때 우선 이 글자를 쓴다. 마찬가지로 쓰는 단어가 開始개시다. '열다'라는 의미의 開개와 '처음' '시작'의 새김인 始시가 한데 몰려 있으니 영락없는 start, 그 뜻이다.

始發시발이라는 글자 조합도 재미있다. 열차가 운행을 시작하는 곳이 바로 始發驛시발역이고, 어떤 현상이나 작업 등이 벌어지는 곳이 始發點시발점이다. 현대 대한민국의 자동차 산업은 이제 세계적 수준에 올랐지만, 사실 1960년대 들어서야 겨우 걸음마를 뗐다. 괄목할 만한 성장이긴 해도 당시에는 그저 자동차를 조립해 생산하는 정도였다. 그때의 자동차 이름에 '始發'이라는 단어가 붙었다.

이 시발이라는 단어는 입에 올리기가 좀 뭐하다. 아무래도 쌍스러운 욕과 발음이 아주 비슷하기 때문이다. 그럼에도 한자 단어로서의 뜻은 크게 나무랄 데가 없다. 무엇인가 막 움을 틔워 펼쳐지는 그런 상황을 가리킨다. 좋다거나 나쁘다거나를 따지기 힘든 가치중립적인 단어에 해당한다.

'시작하다'라는 말에서의 한자 단어 始作시작은 원래 무엇인가를 만드는 첫 걸음을 가리킨다. 孔子공자가 아주 매섭게 비판한 사람들이 있다. 무덤에 묻는 人形인형을 만드는 사람들이다. 죽은 자를 위해 사람의 모습을 띤 목제 또는 흙으로 빚은 人形이 문제의 핵심이다. 이런 人形을 우리는 한자로 俑용이라고 적는다. 중국 최초의 제국을 형성한 秦始皇진시황을 기억하는 사람은 많다. 그가 남긴 대규모 유적이 중국 陝西섬서에 있는 兵馬俑병마용이다. 아주 많은 수의 병사(兵)와 말(馬)을 흙으로 빚어 구웠는데 중국은 이를 兵馬俑병마용으로 적었다.

그런 인형을 만든 사람에게 공자는 아주 날카로운 비판을 가했는데, 무덤에 사람 인형을 넣는 나쁜 풍속을 만들었다는 점에서 그랬다는 설명이다. 그렇게 인형을 처음 만든 사람이 바로 '始作俑者시작용자'다. 처음(始) 인형(俑)을 만든(作) 사람(者)이라는 의미인데, 지금은 '아주 나쁜 선례를 만들어낸 사람'을 가리키는 성어로 쓴다.

'사물에는 뿌리와 가지, 일에는 끝과 시작이 있다'는 가르침은 유교 경전인 『大學대학』에 나온다. '物有本末, 事有終始물유본말, 사유종시'다. 핵심과 주변을 잘 가르고 정리하며, 일을 할 때는 처음과 끝을 분명히 해야 한다는 말이다. 그런 시작과 끝이 우리가 자주 사용하는 始終시종이라는 말이다. 처음부터 끝까지 자신의 입장을 잘 관철하는 일이 始終一貫시종일관이다. 처음과 끝(始終)을 하나로써(一) 펼쳐나간다(貫:뚫을 관)는 얘기다.

始興시흥이라는 지명의 다음 글자 興흥은 우선적인 새김이 '일어서다'다. 아울러 기분이 좋아지는 상황도 가리킨다. '일어서다'의 의미로 자주 쓰는 말은 우선 興亡흥망이다. 일어서거나 망하는 일, 국가나 사회 나아가 개인이 발전하거나 거꾸러지는 상황을 일컫는다. 그런 역사가 興亡史흥망사이고, 興亡이라는 단어와 같은 뜻인 盛衰성쇠를 갖다 붙이면 興亡盛衰흥망성쇠의 성어로 작용한다.

기분이 좋아지는 경우에 쓰는 興흥도 우리와 멀리 떨어져 있지 않은 글자다. '흥분하다'의 興奮흥분, 어느 일에 호감을 느끼거나 재미를 들이는 게 興趣흥취다. 어느 일이나 대상에 입맛이 당기면 그게 바로 興味흥미다. '입맛(味)+일어나다(興)'의 구조다.

우리는 夙興夜寐숙흥야매라는 한자 성어를 한동안 자주 썼다. 이른 새벽(夙)에 일어나고(興), 깊은 밤(夜)에 잠잔다(寐)는 말이다. 부모님을 잘 챙겨드리기 위해 자식들은 이렇게 해야 한다는 과거의 孝道효도에 관한 구호에 가깝다. 그런 가르침의 핵심인 어른 잘 모시기는 과거와 현재가 다를 게 없을 테다.

일어나서 계속 발전해 아주 좋은 상황을 이루는 일이 興盛흥성이고, 점점 기울어가다가 종국에는 망하는 일이 衰亡쇠망이다. 자연의 섭리에서는 달이 보름달의 상황을 늘 유지할 수 없듯이 모든 사물과 상황은 언젠가는 기울 수밖에 없다고 한다. 그러나 국가와 사회, 민족은 興盛의 흐름을 계속 이어가야 한다. 衰亡의 내리막길에 들어서지 않으려면 우리는 무엇을 잘 해야 할까. 중요함과 변변찮음의 本末본말을 잘 가리고, 시작과 끝을 분명히 하는 그런 '기초'에 충실해야 하지 않을까. 일어섬과 무너짐의 인류역사 속 끝없는 浮沈부침의 이야기, 이곳을 지날 때 한 번쯤 생각해 보자.

# 석수 돌石, 물水

돌 석(石)과 물 수(水)가 만난 이름이다. 국어사전에는 이 石水석수가 '동굴이나 지하 갱 따위의 천장에서 나오는 물'이라고 소개한다. 암반에서 흘러나오는 물을 가리키니, 수질이 퍽 좋은 광천수에 해당할 것이다. 아울러 유감스럽게도 이 石水는 病名병명의 하나다. 신체 조직에 액체 등이 괴어 몸이 붓는 일종의 水腫수종이자 浮腫부종이다. 石水는 특히 신장 조직에 그런 증상이 들어 배가 붓고 소변이 잘 나오지 않는 병이다.

그러나 원래 지명이 그런 병을 의미하지는 않았으리라. 유래를 보면 우선 이곳에는 채석장이 있었던 듯하다. 그곳에서 돌을 캐던 사람들이 바로 石手석수인데, 나중에 이 지역의 관악산과 삼성산이라는 곳에서 흘러내린 물을 가둬 수영장을 만들었다가 그 이름 자체를 돌에서 흘러내린 물, 즉 石水석수로 바꿨다는 설명이 있다.

조선의 문인이자 時調시조의 대가인 孤山고산 尹善道윤선도가 지은 「五友歌오우가」는 자연 속의 다섯 친구를 노래했다. 물과 돌, 소나무와 대나무, 그리고 달이다. 그렇게 옛 동양 문인들의 문학 작품 속에 즐겨 등장하는 주인공이 물과 돌이다. 특히 尹善道는 물을 끊이지 않은 不斷부단, 돌을 두고서는 견고함이 가져다주는 不變불변의 미덕이 있다고 칭송했다.

돌과 바위를 가리키는 石석이라는 글자의 현대적 쓰임새는 아주 풍부한 편이다. 우선 지구촌의 생명줄과 다름없는 액체가 있으니 바로 石油석유다. 돌처럼 딱딱한 껍질을 두고 있어서 그런 이름이 붙었을지는 모르겠으나, 우리에게 신맛과 단맛의 묘한 어울림을 선사해주는 과일이 石榴석류다.

石造석조라는 단어도 많이 쓴다. 화강암 등 질이 좋은 암석을 사용해 지은 집 등을 우리는 石造建物석조건물이라고 한다. 지금은 그렇지 않지만 돌아가신 부모님 등을 기리기 위해 石碑석비 또는 碑石비석을 만드는 일도 과거에는 흔했다. 시멘트 원료로 사용하는 암석이 石灰石석회석이다. 암석질로 이뤄진 굴을 우리는 石窟석굴로 적는다.

돌을 다루는 사람이 石手석수, 그런 일을 업으로 삼아 그럴듯한 작품을 만들어내는 사람을 우리는 石匠석장이라고 적고 부른다. 돌에 무언가를 새기면 石刻석각이다. 바위 등에서 캐내는 소금을 石鹽석염 또는 巖鹽암염이라고 한다.

물을 가리키는 水수에 관한 한자는 아주 많다. 물이 흐르는 길이 水脈수맥, 그 물이 형성하는 기운을 水勢수세, 물이 좋으냐를 따질 때 쓰는 水質수질, 물의 많고 적음을 이야기할 때는 水量수량 등의 단어를 쓴다. 산과 물이 한데 어울리면 山水산수, 땅과 물 등 지형의 조건을 따지면 風水풍수, 바다에 있는 물을 가리키면 海水해수, 바닷물처럼 짜지 않은 내륙의 물을 淡水담수로 적는다.

石水석수라는 지명에서 우리는 病症병증의 어두운 그림자만을 떠올릴 필요는 없다. 물과 바위는 인류가 생활함에 있어 가장 필요한 요소로 작용하는 물질이다. 아울러 그 둘에는 고산 윤선도 선생이 일컬었듯 사람이 보고 배워야 할 미덕이 숨겨져 있다. 변치 않아 길고 긴 시간이 드리우는 永劫영겁의 의미를 깨닫게 해주는 존재가 돌과 바위요, 끊이지 않아 세월의 무게 속에서 삶의 의미를 북돋아 주는 존재가 물이다.

너무 많아 그가 존재하는 뜻을 알아차리지 못하는 경우가 있다. 날숨과 들숨을 쉴 수밖에 없으면서도 우리가 空氣공기의 소중함을 간과하는 것과 마찬가지다. 바위와 물 또한 그럴지니, 그 소중함을 일깨우며 생활 속에서 그것들과 어울려 함께 변치 않고 살아가려는 지혜가 필요한 때다. 역명 石水석수에는 자연이 주는 그 아름다움과 소중함이 담겼다.

# 관악 갓 冠, 큰산 岳

생김새에서 이름이 유래했다고 볼 수 있는 산이다. 해발 629m에 이르니 서울의 외곽을 둘러싼 산 치고는 결코 낮지가 않다. 이 산은 멀리서 볼 때 생김새가 장관이다. 우뚝 솟은 여러 개의 봉우리가 마치 갓(冠)을 머리에 얹은 모습이다. 그래서 이 산을 순우리말로 '갓뫼' 또는 '간뫼'로 불렀고, 한자 이름으로는 갓을 둘러쓴 산이라는 의미의 '冠岳관악'이라고 했다는 것이다.

갓이 여러 개 뾰족하게 올라온 모습은 또 마치 불꽃을 이르는 火焰화염과도 같다고 해서 이 산이 지닌 五行오행 안의 속성이 불의 성질을 가리키는 火德화덕을 품었다고 여겼다. 사람들은 그런 불기운이 세서 수도인 서울에 번질 가능성이 있다고 생각했다. 그런 갓뫼의 불기운을 누르기 위해 서울 도성의 남쪽 대문인 崇禮門숭례문 현판을 세로로 걸어 대응했다는 설이 있다. 아울러 광화문 양쪽에 火災화재 등의 재앙을 누르는 전설 속 동물인 獬豸해태를 배치했다는 점은 제법 잘 알려져 있는 내용이다.

한자 冠관은 우선 옛 동양사회에서 귀족 등이 썼던 모자를 가리킨다. 때로는 최고의 권력자인 황제가 쓰는 모자도 일컫는다. 冠과 함께 모자 앞에 구슬을 드리웠던 君王군왕의 모자인 冕면(면류관 면)을 붙이면 冠冕관면인데, 역시 일반적인 옛 동양의 모자이기도 하고 권력자가 머리에 얹는 모자도 의미한다.

이 글자는 우리가 자주 쓰지를 않아서 그렇지, 사실은 매우 친숙한 글자다. 우선 月桂冠월계관, 桂冠계관 등의 단어다. 月桂冠은 아주 잘 알려진 모자다. 천으로 만들지는 않았고, 월계수의 가지와 올리브 가지를 섞어서 모자 형태로 만들어 고대 그리스 올림픽에서 우승한 사람에게 씌워주던 것이다. "月桂冠을 머리에 쓰다"라고 하면 어느 장소에서 가장 높이 올라가 1등을 차지한 사람을 가리킨다.

桂冠계관도 月桂冠월계관과 마찬가지 뜻이다. 단지 과거 영국에서 왕실에 속해 가장 대표적인 문인의 자리에 오른 사람을 'poet laureate'로 호칭했고, 동양은 이를 '桂冠詩人계관시인'이라고 옮겼다. 왕실이 모든 것을 좌지우지하던 세상이었으니, 그 왕실에 속한 시인은 나라에서 으뜸의 수준에 오른 문인이다. 역시 月桂冠이 의미하는 '1등'의 새김을 담고 있는 단어다.

그렇다고 서양의 전유물은 아니다. 동양에서도 그런 말이 있다. '월계수 가지를 꺾다'라는 뜻의 '折桂절계'라는 단어다. 우리 옛글에서도 종종 등장하는 말이다. 월계수는 동양에서 달(月)의 상징이다. 자세히 살필 때 달에는 그늘진 곳이 보인다. 어두움이 드리워져 있는 곳은 달의 표면에 있는 地形지형의 굴곡 때문에 생기는데, 동양 사람들은 그 전체의 모습이 토끼와 월계수를 닮았다고 봤다. 그래서 달에는 옥토끼와 함께 계수나무, 즉 월계수가 있다고 여겼다.

중국 晉진나라 때 황제가 郤詵극선이라는 인물에게 스스로를 평가해보라고 했더니 "달나라 계수나무의 한 가지, 곤륜산의 한 자락에서 파낸 옥돌 한 조각 정도일 뿐"이라고 대답했다고 한다. 달나라에 있는 수많은 계수나무 가운데 한 가지, 거대한 곤륜산의 옥 한 조각을 들어 자신을 낮췄던 것이다.

그러나 그 후에 '달나라에서 꺾은 계수나무 가지 하나'를 가리키는 성어 蟾宮折桂섬궁절계 중 '折桂절계'라는 단어는 유행을 타고 말았다. 역대 문인들이 그런 극선의 겸손을 끌어들여 '1등을 차지하다' 라는 뜻의 단어로 사용했던 것이다. 그래서 동양에서도 서양과 비슷한 뜻으로 계수나무는 '챔피언'의 의미를 띤다. 우연이라면 우연이다.

그래도 모자의 형식으로 만들어 우승을 차지한 사람에게 씌어줬던 습속은 동양이라기보다 서양의 것이라고 볼 수 있다. 일제강점기 때 베를린 올림픽에 나가 자랑스럽게 마라톤에서 우승을 차지한 손기정 선수가 시상대에서 머리에 얹었던 것도 바로 그 월계관이다.

한자 岳악은 큰 산을 지칭한다. 작은 구릉이나 높이가 낮은 산이 아니고, 크기가 우람하며 높이 솟은 산을 의미한다. 같은 글자로 쓰는 게 嶽악이다. 한국에서는 두 글자를 통용한다고 본다. 둘 모두 크고 우람한 산을 가리킨다는 점에서는 차이가 없다. 산을 지칭하는 글자로는 山산, 嶺령, 巖암, 峰봉 등과 함께 岳악 嶽악의 두 글자가 다 쓰인다. 구체적인 기준은 제대로 설명하기 힘들지만.

장인을 岳父악부, 장모를 岳母악모로 적는 경우가 좀 궁금하다. 당나라 때의 일화로 알려져 있는데, 황제 현종이 연례행사처럼 벌이는 泰山태산(중국인이 으뜸으로 치는 산둥성의 산)에서의 제례를 치르기 위해 張說장설 또는 장열이라는 대신을 파견했는데, 그 사위 鄭鎰정일이 그 덕에 승진했다고 한다. 나중에 황제가 鄭鎰에게 "어떻게 된 일이냐"고 물었는데, 鄭鎰이 우물거리면서 제대로 대답하지 못했다고 한다.

그러자 옆에 있던 신하 하나가 "아무래도 태산의 힘이었던가 봅니다"라고 하자 황제가 그 영문을 알아차리고서는 정일의 벼슬을 원래의 자리로 돌렸다고 한다. 그로부터 태산을 일컫는 岳악이 곧 장인을 일컫는 단어로 자리 잡았다는 설명이다. 장인은 岳父악부와 함께 岳丈악장이라고도 적는다.

산둥의 낮은 구릉지대에 우뚝 선 산이 바로 태산이다. 실제 그 산은 그리 높지 않다. 해발 1545m라고 하니 아주 높은 산은 아니다. 하지만 주변에 큰 산이 없다. 그래서 아주 커 보이고, 우뚝 선 것처럼 비친다. 그래서 태산은 그 고유명사 외에 '아주 큰 산' '대단한 규모의 산'이라는 뜻으로 불린다. 그런 태산에 제례를 올리기 위해 찾아갔던 황제, 때로는 그를 대신해 잠시나마 그런 제례의 주인공 행세를 했던 대신의 위상은 그래서 생겼다.

그에 기대려는 꿈을 품었던 이가 정일이라는 사람이다. 세상의 인정이 대개 그런 모양이다. 피붙이나 그 주변의 親姻戚친인척이라는 인연에 기대 출세를 꿈꾸는 사람들 말이다. 홀로 서려는 노력이 중요하겠다. 태산에 기댄다는 의미에서 나온 장인과 장모, 즉 岳父악부와 岳丈악장 그리고 岳母악모는 그래서 다 부질없다. 홀로 힘으로 굳건히 세상에 서는 사람이 멋지다. 妻家처가의 연줄, 나아가 개인적인 인연에 기대 공명과 부귀를 누리려는 사람은 어딘가 부족해 보인다.

갓뫼, 冠岳관악은 모든 산이 그렇듯 늠름하다. 제자리에 홀로 우뚝 서서 세월을 버티고 있기 때문이다. 산은 그래서 늘 경이롭다. 아울러 우리는 그런 산을 오르면서 적지 않은 생각에 접어든다. 꿋꿋해서 毅然의연한 그런 산을 보며 우리는 많은 것을 생각하며 배운다. 머리에 얹은 높은 모자처럼 冠岳은 늘 그렇게 멋진 산이다.

# 안양 편안 安, 기를 養

서울로 진입하는 중요한 목에 있는 곳이 안양이다. 동쪽에 과천과 의왕이 있고, 서쪽으로는 시흥과 붙어 있다. 오래전부터 이곳에는 사람의 발길이 들었다고 한다. 이곳에서 발견되는 즐문토기 등 신석기 유물로 볼 때 그렇다. 조금 높은 산과 낮은 구릉이 보이지만, 전체적으로는 안양천 등 다수의 물길이 지나가는 평원 지역이다. 따라서 예로부터 이곳은 사람이 살기 좋은 환경이었던 듯하다.

일제강점기 초반에 上西面상서면과 下西面하서면의 두 면을 합치면서 西二面서이면으로 불렸다가, 1941년에 安養안양이라는 이름을 얻었다고 한다. 왜 당시 그런 이름을 얻었는가에 관해서는 이곳에 있는 유서 깊은 절 安養寺안양사에 주목할 필요가 있다.

안양사는 『조선왕조실록』에 일찌감치 등장한다. 특히 조선을 창업한 태조 이성계가 이곳에 들렀던 기록이 나온다. 이로 볼 때 안양사의 역사는 꽤 유장함을 알 수 있다. 절에 그런 이름, 즉 安養안양이 붙는 점은 충분히 수긍할 만하다. 安養은 불교 용어로서는 極樂극락을 뜻한다. 사람들이 마음을 안정시켜(安心) 제 몸을 편안하게 돌볼 수(養身) 있어, 법을 들으며(聞法) 도를 닦을 수(修道) 있는 곳이기 때문이다. 이들 한자를 붙여 세우면 '安心養身, 聞法修道안심양신, 문법수도'다. 불교가 이상으로 그리는 곳의 개념이다.

安안이라는 한자는 유심히 들여다보면 의미가 직접적으로 와 닿는 글자다. '집'을 뜻하는 부수 갓머리(宀) 안에 여인을 뜻하는 '女여'라는 글자가 들어가 있는 꼴이다. 집 안에 있는 여인, 아마 평안하고 따뜻한 스위트홈sweet home을 가리키는 글자일 것이다. 여성이 집 안에 머물고 있음은 평안과 평화를 의미할 수도 있다. 그래서 이 글자는 '편안함'이라는 대표 새김으로 우리에게 알려져 있다.

우선 떠오르는 단어가 安全안전이다. 위협적인 요소가 없어(安)서 어느 것이라도 잃지 않는(全:모두, 온전하다) 상태다. 平安평안도 마찬가지다. 平安하시냐, 아니면 어디가 편찮으시냐를 물을 때 등장하는 安否안부라는 말도 있다. 요즘은 우리가 "安否를 묻다" 식의 인사 용어로 자주 쓴다. 平安하며 건강한 상태를 뜻하는 게 安康안강이다.

평안해서 흔들림 없는 상태를 가리키는 말이 安定안정이다. 상황이 요동치지 않으며 평화롭게 이어지는 모습이다. '어디에 잘 놓아두다'라는 뜻도 있다. 이 경우에 등장하는 단어가 安置안치다. 돌아가신 분을 못자리 등에 잘 모시는 일이 安葬안장이다. TV 등을 정해진 곳에 잘 설치하는 일은 安裝안장이라고 적는다. 경찰이 범죄의 요인들을 잘 제거해 사회가 평안해지도록 하는 일은 治安치안이다.

사람들의 소망이 몰리는 글자가 바로 이 安안이다. 평화와 안정, 번영까지 다 품은 뜻이니 그렇다. 그래서 숙어나 성어도 많다. 安身

立命안신입명이 우선이다. 몸을 편안하게 기댈 곳이 있고, 정신적으로 의탁할 곳이 있는 경우다. 安心立命안심입명이라고도 적는다. 나라가 평화롭고 백성이 편안하면 그게 바로 國泰民安국태민안이다.

한반도에 비해 전란이 잦았던 중국에서는 안전한 상태에서도 그 다음을 걱정해야 했다. 그래서 생긴 말이 居安思危거안사위다. 평안(安)한 시절이나 장소에 머물더라도(居) 늘 위험(危)을 생각하라(思)는 말이다. 그 다음 말도 이어진다. 思則有備사즉유비인데, 그렇게 평안한 곳에서도 위기를 생각(思)한다면 곧(則) 준비를 할 수 있다(有備)는 말이다.

그 다음 말이 우리에게는 매우 유명하다. 바로 有備無患유비무환이다. 그렇게 해서 준비함(備)이 있으면(有) 걱정거리(患)가 없어진다(無)는 것이다. 평화로운 시절에 미리 닥칠 여러 위협적인 요소에 대비를 잘 하면 커다란 화를 피할 수 있다는 얘기다. 한때 정치적인 구호로도 이 '有備無患'은 아주 많이 쓰였다.

安養안양의 다음 글자 養양은 기르거나 돌본다의 뜻이다. 우리가 자주 쓰는 단어가 바로 養老양로다. 나이 드신 노인네들을 잘 돌보는 행위다. 그런 노인네를 모시는 곳이 바로 養老院양로원이고 동네나 아파트 등에 노인들을 머물 수 있도록 만든 곳이 養老堂양로당이다. 무엇인가를 정성들여 가꾸거나 기르면 養成양성이다.

그러나 제 몸을 돌보는 일도 중요하다. 고른 음식물 섭취와 꾸준한 건강으로 자신을 돌보는 일이 養生양생이다. 그에 관한 여러 가지

방법이 동양 고전에는 자주 등장하는데, 우리는 그를 가리켜 養生術양생술이라고 적는다. 혹은 그를 조금 더 높은 차원의 방법으로 이야기할 때는 養生之道양생지도라고 한다. 쉬면서 자신을 돌보는 일이 休養휴양, 음식물에 든 좋은 성분을 말할 때는 營養영양이다. 營養을 품고 있는 요소를 營養分영양분이라고 한다.

중국의 외교는 韜光養晦도광양회를 자주 내세운다. 빛(光)을 감추고(韜), 어둠(晦)을 키우라(養)고 풀 수 있다. 어렵게 생각할 필요는 없다. 여기서 빛이라는 것은 자신이 드러낼 수 있는 장점에 해당한다. 가능한 한 그런 장점은 상대의 눈에 띄지 않게 감추라는 게 韜光도광이다. 그 다음의 養晦양회는 자신의 단점에 해당하는 어두운 곳, 또는 어둠이라는 뜻의 晦회를 잘 돌보면서 보완하라는 뜻이다.

어두운 곳에서 눈을 내밀어 상대를 살피는 중국 사람들의 시선이 잘 읽힌다. 그런 점에서 중국은 좀체 제 모습을 드러내지 않는 존재다. 살벌한 전쟁이 많았던 곳이라서 그런 문화적 바탕을 키웠으리라 보인다. 그런 것은 戰略전략의 시선이다. 다른 말로 謀略모략이자, 策略책략이기도 하다. 단순하지 않으면서 뭔가 복잡한 속내를 숨기고 있다는 인상을 준다.

그러나저러나 安養안양은 사람들이 편히 쉬며 무엇인가를 꿈꿀 수 있는 곳을 가리키는 단어다. 그런 상황이라면 아주 좋다. 더할 나위가 없어서 極樂世界극락세계를 다른 말로 安養世界안양세계라고 적는지 모르겠다. 사람들이 서로를 믿으면서, 또는 서로에 의지하면서 오순

도순 사는 세상을 만든다면 그 땅이 바로 天堂천당이요 파라다이스 paradise 아니겠는가.

# 명학 <sub>울 명 鳴, 학 鶴</sub>

두루미가 많았고, 따라서 그 울음소리가 자주 들렸던 곳의 지명이다. 지금은 안양시 만안구에 속해 있는 행정구역으로, 옛 지명을 따라 지은 역명이다. 그 두루미가 한자로 적으면 鶴학이다. 그 앞에다가 '울음' '울다' 라는 새김의 鳴명이라는 글자를 붙였다.

예로부터 두루미, 즉 鶴학은 뭔가 좀 다른 새다. 새 중에서도 훌쩍 키가 크며 기품이 있어 보인다. 그래서 동양에서는 그 鶴에 대해 많은 의미를 부여했다. 특히 道敎도교의 여러 설정 중에서 학은 長壽장수의 상징으로 자리 잡았다. 멋들어지게 그려진 소나무와 鶴은 그래서 동양의 웬만한 수묵화에 자주 등장한다. 둘 다 長壽를 상징하는 아이콘으로서 말이다.

따라서 우리말 속에서의 쓰임도 매우 긍정적이다. 우선 장수를 지칭하는 말이 鶴壽학수다. '群鷄一鶴군계일학'이라는 말도 있다. 닭의 무리(群鷄) 속에 있는 한 마리 학(一鶴)이라는 뜻인데, 여러 사람들 속에 섞여 있는 탁월한 한 사람이라는 의미다. 원래는 '鶴立鷄群학립계군'이라고 적는데, 뜻은 마찬가지다.

우리 지명에서도 이 글자가 들어간 이름이 자주 등장한다. 舞鶴

무학, 放鶴방학, 鶴灘학탄(학여울) 등이다. 이런 경우 의미가 다 좋다. 그 이유는 鶴학이라는 새가 오래전부터 삶을 의미하는 장수와 함께 神仙신선 또는 우아함을 자랑하는 文人문인 등과 어울리는 의미이기 때문이다.

鶴班학반이라는 말은 옛 왕조 시절에 쓰던 용어다. 문인으로 관료에 오른 사람들은 가슴과 등에 대는 胸背흉배에 鶴학을 수놓았는데, 이에 따라 鶴班은 결국 조선시대 文武문무 兩班양반 중 문인 관료인 文班문반을 통칭하는 이름으로 쓰였던 것이다. 鶴髮학발은 하얗게 센 노인의 머리를 가리킬 때 쓰던 단어다. 꼭 긍정적이지는 않지만, '鶴首苦待학수고대'라는 말도 있다. 긴 모가지의 학처럼 목을 길게 빼고 무엇인가를 간절하게 기다린다는 뜻이다.

鶴학은 거문고, 즉 琴금이라는 글자와도 잘 어울린다. 중국에는 '一琴一鶴일금일학'이라고 적는 성어가 있다. '거문고 하나와 학 한 마리'의 뜻인데, 옛날 어느 관리가 그 둘만을 지니고 거느린 채 벼슬자리에 부임했다는 일화에서 나왔다. 청렴하면서도 우아한 선비 또는 관리의 행동거지, 나아가 그런 멋까지 가리키는 말이다.

鶴학이 우는 소리가 곧 鶴鳴학명이다. 때로는 鶴唳학려라고도 적는다. '울음', 또는 '울다'라는 새김의 唳려라는 글자가 붙었다. 학의 울음소리는 어떨까. 크고 높다. 그래서 잘 들린다. 鶴鳴학명이라고 적으면 우선 선비, 또는 문인과 관계가 있다. '鶴鳴之士학명지사'라고 하면 뜻을 품고 수행하는 선비, '鶴鳴之歎학명지탄'이라고 적으면 도를 이루지 못한 선비의 한탄이라는 뜻이란다.

그런데 鶴唳학려가 문제다. 성어의 표현으로라면 '風聲鶴唳풍성
학려'다. 우리말로 풀자면 '바람소리 학 울음소리'다. 前秦전진의 苻堅
부견이 대규모의 군사를 이끌고 東晉동진을 쳤다가 실패한 뒤 거꾸로
쫓기는 상황에서 나왔다. 급히 쫓기던 前秦의 병사들은 바람 소리,
학 울음소리에도 적군인줄 알고 공포에 빠졌다는 얘기다. '자라 보고
놀란 가슴, 솥뚜껑보고 놀란다'는 우리 속담과 같은 내용이다. 불리
한 상황에 놓인 사람이 평범한 사물이나 상황에서도 소스라치게 놀
람을 가리킨다.

草木皆兵초목개병, 즉 풀과 나무가 모두 병사들처럼 보인다는 뜻의
성어는 그 뒤에 붙는다. 역시 쫓기던 전진의 병사들이 '바람 소리와
학 울음소리에 모두 놀라다가 풀과 나무만 보고서도 적군으로 알고
기겁한다'는 내용이다. 그를 한데 붙여서 쓰면 '風聲鶴唳, 草木皆兵
풍성학려, 초목개병'이다.

殺風景살풍경이라는 말이 있다. 주변 상황에 전혀 어울리지 않는,
아주 이상해서 기괴하다 싶을 정도의 행위 또는 모습 등을 일컫는
말이다. 그런 殺風景을 묘사하는 성어의 하나가 바로 '焚琴煮鶴분금
자학'이다. 문인 또는 선비의 우아한 풍류를 상징하는 거문고와 학을
불사르고(焚) 삶으니(煮) 얼마나 경악할 만한 일일까. 그래서 殺風景
의 하나로 꼽는다는 얘기다.

울다, 울음소리 등을 나타내는 鳴명이라는 글자는 우리와 멀지 않

다. 아침잠에서 일어나기 위해 머리맡에 두는 시계를 우리는 自鳴鐘자명종이라고 한다. 스스로(自) 울리는(鳴) 시계 또는 종(鐘)이라는 뜻이다. 여러 사람이 자신의 사상을 다투어 쏟아내는 것을 우리는 百家爭鳴백가쟁명이라고 한다. 춘추전국시대의 활발했던 사상적 경합을 일컫는 말이다. 다투어 쏟아내는 목소리를 새가 서로 경쟁하듯 울어댄다는 뜻에서 鳴으로 적었다.

귀에서 울리는 듯한 소리가 나는 경우를 우리는 耳鳴이명이라고 부른다. 옛 전쟁터에서 소리를 내는 화살을 쏘아 올림으로써 공격 등의 신호로 삼았는데, 그 소리 나는 화살이 鳴鏑명적이다. 슬픔에 겨워 내는 울음소리가 바로 悲鳴비명이다. 손 하나로는 소리를 낼 수 없으니, 박수라도 치려면 두 손을 다 써야 한다. 孤掌難鳴고장난명의 성어가 그래서 나왔다. 한(孤) 손바닥(掌)으로는 소리를 내기(鳴)가 어렵다(難)는 식의 구성이다.

닭이 울음 우는 것을 鷄鳴계명이라고 한다. 鷄鳴狗盜계명구도라는 성어가 있는데, 춘추전국시대에 많은 식객을 거느렸던 孟嘗君맹상군이 닭 울음소리 흉내를 잘 내는 식객, 개처럼 민첩한 도둑질의 재주를 지닌 식객의 도움을 받았다는 스토리에서 나왔다. 하찮고 별 볼일 없는 잔재주를 가리키기도 한다.

泰山鳴動鼠一匹태산명동서일필이란 말도 있다. 커다란 태산(泰山)이 쩌르르 울릴(鳴動) 정도로 소란스러웠는데, 겨우 쥐(鼠) 한(一) 마리(匹)가 주인공이었다는 얘기. 온갖 호들갑을 다 떨었지만 그 본질은 아무것도 아닌 상황을 가리킨다. 鳴鼓**명고**는 북(鼓)을 울리다(鳴)는 뜻이다. 옛 전쟁터에서는 공격 때 북을 울리고, 후퇴를 명령할 때는 징을 쳤다. 따라서 鳴鼓는 공격의 신호를 가리킨다.

함께 느끼는 일, 한자로 적으면 共鳴**공명**이다. 같은 목소리, 같은 감정, 같은 사고 등을 지녀 울림을 함께하는 경우다. 共感**공감**이라고 적어도 마찬가지의 의미다. 남들과 함께 어울려 멋지게, 조화롭게 사는 일이다. 그 울림을 함께하는 사람들이 많을수록 좋은 사회다. 共鳴해서 共感의 영역을 크게 넓히는 일, 울림의 鳴**명**은 그 점에서 눈여겨볼 한자다.

# 금정 옷깃 衿, 우물 井

옷깃 또는 옷의 앞자락에 대는 섶을 가리키는 한자가 衿금이다. 옷깃
은 목의 둘레에 대는 헝겊을 가리킨다. 옷섶은 저고리나 두루마기의
깃 아래 부분에 매다는 헝겊이다. 따라서 옷깃과 옷섶은 결국 목 주
위, 또는 상의의 앞부분 등을 지칭한다.

뒤의 글자 井정은 우물을 뜻한다. 물을 긷는 우물은 요즘 주변에
서 찾아보기 힘들지만, 과거 上水道상수도 시설이 변변찮았던 시절에
는 여간 반가운 존재가 아니었다. 사람에게 반드시 필요한 물을 얻
는 곳이었기 때문이다.

衿井금정은 우선 이곳에 우물이 많았기 때문에 붙여진 이름으로
보인다. 실제 지명 사전 등을 훑어보면 이 지역은 땅을 파면 쉽게 물
이 나와 많은 우물이 들어섰던 듯하다. 그런 우물에서 물을 긷다가
옷섶이 적셔지는 경우도 많아 옷깃, 또는 옷섶을 뜻하는 衿금에 우물
이라는 뜻의 井정을 붙여 지명으로 자리 잡았다는 해석이다.

옷깃을 의미하는 다른 글자가 또 있다. 襟금이다. 우리는 襟度금
도라는 말을 자주 쓴다. 옷깃에 관한 法度법도를 의미한다. 따라서 예
의와 범절을 가리키는 말이다. "襟度를 잘 지켜라"고 말하는 경우가

있는데, 지켜야 할 예의와 범절을 잘 새기라는 충고다. 이 襟과 금정역의 衿금은 서로 통용하는 글자다.

아울러 옷깃이나 옷섶 모두 옷의 일부를 가리키지만, 사실 그 둘은 옷의 중요한 부분을 의미하기도 한다. 목둘레에 대는 깃이나, 그런 깃의 앞부분을 지칭하는 섶을 남에게 잡히면 아주 곤란해진다. 옷깃이 상대의 손아귀에 들어가면 멱살을 잡히는 효과와 같으니 잡힌 쪽에서는 몸을 함부로 움직이기가 어렵다. 섶을 잡히는 경우도 마찬가지다. 상대에게 중요한 부분을 잡혔으니 자칫 옴짝달싹하기가 어려워질 수 있다.

그래서 衿喉금후 또는 喉衿후금이라는 말이 나왔다. 옷깃(衿)과 목 또는 목구멍(喉)은 사람에게 중요한 부분이다. 이곳을 잡히면 그야말로 꼼짝할 수 없는 경우가 많다. 그러니 아주 중요하게 해를 미칠 수 있는 要害요해의 부분이다. 衿要금요라는 단어도 그와 같은 뜻이다. 靑衿청금이라는 단어도 있다. 儒生유생들이 입던 푸른 깃의 도포를 가리킨다.

우물을 뜻하는 井정은 우리에게 매우 친숙한 단어다. '市廳시청' 편에서 이미 일부 내용을 소개했다. 우물 안의 개구리, 즉 井底之蛙정저지와는 세상 물정 모르고 좁은 우물 바닥에서 세상을 보는 식견이 부족한 사람을 가리킨다. 우물(井) 바닥(底)의(之) 개구리(蛙)라는 구성이다. 坐井觀天좌정관천은 우물(井)에 앉아(坐) 하늘(天)을 본다(觀)는 뜻이다. 좁은 우물 구멍으로 보는 하늘은 얼마나 좁은가. 우물

바닥의 개구리나, 그 안에서 보이는 하늘이 하늘의 전부라고 믿는 사람은 똑같다. 다 어리석고 식견이 좁다.

밭을 아홉으로 나눠 가운데를 서로 공유하는 밭, 즉 公田공전으로 만들어 운영한 井田정전제도는 우물과 상관없지만 글자 모양새를 따온 경우다. 그런 井田은 구획이 가지런하다. 따라서 그렇게 구획 등이 가지런한 모습을 한자로는 井然정연으로 적는다. 사람이 많이 모이는 곳, 그런 장소는 대개 우물이 있다고 해서 만들어진 말이 市井시정이다. 이제는 저잣거리, 또는 사람이 많이 모이는 장소를 가리킨다.

鑛井광정은 땅 밑으로 파는 광산을 가리킨다. 또 광산의 구덩이를 의미하기도 한다. 우물처럼 파 들어가는 광산의 지칭이다. 광산을 파 내려갈 때 옆으로, 또는 수직으로 파는 여러 형태의 구덩이도 鑛井으로 적는다. 중국에서는 背井배정이라는 단어도 자주 쓴다. 여기서 背배는 '등'을 가리키는 명사가 아니라, '등을 돌리다'의 동사적 의미다.

우물에 등을 돌린다? 고향 마을의 우물을 등지고 그곳을 떠나는 경우를 가리키는 말이다. 그래서 성어 형태는 背井離鄕배정리향이다. 마을의 우물에 등을 돌린 채 고향을 떠난다는 뜻이다. 전란과 재난을 피해 정든 고향마을을 떠나는 슬픔을 나타내는 말이다.

위기에 빠진 사람 못 본 체하는 짓도 괘씸하지만 더 나쁜 경우는 그런 사람에게 곤란함을 덧대는 일이다. 우물에 빠진 사람에게 돌 던지는 경우가 그런데, 그를 한자 성어로는 落井下石낙정하석이라고 한다. 놀부의 심보가 따로 있을 수 없다. 물에 빠진 사람을 물 안으로 더 밀어 넣는 행위다.

옷깃 적시는 우물이 많았던 동네가 금정이다. 우물은 사람 살리는 물을 간직한 성스러운 곳. 사람 살리는 우물 깊은 곳에서 차가우며 맑은 물을 길어 올려 먼 길 다니는 나그네의 목마름을 채워줄 일이다. 우물가에서 사람 사는 情理정리를 깨달을 일이다. 각박한 현실 속에서 맑고 차가운 우물의 물을 떠올리면서 말이다.

# 군포 군사 軍, 개 浦

이름이 아리송하다. 군포시청의 홈페이지에 가서 찾아봐도 여러 설만 있을 뿐이다. 왜 지명에 軍事군사를 지칭하는 軍군이라는 글자가 들어갔는지 딱히 알 수가 없다는 말이다. 시청 홈페이지 소개에 따르면 여러 설이 있는데, 우선은 임진왜란 때 왜군에 쫓겨 온 조선 병사들을 주민들이 배불리 먹여 싸움에 나서 이기게 했다는 대목이 눈에 띈다.

군사(軍)를 배불리 먹였다(飽)고 해서 軍飽군포로 적었고, 나중에 지금의 軍浦군포로 바뀌었다는 얘기다. 안양천과 함께 이곳을 흐르는 軍浦川군포천에서 지명이 나왔다는 설, 淸日청일전쟁 때 청나라 군사들이 군함을 타고 이곳까지 올라와 머물렀다는 설, 인근의 軍雄山군웅산에서 이름을 따왔다는 설 등 내용이 다양하다.

그래서 이름의 유래는 따지지 말기로 하자. 정설이 없으니 우선은 각자 알아서 생각하기로 하자. 우리가 주목해야 할 글자는 軍군과 浦포다. 軍은 우리에게 매우 친숙한 글자다. 나라를 지키는 국방의 초석, 그리고 대한민국 남자라면 웬만한 결격이 아닌 바에야 꼭 거쳐야 하는 곳이 軍隊군대이기 때문이다.

이 軍군이라는 한자는 우선 전쟁을 위한 병력을 의미한다. 때로는

兵器병기, 나아가 軍事군사 일반을 총칭하는 兵병이라는 글자와도 통한다. 兵法병법의 대가인 孫子손자는 이 兵을 "죽음과 삶을 가르는 곳, 사느냐 망하느냐를 가르는 길(死生之地, 存亡之道)"이라고 했다. 따라서 이 부분을 "심각하게 생각하지 않으면 안 된다"고 못 박았다. 그런 영역이 곧 兵이자 軍이다.

옛 동양의 군대 편제에는 師사와 旅려가 등장한다. 군대의 편제를 일컫는 글자들인데, 그 규모를 여기서 특정하기는 어렵다. 시대에 따라, 환경에 따라 그 규모가 각기 다르기 때문이다. 이 師라는 글자는 우선 새김이 '스승'이기는 하지만, 오래전부터 군대의 병력을 가리켰다. 그래서 軍師군사라고 적으면 군대의 높은 지휘관, 또는 군대를 지칭했다.

이 글자는 우리 대한민국의 군대에서도 쓰고 있다. 師團사단이 그 경우다. 독자적으로 일반적인 전투를 수행할 수 있는 대한민국 국군의 기초 역량이다. 이 師團을 이끄는 지휘관이 바로 師團長사단장으로, 일반적인 경우에는 대개가 별 둘의 少將소장 계급이다.

그 사단보다 조금 작은 규모의 부대가 旅團여단이다. 사단의 하급 부대인 聯隊연대보다는 크고 사단보다는 작은 부대다. 보통은 별 하나인 准將준장이 여단장을 맡는다. 사단과 여단의 앞 글자를 떼서 같이 붙이면 '師旅사려'라는 단어가 나오는데, 예전에는 이 師旅가 군대를 일컬었다.

우리가 지금 흔히 사용하는 軍隊군대라는 단어보다 훨씬 앞서서 등장한 단어다. 師旅사려는 軍隊라는 의미에서 한 걸음 더 나아가 '전쟁'을 가리키기도 했다. 軍旅군려라는 단어도 마찬가지다. 역시 軍隊를 의미하는 단어다. 아울러 軍隊와 관련이 있는 모종의 상황, 또는 그런 일, 나아가 전쟁까지 가리켰던 말이다.

聯隊연대 밑에는 中隊중대, 小隊소대, 分隊분대가 있다. 이들 하급 부대를 합친 게 바로 聯隊다. 中隊와 小隊, 그리고 分隊 등을 '합치다', '연결하다' 등의 새김인 聯연이라는 글자로 묶은 이름이다. 과거 한자 세계에서는 그런 군대 이름을 찾아보기 어렵다.

師團사단 위에는 軍團군단이 있고, 그 위에는 軍군이 있다. 다시 그위에는 陸軍육군과 海軍해군, 空軍공군의 참모본부와 그를 지휘하는 각軍 참모총장이 있다. 이런 軍의 각급 부대를 일컫는 말이 梯隊제대다. 앞 글자 梯제는 '사다리'를 의미한다. 또 사다리의 각 계단을 지칭하는데, 梯隊라고 쓰면 사다리의 각 계단처럼 존재하는 각급의 부대라는 뜻이다.

浦포라는 글자는 일반적인 물가, 또는 하천이 바다로 빠져나가는 곳의 의미다. 아울러 우리 식의 '나루'라는 의미도 있다. 배가 드나드는 물가의 작은 항구를 浦口포구라고 한다. 麻浦마포, 三千浦삼천포 등우리 지명에도 많이 등장하는 개념의 글자다. 浦라는 글자가 등장했으니, 언뜻 秋浦추포라는 곳에서 읊은 당나라 시인 李白이백의 시가 떠오른다. 과거의 지식인에게는 너무나 유명했던 "白髮三千丈백발삼천장"이라는 구절이 여기에 등장하기 때문이다.

이른바 「秋浦歌 추포의 노래」라는 제목의 시다. 여기에서의 이 구절, '白髮三千丈백발삼천장'은 여러 의미다. 어느덧 세월이 흘러 백발이 성성한데, 그 길이가 '삼천장'이라는 것. 丈장은 당나라 당시의 길이 단위인데, 어림잡아 약 3m다. 그러니까 백발의 길이가 3㎞에 이른다는 표현인데, 시인은 과장을 섞어 세월이 흘러 어느덧 늙었음을 한탄하고 있다.

또 다른 의미도 있다. 우리 한국인이 즐겨 쓰는 방식이다. "이 사람 또 '백발삼천장'이야"라고 핀잔하는 경우다. 백발이 성성한 것까지는 좋은데, 몇 ㎞라고 '뻥'을 치니 문제라는 지적이다. 턱없는 과장, 허풍스러움을 비꼴 때 쓰는 말이다. 백발에 관한 이백의 이런 재미와 과장이 섞여 들어간 표현, 1300여 년 전 가을의 쓸쓸한 포구를 뜻하는 秋浦추포라는 곳에서 태어났다.

# 당정 집堂, 우물 井

행정구역으로는 군포시에 속한다. 우물이 많아 그 물을 기를 때 옷 깃을 적셔서 지어졌다는 衿井금정이라는 동네 이름처럼 이곳에도 우물 井정이라는 글자가 따랐다. 앞의 堂당이라는 글자는 사전적으로는 '집 안의 큰 건물'에 해당한다. 그러나 한반도에서 이 글자는 그런 집 안의 큰 건물 외에 神堂신당의 의미로도 발전했다.

그 神堂신당은 옛 시골의 마을에서 신에게 제사 등을 올렸던 곳의 일반적인 명칭이다. 원래 큰 건물을 짓는 경우보다는 거대한 나무, 또는 오래 된 나무를 중심으로 들어섰다. 그곳 나무 아래 짓는 집을 보통 神堂이라고 불렀다. 그 마을의 정신적 고향으로 여겨질 정도로 마을에서는 구심체 역할을 했던 곳이다. 그곳에서 올리는 제사가 堂祭당제다.

아울러 굿을 수행해 신으로부터 힘을 비는 무당 등이 활동했던 곳의 명칭이기도 하다. 그래서 당집, 당골 등의 이름이 붙으면 그런 종교적 역할을 하는 사람들이 사는 곳을 이르기도 했다. 우리가 지나는 이 堂井당정이라는 동네도 아마 그런 연유에서 이름을 짓지 않았는가 싶다.

어쨌거나 군포시의 홈페이지를 보면 당정동은 원래 과천군 남면의 한 지역으로 있었으며, '신당' 밑에 우물이 있어 '당우물', 또는 '당정'이라는 이름을 얻었다고 했다. 특히 경부선 철로가 당정동 근처를 지나는 곳에 물이 잘 나오는 샘물이 있었다고 한다. 인근 주민들이 당제를 지낼 때 이곳의 물을 떠다가 사용하기 시작하면서 이곳은 자연스레 당우물로 불렸고, 나중에는 완전한 한자 이름인 堂井里당정리로 자리 잡았다는 설명이다.

그럼에도 불구하고 우리는 이 堂당이라는 글자의 원래 모습에 주목하자. 이 堂은 '市廳시청' 편에서 이야기했던 내용이다. 커다란 집의 여러 건축물 중의 하나를 지칭하는 용어인데, 그런 점에서 堂과 '市廳'의 廳청은 같은 대상을 가리키는 다른 두 글자다. 여러 건축물이 들어서 있는 궁궐, 또는 양반 사대부 집의 가장 공개적이면서 사람이 많이 모여 함께 어떤 행사 등을 치르는 곳이기도 하다.

漢字한자를 생성한 뒤 그를 줄곧 집요하게 연역하며 이용했던 중국에서의 경우가 특히 그렇다. 집을 지을 때는 우선 네모에 번듯함을 추구했던 자취가 역력하다. 대개 남북으로 난 축선을 따라 동서남북의 방위에 맞춰 집을 짓는데, 그 가운데 가장 공개적인 장소이며 전체 건물의 중앙에 놓이는 집채가 바로 堂당이다. 굳이 말하자면, 주택 전체의 중심이자 상징이다.

嫡長子적장자를 중심으로 별지는 宗法종법의 그물망을 제대로 구현한 옛 중국의 주택은 반드시 이런 구조를 지닌다. 가운데 있는 正房

정방이 곧 이 堂당이라는 건축물에 들어서며, 이곳에는 집안의 가장 큰 어른이 거주한다. 나머지는 제가 지닌 집안의 신분과 位階위계에 따라 동서남북으로 나뉘어 생활한다.

문헌에 따르면 漢한나라 이전에는 이곳을 '堂당'이라 적었고, 그이후에는 '殿전'이라 표기했다고 한다. 그와는 상관없이 이 건물은 堂屋당옥 또는 正屋정옥 등의 이름으로 남아 여전히 '전체 주택의 본채' '무리의 핵심'이라는 의미를 전했다. 우리 한옥에서 大廳대청이라고 부르는 그 廳청이 堂당과 같다고 보면 좋다.

우리말에 '당당하다'라는 표현은 예서 나왔다. 전체 주택의 핵심으로 가장 번듯하고 그럴듯하게 짓는 건물, 게서 우러나오는 '우뚝함' '자랑스러움' '번듯함'을 의미하는 말이다. 그 앞에 바를 正정이라는 글자를 반복해서 쓰면 바로 '正正堂堂정정당당'이다.

변 사또가 옥에 있던 춘향이를 끌어다가 매질하던 곳이 바로 東軒동헌이다. 조선시대 일반 관청의 본채 건물이 들어 있던 곳을 말한다. 이 東軒의 軒헌은 원래 앞이 높고 뒤가 낮은 수레를 뜻하는 글자였다가, 나중에는 처마 등이 높은 건물을 형용하는 말로 정착했다. 그 모습이 우뚝하고 높아 모든 집채의 으뜸이라, 우리는 그 글자를 빌려 '軒軒丈夫헌헌장부'라는 말을 만들었다. 모습이 장대하고 듬직한 사내를 형용하는 말이다.

집의 모양새를 보며 堂堂당당함과 軒軒헌헌함을 새겼던 동양의 옛사람들은 사실 그 집의 외형에만 눈길을 두지 않았으리라. 집의 생김새를 보면서 그를 마음속으로 닮고자 했을 것이다. 우리 사회에서 堂堂하며 軒軒한 멋진 사람으로 누굴 꼽을 수 있을까. 나는 집채의 어떤 모습을 닮은 사람일까. 나는 堂堂과 軒軒함에서 얼마나 가깝고 먼 사람일까. 당집 우물 앞을 지나면서 품어볼 생각들이다.

# 의왕 옳을 義, 임금 王

근처에 있었던 지명 義谷의곡과 王倫왕륜의 이름 가운데 각 첫 글자를 따서 지은 지명으로 현재는 시의 이름이다. 당초 儀旺의왕으로도 적었다가, 결국에는 지금의 이름으로 정착했다. 현재의 이름은 두 지역의 명칭을 합성한 것이라서 이번에는 2004년까지 역명으로 쓰였던 富谷부곡의 두 글자를 풀기로 하자.

실제 이 富谷부곡은 아직 지역 일대의 한 행정구역으로 쓰인다. 돈이나 재물 등이 많음을 뜻하는 富부라는 글자는 세상을 사는 많은 사람의 바람이 모이는 곳이다. 아울러 貴귀함도 함께 하면 그만이다. 그를 아울러 우리는 富貴부귀라고 적는다. 이 두 가지를 늘 추구하는 존재가 바로 사람이다.

富부는 재산과 돈, 내지는 값어치 있는 現物현물을 많이 지닌 경우다. 물질적인 풍부함을 일컫는 말이다. 각박한 세상살이에서 이 현금이나 現物의 풍부함을 누가 외면할 수 있을까. 그에 비해 貴귀는 사회적 위상의 높음을 이르는 글자다. 옛 왕조 시절에 그런 위치를 차지할 수 있는 길은 몇 가지밖에 없다.

태어난 가정이 王室왕실이라면 그는 至尊지존의 임금과 혈연적 관계에 놓여 최고의 지위를 얻는다. 그 다음은 王室왕실 주변의 권력을 형성하는 門閥문벌 귀족들, 그 다음은 科擧과거에 급제해 높은 벼슬에 오른 사람과 그 친족들이다. 그들에게는 자신이 지닌 권력만큼의 부가 따랐으니 富貴부귀를 함께 누렸음은 물론이다.

그나저나 우리는 이 富부라는 글자의 정체를 매우 잘 안다. 단지 그 실체를 잡지 못해서 문제지, 그 富가 지닌 현실 속의 강한 힘을 우리는 온몸으로 체험하고 있다. 그래서 그에 관한 자세한 설명은 다음 기회로 미루자.

다음은 谷곡이다. 두 산의 가운데를 흐르는 지형을 우리는 보통 '골짜기'라고 해서 한자로는 谷이라고 적는다. 때로 그곳에 물이 흐를 경우 溪谷계곡이라고 한다. 물이 흐르는 지형에 따라 谷과 溪계를 나누기도 하는데, 우리가 그것까지 자세하게 따질 필요는 없겠다.

그런 계곡을 형성하는 지형에서 양쪽의 산이 매우 험준하고 가파르면 우리는 그곳을 峽谷협곡이라고 적는다. 깊은 골짜기는 幽谷유곡이다. 깊다는 뜻에서 '어둡다'라는 새김의 幽유라는 글자가 들어갔다. 그 앞에 첩첩이 들어선 깊은 산, 즉 深山심산을 붙이면 바로 深山幽谷심산유곡이다. 그 깊은 골짜기에 빠져 나가지도 들어가지도 못하는 경우는 進退維谷진퇴유곡이다. 維유라는 글자는 여기서 영어 'be' 동사, 즉 '~이다'의 뜻이다. 더 나아가려 해도, 아니면 빠져 나오려 해도 골짜기 안을 맴돌고 있을 뿐이라는 뜻. 이러지도 저러지도 못하는 상황을 가리킨다.

단어만 설명하면 재미가 없다. 골짜기를 가리키는 谷곡에 관한 일화가 하나 붙어야 좋다. 우리는 罰酒벌주라는 말을 자주 사용한다. 그 罰酒에 얽힌 에피소드 중에 金谷금곡이라는 말이 등장한다. 원래는 '金谷園금곡원'에서 나왔다. 아주 화려하고 멋진 정원의 하나인데, 그 주인공은 중국 西晉서진 때의 石崇석숭이라는 당대 최고 부자다.

그가 자신의 정원인 금곡원에서 연회를 베풀 때 사람들에게 시를 짓도록 요구했는데, 시를 제때에 짓지 못하면 술 세 말을 마시도록 했단다. 벌주라는 말이 거기서 나왔는지는 분명치 않지만, 그로써 유행을 탔다는 점만은 우리가 충분히 유추할 수 있다. 그 뒤에 태어난 당나라 시인 李白이백이 「春夜宴桃李園序춘야연도리원서」라는 글에서 "시 짓지 못하면 벌주는 금곡의 규정에 따른다(罰依金谷酒數)"고 해서 유명해졌다. '金谷酒數금곡주수'는 그래서 과거 동양의 지식사회에서 벌주의 통칭으로 발전했을 테다.

원래의 이 부곡역을 지나면서 그런 벌주까지 떠올릴 필요는 없겠다. 그래도 약속한 술자리 있으면 부리나케 가야 한다. 벌주로 취기가 선뜻 올라 다음 날 아침이 고생스러우면 곤란하니 말이다. 요즘 그런 약속 장소에 때 맞춰 도착해주는 지하철이나 전철이 있어서 얼마나 편한지 모른다. 지하철과 전철이 고마울 뿐이다.

# 성균관대 이룰 成, 고를 均, 집 館, 클 大

成均성균은 중국 고대의 학교 이름이다. 우리나라에도 이 이름을 딴 건물이 많다. 조선 500년과 그 전의 왕조인 고려 후반기에 흥성했던 儒學유학의 본거지를 상징하기 때문이다. 대표적인 곳이 서울에 있는 成均館大學教성균관대학교 안의 成均館성균관이다. 물론 이곳은 서울이 아니지만, 성균관대의 다른 캠퍼스가 있어서 이 역명을 붙였다.

본래 成均館성균관에는 孔子공자의 위패를 모셔 놓은 大成殿대성전, 經典경전을 강의했던 明倫堂명륜당 등의 대표적인 건물이 있다. 이곳의 별칭은 제법 많다. 우선 太學태학이 있다. 춘추전국시대보다 앞선 시절인 西周서주 때의 최고 교육기관을 부르는 이름이었다고 한다. 辟雍벽옹이라는 별칭도 있다. 역시 서주 시대에 귀족의 자제들을 모아 가르치는 곳이었다.

泮宮반궁이라는 단어도 나오는데, 太學태학과 辟雍벽옹이 天子천자가 머무르는 수도에 지어진 최고 교육기관이었다면, 泮宮은 그 아래인 諸侯제후의 도읍에 만든 고급 교육기관이었다는 설명이다. 賢關현관이라는 별칭도 눈에 띈다. 역시 동양 고대의 고급 교육기관을 지칭해, 결국 成均館성균관의 별칭으로 정착했다. 원래는 재주 있는 사람(賢)들이 거치는 관문(關)의 뜻이라는데, 일종의 '출세 코스'로서의 교육기관을 지칭했던 듯하다.

미나리를 뜻하는 글자가 붙어 있는 芹宮근궁도 마찬가지다. 앞서 소개한 제후 나라의 교육기관인 泮宮반궁이 물가에 있었는데 그곳의 미나리를 읊었던 『詩經시경』의 구절에서 나왔다고 한다. 가장(首) 좋은(善) 곳이라는 뜻의 '首善之地수선지지'라는 말은 일반적으로 나라의 으뜸 지역인 수도, 도읍을 가리켰는데 '교육의 메카'라고 자부했던 까닭인지 이 말 역시 成均館성균관의 별칭으로 자리 잡은 모양이다.

가르치고 배우는 장소로서 이 기관이 내세웠던 이념은 서울 명륜동의 成均館성균관이 잘 드러내고 있다. "부족(未就) 한(之) 인재(人才)를 완성(成)시키고, 풍속(風俗) 의(之) 다름(不齊)을 고르게 한다(均)(成人才之未就, 均風俗之不齊)"는 지향이었는데, 한문 두 구절의 각 앞 글자를 떼 내 '成均성균'이라는 이름을 지었다는 설명이다.

學校학교라는 명칭은 요즘의 우리 각급 교육기관을 일컫는 일반적인 명사다. 이런 단어 조합이 있었던 배경은 두 글자 모두 고대 중국에서 '가르쳐서 길러내는' 교육기관의 명칭이었기 때문이리라. 學학은 太學태학에서 비롯했을 것이고, 校교는 역시 전설상의 왕조인 夏하나라 때의 교육기관 이름이었다고 한다. 실재했던 殷은나라에서 교육기관의 이름은 '序서'라고 적었고, 그 뒤의 왕조인 周주에서는 學校를 '庠상'이라고 했다. 그래서 예전 왕조 시절의 일반적인 교육기관은 흔히 '庠序상서'로도 적었다.

학교를 가리키는 글자는 또 있다. 塾숙이라는 글자는 흔히 '글 읽는 방' '글방'의 새김을 갖고 있다. 고대 중국에서 王侯將相왕후장상 등 사회적 신분이 높은 사람들의 집 안에 마련해 그 자제들을 교육했던 곳을 가리켰다고 한다. 또 그런 귀족들 말고도 주민들의 교육 수요에 맞춰 마을 입구 등에 만든 교육기관을 지칭했다고도 한다. 개인이 사재를 털어 학교를 짓거나, 지방정부 등이 예산을 확보해 지은 학교 등을 예전에는 義塾의숙이라고도 했다. 學堂학당이란 단어도 역시 배움터의 의미다. 조선에서 아동들에게 글을 가르치던 곳은 바로 書堂서당이다.

서울의 명륜동에 있는 성균관대의 수원 캠퍼스가 바로 이곳에 있어 역명이 '成均館大성균관대'다. 아직 꽃 피우지 못한 젊은이들을 침착하게 가르쳐 그 그릇을 완성케 하고, 세상의 어지러운 습속을 바로잡아 고르게 한다는 그 成均館성균관의 원래 교육 이념은 오늘날에도 의미가 있을 것이다. 단지 개개인이 가진 재산의 격차로 후대들의 교육 현장에서도 빈부 사이의 틈이 더 벌어지지 않을까 큰 걱정이지만….

# 화서 빛날 華, 서녘 西

예전 조선에서는 수원을 달리 華城화성이라고도 불렀다. 正祖정조 대왕 때 자신의 부친인 사도세자, 즉 莊獻世子장헌세자의 묘역인 園원을 수원 의 華山화산으로 옮기면서 아울러 수원에 궁성을 지을 때 붙인 이름이 다. 그 성의 서쪽 문이 바로 華西門화서문이고, 인근에 지하철이 들어서 면서 역 이름도 그렇게 지었다.

중국에도 그 華山화산이란 데가 있다. 지금 중국 서북의 陝西섬서 도회지인 西安서안의 동쪽에 있는 산이다. 해발 2000m가 넘으며, 산 전체가 화강암으로 이뤄져 있어 景觀경관으로도 그 일대의 으뜸을 이 루는 산이다. 道敎도교의 성지로 유명하며, 隋수와 唐당나라 때의 도읍 지인 長安장안과 가까웠던 곳이어서 무수한 일화도 품고 있는 산이다. 아울러 중국의 대표적 산악으로도 이름이 높다.

그 명칭의 앞을 이루고 있는 華화는 예나 지금이나 중국을 일컫는 대표적인 글자다. 中華人民共和國중화인민공화국의 정식 국가 명칭에도 올라 있고, 흔히 중국의 문명을 中華중화라고 적을 때도 등장한다. 어 쩌면 중국을 상징하는 글자 그 자체라고 해도 무방하다.

이 글자는 원래 光彩광채를 뜻했다. 특히 우리가 해나 달을 바라볼 때 중간에 구름 등이 끼어들면서 해와 달의 외곽에 밝게 눈부심이 생기도록 만드는 그런 光彩다. 그런 光彩를 일컫다가 '아름다운 것' '눈부신 것' '뛰어난 것' 등의 뜻을 얻었고, 마침내 식물의 가장 아름다운 부분인 '꽃'의 의미까지 획득했다.

이 글자에다 '곱다'라는 뜻을 얹어 만든 단어가 華麗화려, 뛰어나다는 의미의 글자를 앞에 붙여 精華정화, 곱고 멋져 보인다는 뜻의 華奢화사, 너무 그런 데만 치중해 들떠 있는 경우의 浮華부화 등의 단어를 만들었다. 지나치게 화려한 일은 우리는 또 豪華호화라고 적으며, 번성해서 화려함에 이르는 일을 繁華번화라고 적는다. "호화롭다" "번화한 거리" 등의 표현으로 우리가 자주 쓰는 단어들이다.

그래도 이 글자의 대표적 쓰임은 중국과 관련 있다. 중국은 아주 오래전부터 자신의 문명 권역 안에 사는 사람을 이 글자로 표현하고, 그렇지 않은 주변의 사람들에게는 오랑캐라는 뜻의 夷이라는 글자를 붙였다. 이른바 華夷화이의 세계관이다. 자신은 화려한 문명의 주인공, 주변은 모두 오랑캐라는 식의 관점이다.

그 오랑캐도 방위에 따라 구별하는데, 동쪽의 오랑캐가 夷이, 서쪽의 오랑캐가 戎융, 남쪽이 蠻만, 북쪽이 狄적이라 했다. 그래서 東夷동이, 西戎서융, 南蠻남만, 北狄북적이라는 명칭도 나왔다. 중국이 제 스스로를 높인 우월적이며 차별적인 시선이다. 그러니 우리가 그를 따를 필요는 없다. 그럼에도 그런 경우가 있었다는 점만은 알아두자.

중국은 자신의 영토, 자신의 문물 등에 모두 이런 華화를 갖다 붙인다. 중국인을 華人화인이라거나, 중국의 복식을 華服화복, 중국인으로 해외에 거주하는 사람을 華僑화교 등으로 적는 게 대표적이다. 영토의 구획을 이야기할 때도 華北화북, 華東화동, 華南화남, 華中화중 등으로 적는다. 중국 상인은 華商화상이고, 중국어는 華語화어라는 식이다. 中華料理중화요리는 먹는 게 부족했던 시절, 그 특유의 기름기로 한반도 사람들 입맛을 다시게끔 했던 음식 아닌가.

중국은 큰 땅에 많은 인구가 사는 곳이다. 그렇다보니 역사적으로 그곳 사람들이 겪어야 하는 경험의 폭은 매우 컸다. 한반도에 사는 우리들이 겪는 '경우의 수'는 그에 비하면 아주 빈약하다. 한반도 면적의 40여 배에 달하는 중국은 사람들이 겪는 '경우의 수'에 있어서도 그 면적의 크기만큼 대단했을 것이다. 그래서 문물이 흥하고, 사람의 경험이 풍부하다. 그러니 한반도에 사는 우리들은 그들의 문물과 문화적 정수를 수입해 가져다 쓰면서 한편으로는 그들의 많고 복잡한 경험을 열심히 곁눈질했을 것이다.

그래도 조선의 500년은 그 정도가 아주 심했으니, 性理學성리학을 향한 지나친 偏向편향으로 결국 제 몸을 제대로 가눌 수 없는 경우까지 치닫고 말았다. 그러니 한 음식만 골라 먹는 偏食편식은 우리 문화 바탕의 구축에도 전혀 도움이 되지 않는다. 세계 곳곳의 다양한 인류의 경험과 지식을 골고루 들여와 우리를 균형감 있게, 그리고 조화롭게 살찌우는 일이 그래서 중요하다.

華西화서의 뒤 글자는 달리 설명이 필요 없겠다. 東西南北동서남북의 서녘을 가리키는 글자이니 말이다. 단지 宮門궁문과 관련해서는 조금 덧붙일 내용이 있다. 東西南北의 각 방위는 과거의 동양에서 나름대로 색깔과 의미를 매겼던 영역이다. 東동은 색깔로는 푸른색의 靑청을 가리켰고, 계절로는 봄의 春춘, 동물로는 용의 龍용, 五行오행의 기운으로는 나무인 木목을 상징한다.

서녘은 색깔로 흰색의 白백, 계절로는 가을의 秋추, 동물로는 호랑이의 虎호, 오행의 컨셉트로는 쇠의 金금이다. 남녘은 붉은색의 朱주, 계절은 여름의 夏하, 동물로는 공작의 雀작, 오행은 불의 火화다. 북녘은 검은색의 黑흑, 겨울인 冬동, 동물은 거북과 뱀을 합쳐놓은 신화 속의 玄武현무, 오행의 요소로는 물의 水수다.

어쨌든 그런 상징은 현실 속에서도 자리를 틀었다. 그래서 궁궐의 西門서문은 대개 가을과 오행의 쇠 기운인 金氣금기와 관련이 깊었다. 그 金氣는 나뭇잎이 가을에 떨어지듯이 생물에 대한 肅殺숙살의 기운으로, 행정적으로는 刑罰형벌의 집행과 관련이 있단다. 그래서 범죄인에 대한 처형은 보통 궁궐 서문 밖에서 이뤄졌다고 한다.

우리의 의젓한 도시 수원, 그 다른 이름인 華城화성이 비록 한자를 달고 있기는 하더라도 중국의 그런 예제 등을 그대로 옮겨왔다고는 보지 않는다. 우리 나름대로, 한반도 문화적 토대에 맞는 변형과 그 뒤의 受容수용이 있었을지니, 우리는 그 점을 잘 살펴 우리만의 문화적 독자성을 새겨야 할 것이다.

# 수원 물水, 언덕原

고유지명은 '매홀'이었다고 한다. 신라와 백제, 고구려가 치열한 경쟁을 벌이던 삼국시대 무렵에는 적어도 그렇게 불렸던 모양이다. 그 '매홀'이라는 순우리말 지명에 표기할 글자가 없어 한자로는 買忽매홀로 적었다고 하는데, '買忽'의 의미는 '물 고을'이었으리라는 게 일반적인 추정이다.

지금의 한자로 정착하는 시기는 고려로 알려져 있다. 신라 경덕왕 때 지명을 한자로 많이 바꿨던 모양이다. 그때 漢山州한산주에 편입했다가 다시 漢州한주 소속의 水城郡수성군, 고려에 들어서서는 水州수주에 이어 마침내 지금의 水原수원으로 자리를 잡았다고 한다.

어쨌거나 이곳 수원에는 물이 많았던 듯하다. 지금도 이 일대에는 이런저런 河川하천이 제법 많다. 물이 풍부하니 사람이 살기 좋았던 곳이었을 테고, 거기다가 가로지른 험악한 산악이 많지 않으니 교통도 좋았다. 그래서 수원은 경기도의 으뜸 도시다. 이곳에 지은 옛 조선의 궁성은 너무나도 유명한 華城화성이고, 그에 관한 간단한 소개는 앞 장의 '華西화서'편에서 적었다.

물을 가리키는 한자가 水수다. 이에 관한 단어 조합은 무수하다고 해도 좋을 정도로 많다. 사람의 생활이 이 물과 떼려야 뗄 수 없는 관계이니 그러할 수밖에 없다. 물이 일으키는 힘이 水力수력이니 이로써 전기를 생산하면 水力發電수력발전이다. 이렇게 물로써 얻는 이로움을 우리는 水利수리라고 하는데, 하천 등을 활용한 시설을 우리는 水利施設수리시설이라고 한다.

하천이나 강, 또는 호수의 소금기 없는 물을 우리는 淡水담수라고 부른다. 소금기 많은 바닷물은 海水해수다. 땅 밑의 물은 地下水지하수, 샘으로 솟아오르는 물은 泉水천수, 그렇게 흘러나와 땅 위를 흐르면 河川하천을 이루고 한 곳에 모여 제법 큰 물을 이루면 湖水호수다.

그렇게 물의 명칭은 아주 많다. 그래도 대표적인 게 江강과 河하다. 한반도의 큰 하천은 대개 '江'으로 불리지만, 중국에서는 '河하'도 많이 쓴다. 원래 이 江河강하는 구별이 가능했다. 북부를 흐르는 하천을 중국에서는 '河'라고 적었고, 남부를 흐르는 하천을 '江'이라고 적는 게 보통이었다.

북부의 '河하'는 원래 黃河황하를 이르는 글자라고 했다. 중국 대륙의 2대 하천이 바로 黃河와 長江장강이다. 북부 하천의 대표적인 스타가 黃河이다 보니 그 支流지류에도 보통 河의 글자를 붙여 북부 지역의 河系하계에는 대개 이 글자를 붙였다는 설명이다. 물론 중국 최북단인 黑龍江흑룡강성의 黑龍江, 松花江송화강 등 일부 예외가 있기는 하다.

그에 비해 남부의 대표적인 하천은 長江장강이고, 그 지류 또는 남부 지역의 웬만한 큰 하천에도 결국 江강이라는 글자가 붙었다는 얘기다. 한반도의 하천은 대개 이 글자를 쓴다. 漢江한강이 그렇고 洛東江낙동강, 鴨綠江압록강, 豆滿江두만강, 靑川江청천강 등이 다 그렇다.

江강이나 河하나 모두 큰 물을 가리킨다. 샘에서 솟은 작은 물줄기가 계곡을 지나면서 조그만 물흐름인 溪水계수를 이루고, 이는 다시 그보다 큰 물줄기인 河川하천을 형성한다. 그 河川의 물이 여럿 모여들면서 江이나 河를 만들다가 결국 거대한 물의 모임인 바다를 이룬다.

그래서 강이나 바다처럼 큰 물을 河海하해라고 적는다. 따라서 河海는 그저 강이나 바다를 이르는 차원에서 한 걸음 더 나아가 '거대함' '매우 큼'의 의미를 얻는다. 누가, 또는 어떤 스타일의 사람이 결국 그 커다란 경지에 도달할까. 그에 관해서는 일찌감치 전해지는 말이 있다.

秦始皇진시황을 도와 중국 전역을 제패한 인물 李斯이사, BC 284~208년의 명언이다. 그는 秦始皇이 다른 나라에서 온 사람들을 모두 쫓아내라는 내용의 '逐客令축객령'을 내리자 그를 제지하는 '諫逐客書간축객서'를 올린다. 그 안에 이런 말이 등장한다.

"태산은 다른 곳의 흙을 물리치지 않아 그 거대함을 이루었고,
강과 바다는 작은 물줄기를 마다하지 않아 그 깊음을 이루었다."
(泰山不讓土壤, 故能成其大, 河海不擇細流, 故能就其深)

이 말을 한 이사라는 인물도 장하지만, 그 말이 함축한 '包容포용' 과 '寬容관용'의 의미를 알아 결국 그가 올린 간언을 받아들여 자신이 내린 '축객령'을 철회한 진시황도 장하다. 잠시나마 외부의 요소를 배제한 채 속 좁은 길로 갈 뻔했던 진시황의 배타적 정책은 그로써 멈췄고, 진나라는 마침내 중국 전역의 통일이라는 거대한 판도를 형성하는 데 성공했다.

물은 높은 곳에서 낮은 곳으로 흐르고, 가득 찬 곳에서 빈 곳으로 향한다. 그런 물은 자연의 섭리를 말해주고 있으며, 그 물의 흐름에서 孫子손자는 남과 싸워서 이기는 방법에 관한 사색, 즉 兵法병법의 체계를 완성한다. 그런 물이 거대하고 웅장함을 이루기 위해서는 이사의 말처럼 '작은 물줄기를 마다하지 않는' 태도를 보여야 한다. 그런 태도가 위의 인용문에서 나온 '不擇細流불택세류'다. 작은(細) 물줄기(流)를 가리지(擇) 않는다(不)는 구조다. 그런 물, 즉 水수에 관한 이야기는 무궁무진할 정도로 많다. 나머지 이야기는 다음 기회로 미루자.

水原수원이라는 이름의 다음을 이루는 글자 原원은 '들판' '벌판' '들녘'을 가리킨다. 풀 가득한 벌판을 우리는 草原초원이라고 한다. 그저 편평한 들은 平原평원이다. 해발이 높은 곳에 들어선 벌판을 우리는 高原고원이라고 부른다. 그곳에 눈이 가득하면? 그게 바로 雪原설원이다. 서울 지명 중 노원구의 '蘆原노원'은 갈대와 억새 등이 가득한 벌판이라는 뜻이다.

가을이나 겨울이 닥쳐서 벌판의 수많은 풀들이 말랐을 때 그곳에 작은 불씨 하나 댕기면 벌판은 거대한 불판으로 변한다. 중국인들은 그런 정황을 '星火燎原성화료원'이라는 성어로 적는다. 저 하늘의 아주 작게 보이는 별(星)과 같은 불(火)이 벌판을(原) 태운다(燎)는 구성이다. 중국어라고만 치부하지 말자. 우리도 이 말 잘 쓴다. "燎原요원의 불길처럼…"이라고 말하는 경우다. 여기서 '燎原'은 '들판 전체를 태울 듯한'의 형용이다. 아무도 막을 수 없는, 함부로 막아서기 어려운 거세고 맹렬한 氣勢기세를 일컬을 때 쓰는 말이다.

이 原원은 나무의 뿌리와 샘의 바닥인 '根源근원'이라는 말과도 통한다. 따라서 原은 물의 源泉원천을 가리키는 源과 통하는 글자다. 따라서 '벌판'이라는 의미 외의 다른 중요한 뜻은 '根本근본'이다. 그래서 우리는 '原來원래'라는 말을 자주 쓴다. '본모습 그대로'라는 의미다.

사람이 태어날 때부터 지니고 나오는 죄, 기독교의 그런 주장을 우리는 原罪원죄라고 적는다. 가공하지 않은 본래의 모습이 原形원형, 남의 손을 거치지 않은 필자의 진짜 글이 原文원문 또는 原稿원고 및 原作원작, 본래대로의 그 상태를 原初원초, 처음의 그 모습을 原始원시 등으로 적는다.

그러고 보니 水原수원은 이름이 매우 훌륭한 동네다. 우선 水수는 사람이나 동물이나, 이 세상의 모든 삶 속에서 결코 빼놓을 수 없는 가장 중요한 요소를 가리킨다. 原원은 뿌리와 샘의 바닥, 나아가 존재의 근원이라는 의미까지 품는 글자이니 그렇다. '매홀'이 곧 '물 고을'이고, 그 물의 고을이 한자로는 水原이리라. 모두 '바탕'의 중요함을 일깨우는 말이다. 水原은 그냥 지나칠 동네가 아니다.

# 세류 가늘 細, 버들 柳

버드나무를 가리키는 한자는 柳류, 그리고 楊양이다. 이 둘에는 미묘한 차이가 있다. 나중에 다시 소개할 기회가 있겠지만, 柳는 길게 늘어지는 가지를 지녔고, 楊은 늘어지지 않거나 적어도 그 정도가 매우적은 가지의 나무다. 잎의 모습도 크기 등에서 조금 차이를 보인다.

이 버드나무는 아주 잘 자란다. 조금이라도 물기가 있는 곳이라면 쉽게 뿌리를 내린다. 따라서 우리의 산야에서도 잘 자라는 나무다. 수원시 권선구에 있는 이 細柳세류라는 지명은 말 그대로 풀자면 '가느다란 버드나무'일 것이다. 그 지명이 어떻게 생겼는지에 관한정설은 없는 듯하다.

단지 일부 소개에 따르면 細洞里세동리라는 지명과 上柳川상류천 下柳川하류천이라는 지명이 각각 있었는데, 이들을 통합하다가 생긴 이름일 가능성이 높다는 것이다. 일제강점기에 細柳町세류정이라는 정식명칭이 처음 등장했고, 이후 그를 따라서 오늘날의 이름이 자리 잡았던 것으로 볼 수 있다.

어쨌든 버드나무는 우리 산야의 곳곳에서 볼 수 있는 植生식생이어서 매우 친근하다. 봄이 오면 이 버드나무의 잎이 먼저 파릇파릇해진다. 그래서 봄을 알리는 傳令전령과도 같아서 반가운 존재다. 우리에게는 그렇지 않지만, 중국에서는 이별의 서운함을 알리는 상징과도 같았다.

중국 漢한나라와 唐당나라 때의 수도였던 長安장안에 이 나무를 많이 심었다고 하는데, 사람들은 먼 곳으로 떠나는 사람에게 이 버드나무 가지를 꺾어서 건넸다고 한다. 어디에 가서라도 이 버드나무 가지를 심어 고향을 생각하라는 일종의 情表정표였을 테다. 그리고 이 버드나무의 柳류라는 글자가 '머물다' '남아 있다'의 새김인 留류라는 글자와 발음이 같아 '떠나지 말고 남아 있으라'는 뜻을 전하는 상징물이었으리라는 얘기도 있다.

그런 정서를 읊은 조선 때의 洪娘홍랑이라는 여인의 작품이 있어 먼저 소개한다.

묏버들 갈해 것거 보내노라 님의손듸
자시난 窓(창) 밧긔 심거 두고 보쇼셔.
밤비에 새닙곳 나거든 날인가도 너기쇼셔.

'묏버들'은 산에 자란 버드나무일 테다. '갈해'는 '가려서'다. '것거'는 '꺾어', 그 뒤는 '님의 손에'다. 주무시는 창 밖에 심어 두고 보소서, 그 나무가 밤비를 맞아 새 잎을 피우거든, 나를 대하듯 여기시라는 뜻이다. 이별, 그리고 서로를 그리워하는 情念정념이 담겨 있어

참 아름답다.

아무튼 이런 정서를 돋게 만드는 존재가 버드나무다. 그 '버드나무를 꺾다'는 뜻의 한자어는 '折柳절류'인데, 역시 그를 꺾어 사랑하는 사람에게 주기 위함이다. 그 버드나무를 꺾어서 상대에게 건네는 습속은 '贈柳증류'라고 하는데, 역시 '折柳'와 같은 맥락이다.

버드나무 역시 봄의 기운이 닿아야 푸릇푸릇 잎을 올리는데, 그 뒤에는 눈송이와 같은 버들개지를 피운다. 우리도 봄이 오면 늘 목격하는 광경이다. 그런 버들개지는 요즘 호흡기에 문제를 일으켜 성가신 존재로 치부하지만, 이별을 앞둔 사람들에게는 눈송이처럼 휘날리는 버들개지가 슬퍼보였던 모양이다.

그 버들개지를 한자로 적으면 柳絮류서다. 이 絮서라는 글자는 '솜'을 뜻하지만, 버들개지처럼 씨를 품고 공중을 날아다니는 그런 식생의 모습을 일컬을 때도 쓴다. 옛 중국의 어느 누군가가 아들과 딸을 앞에 두고 이야기를 나눌 때 갑자기 눈이 흩날렸다고 한다.

아버지가 "이 눈을 어떻게 묘사할까"라고 문제를 냈더니, 아들은 "소금을 공중에 뿌리는 듯"이라 대답했고, 딸은 "버들개지 흩날린다고 하는 게 낫지 않냐"고 했단다. 눈을 소금에 비유한 아들의 메마름에 비해 딸의 묘사가 훨씬 정감이 있어 아버지는 딸을 크게 칭찬했다고 한다.

그 일화에서 나온 말이 '버들개지를 노래하다'라는 뜻의 '咏絮영서'다. 이는 곧 '눈(雪)을 노래하다'라는 뜻의 성어로 자리 잡았고,

'咏絮才영서재'라는 성어로도 발전했다. 뒤의 '咏絮才'는 '버들개지를 읊을 줄 아는 재주'라는 뜻으로 '비범한 재주를 지닌 여인'을 가리키는 성어로 쓰인다.

　같은 시각에서 보는 같은 사물과 현상일지라도, 품어내는 형용과 묘사는 사람이 지닌 그릇과 재주에 따라 제각기 다른 모양이다. 버드나무에 관한 이야기가 길어졌다. 그러나 우리는 버드나무 많이 자랐던 세류역을 지나며 갈고 닦은 기초가 튼튼하면 그가 발산하는 품성과 재주는 남과 다를 수밖에 없다는 이치를 다시 한번 읽었다. 다음 역은 어디인가. 고소한 떡 냄새가 솔솔 풍겨온다….

# 병점 떡 餠, 가게 店

이곳은 충청도와 전라도, 경상도를 일컫는 이른바 '三南삼남'으로 통하는 교통의 요지다. 서울에서 남부 지방으로 내려가는 길목에 해당한다는 얘기다. 그래서 많은 사람의 발길이 이곳을 거쳤고, 그런 사람들이 먼 길을 이동할 때는 적지 않은 음식이 필요했을 터.

지명 餠店병점은 곧이곧대로 풀자면 '떡 가게'다. 떡의 한자어가 餠병이고, 가게의 한자어가 店점이기 때문이다. 餠店이라는 지명은 그래서 생겼으리라 본다. 먼 길을 이동하는 사람들에게 필요한 음식, 곧 떡을 파는 가게가 많이 들어서서 붙은 이름이리라는 설명이다.

'떡'은 이제 우리의 생활에서 그를 대체하는 수많은 음식이 생겨나 차츰 그 강렬했던 추억으로부터 멀어지고 있으나, 한때 우리 생활에서는 아주 소중한 존재였다. 요즘도 설을 맞아 끓여 먹는 떡국으로부터, 생일을 비롯한 각종 잔치에서 흔히 볼 수 있는 각종 떡에서 그 존재감을 확인할 수 있다.

따라서 떡을 떡으로 부르면 그만이지, 왜 한자어 餠병이 필요할까라는 의문이 들 법도 하다. 중국의 餠은 우리가 떡을 두고 품는 정서와는 조금 다르다. 과거의 중국에서 이 餠 또한 쌀을 이용해 만든 음식의 일종이었으나, 밀이 본격적으로 들어온 다음에는 밀가루를 활용한 다양한 음식으로 발전했다. 따라서 멥쌀과 찹쌀을 기본으로 하는 우리의 떡과는 조금 다르다고 봐야 한다.

그럼에도 이 餠병이라는 글자가 우리의 '떡'을 가리키는 일반적인 한자어로 자리 잡았음에는 틀림이 없다. 기독교『聖經성경』에 등장하는 '五餠二魚오병이어'의 이야기도 그중의 하나다. 예수가 떡 다섯 개와 두 마리 물고기로 5000여 명을 먹였다는 기적의 스토리 말이다. '그림 속의 떡'이라고 하면 실제 소용은 없이 보기에만 그럴듯한 것을 가리킨다. 이 말의 한자 표현은 '畵中之餠화중지병'이다.

떡을 그려놓고 배고픔을 넘겨보려는 행동도 있다. 이를 중국에서는 '畵餠充飢화병충기'라고 적는다. 떡(餠)을 그려(畵) 배고픔(飢)을 때우다(充)는 구조다.『三國志삼국지』의 주인공 曹操조조의 손자이자 魏위나라 2대 황제 曹叡조예가 대신에게 새로운 사람을 천거하라고 하면서 "이름만 있는 사람은 천거하지 마세요. 이름만을 좇는다면 배고픈 사람이 땅에 떡을 그려놓고 배고픔을 면하려는 짓과 다를 게 없습니다"라고 했던 일화에서 나온 말이라고 한다.

손자는 할아버지와 다른 것일까. 마침 조조는 군사를 이끌고 행군하다 물이 떨어져 고생한 적이 있다. 병사들이 지쳐가자 조조는 "저 산 너머에 매실이 가득 열려 있다"고 했고, 그 말을 들은 병사들이 매실을 떠올리며 낸 군침 때문에 결국 갈증을 이겼다는 일화가 있다. 성어로 정착한 말이 '望梅止渴망매지갈'이다.

땅에 떡 그림을 그려 배고픔을 참는 일, 그리고 있지도 않은 산 너머의 매실을 떠올리게 해 갈증을 참게 했던 일이나 본질적인 뜻은 같다. 궁색한 지경을 벗어나려는 일시적인 '變通변통'이 어느 때에는 통하고, 어느 때엔 부질없는가 보다. 조조는 위급한 경우에서 그 變通을 활용했고, 한 나라의 군주인 그 손자 조예는 變通을 그리 곱게 보지 않았다.

제가 처한 경우가 각각 달랐기 때문이리라. 떡은 실재해야 좋은 것이다. 그림으로 그리는 떡은 환상에 불과하다. 그 떡은 곧 식량이 자, 우리 삶의 토대를 이루는 존재이리라. 헛것을 그려 잠시 배고픔을 달래는 식의 彌縫策미봉책도 필요하지만, 멀리 길을 가려면 실재하는 무엇인가에 대한 주의가 필요하다. 무거운 짐을 지고 먼 길을 가야 하는 인생의 길이 그럴 것이다.

그나저나 餅店병점이라는 한자 이름보다 '떡 고을'이 더 좋지 않을까. 그런데 그 '떡'이 요즘 우리말 속에서는 상스럽고 이상한 쓰임새로 입에 오르내려 그 또한 마땅찮다. 순수한 우리말은 이런저런 이유로 자꾸 우리의 언어생활을 떠나는가 보다. 그래서 속이 개운치 않다.

# 세마 씻을 洗, 말 馬

이곳에는 山城산성이 있었고, 그 안에 장수가 거처하면서 싸움을 지휘했던 洗馬臺세마대가 있었다고 한다. 마을 이름과 지금의 역명은 그로부터 비롯했다는 설명이다. 말은 예로부터 중요한 전쟁 물자에 해당한다. 특히 지금처럼 武器무기가 발달하지 못했던 옛날의 전쟁터에서는 발 빠른 이동 수단, 그리고 적을 몰아치는 중요한 武器로서 말의 쓰임새가 아주 컸다.

따라서 전쟁터와 관련 있는 곳에 '말을 씻기다'는 뜻의 洗馬세마라는 이름이 붙는 일은 자연스럽다고 할 수 있다. 그럼에도 불구하고 이 洗馬라는 이름에는 몇 가지 단서를 붙여 풀지 않을 수 없다. 이 이름이 동양 사회에서는 줄곧 官職관직을 일컫는 이름으로 등장하기 때문이다.

洗馬세마라는 단어는 전쟁터에서 말을 목욕시키는 그런 이름에 앞서 관직 이름으로 오래 쓰였다. 우리의 예에서도 조선 500년, 그 앞의 고려 왕조에서도 이는 분명히 관직명으로 등장한다. 중국에서도 예외는 아니다. 낮은 벼슬의 이름인데, 조선과 고려의 예에서는 왕의 아들인 世子세자를 돕는 일을 맡았다.

세자는 흔히 '東宮동궁'으로도 일컬었다. 왕이 거주하는 동쪽의 궁궐에 거처를 정했기 때문이다. 洗馬세마는 그 東宮의 세자를 호위하는 世子翊衛司세자익위사의 한 자리로서, 조선 때는 낮은 품계에 해당하는 正九品정9품의 자리였다. 구체적인 직무는 세자가 행차할 때 그 앞에서 행렬을 보호하는 일이다.

따라서 洗馬세마라는 한자 명칭은 '말을 목욕시키다'의 뜻이 아니라 '말이 지나는 앞을 깨끗하게 비우는 작업'이다. 이 洗馬의 앞 글자 洗세는 두 가지 발음이 있다. '씻다'의 뜻일 때는 우리 발음으로 '세', 다른 새김 '깨끗하다' '깨끗이 하다'일 때는 '선'이다. 중국에서는 이를 구별한다. 洗馬라고는 같이 적으면서 발음은 '선'의 발음을 택해 '셴마xiǎn mǎ'로 발음한다.

우리 식으로 풀자면 중국인들은 洗馬세마를 '세마'로 발음하지 않고, '선마'로 발음한다는 얘기다. 왕이나 황제의 아들은 왕 또는 황제 다음의 권력 서열에 있는 둘째 至尊지존의 인물이다. 그를 호위하는 사람들이 행렬 앞에 서서 '앞을 깨끗이 비운다'는 직무를 그렇게 구분한 것이다.

그러나 우리가 洗馬세마라는 역에서 중국의 용례를 속절없이 따를 필요는 없다. 단지 관직명을 일컬을 때 중국의 예를 참고할 수는 있으나, 이 역명에서 등장하는 洗馬는 옛 산성의 지휘관이 머무르던 곳을 일컬음이다. 따라서 전쟁과 관련이 깊은 셈이니, 우리는 우리 방식대로 그저 洗馬라고 이해하며 발음은 그냥 우리대로 '세마'라고 해도 좋을 듯하다.

여기서는 우선 洗세라는 글자에 주목하자. 우선 자주 쓰는 단어로는 洗禮세례, 洗手세수, 洗面세면, 洗濯세탁 등이 있다. 워낙 자주 쓰는 말들이라 달리 풀이할 필요는 없겠다. 洗手 또는 洗面과 같은 뜻으로 쓰여 덧붙이고자 하는 단어는 盥洗관세다. 앞 글자 盥관은 손을 씻는 대야, 큰 그릇을 가리켰다. 이어 '씻다'라는 새김도 얻었다. 보통은 제사를 올릴 때 깨끗하게 손을 씻는 그릇이나 그런 행위를 지칭한다. 盥手관수라는 말도 그래서 나왔다.

洗眼세안이라는 말은 眼科안과 병원에서 쓰는 말이다. 잡티 등으로 더러워진 눈을 씻는 일이다. 水洗수세는 한동안 화장실 오물 처리 방식과 관련해 자주 등장했다. 재래식 화장실이 아니라 물로 씻어내는 방식의 화장실을 가리킬 때 말이다. 洗雪세설은 뭘까. '눈을 씻어내다'? 아니다. 여기서 눈을 가리키는 雪설은 동사다. 굴욕과 모욕을 씻어 내다는 뜻의 '雪辱설욕하다'의 그 雪이다. 그래서 洗雪은 원한이나 굴욕감 등을 씻어버린다는 뜻의 단어다.

洗兵세병이라는 말도 있다. 임진왜란의 영웅 이순신 장군이 머무르던 경남 統營통영에 그 단어를 단 누각이 있다. 이름이 '洗兵館세병관'이다. 이순신 장군이 전사한 뒤 지어진 누각이다. 그의 승리를 기록하려 했음은 물론이다. 그런데 왜 '洗兵'일까. 이는 스토리가 있는 단어다.

周주나라약 BC 1100~BC 256년 武工무왕이 폭군이라고 알려졌던 殷은나라 紂王주왕을 치러갈 때 출정식에서 비가 내렸다고 한다. 그래서 지닌 무기와 병사들이 모두 비에 젖었다. 어떤 이들은 출정을 말렸으나, 武王은 "하늘이 출정을 축하하는 비"라며 공격을 감행해 결국 성공했다는 내용의 이야기다.

그래서 洗兵세병은 '승리를 예고하는 출정식'의 의미다. 일부 사람들은 이를 '전쟁이 끝난 뒤 무기를 씻는 일'로 이해하지만, 엄연히 잘못이다. 洗兵은 다른 말로 洗甲세갑으로도 쓴다. 여기서 甲갑은 병사들의 갑옷, 또는 무기를 가리킨다. 비슷한 말로는 洗兵甘雨세병감우, 洗兵甲세병갑 등이 있다.

우리는 이순신 장군의 얼을 얼마나 잘 간직하고 있나. 그는 빈틈이 없었던 명장 중의 명장이다. 늘 대비하는 자세, 그리고 제 본분을 다하려는 忠直충직함의 상징이다. 그렇게 스스로 준비하며 실력을 갖추는 사람은 늘 하늘도 돕는 법이다. 그런 사람이 길을 나설 때 축복의 비도 내린다. 우리는 얼마나 스스로를 연마하며 위기와 도전에 대응하고 있는가.

# 오산 까마귀 烏, 뫼 山

1914년 일제강점기에 벌인 행정구역 개편 때 이 지명이 처음 등장하지만, 원래는 조선시대 때부터 쓰였던 이름으로 보인다. 유래는 분명치 않다. 인근에 鰲山오산이라는 지명이 있어서 그로부터 비롯했다는 설, 조선 중기 때 梧美場오미장이라는 이름에서 유래했다는 설 등이 있다. 아울러 이곳에 까마귀가 유난히 많아 그를 따라 烏山오산이라고 했다는 설도 있다.

이곳은 예로부터 교통의 요지였던 모양이다. 사람의 통행이 왕성한 곳은 그 중요성 때문에 전쟁터로도 변하기 십상이다. 고구려와 백제가 번갈아 가면서 이곳을 차지했던 역사는 우리가 수원 일대를 지나면서 이미 살펴 본 내력이다. 60여 년 전 벌어진 6·25전쟁에서도 이곳은 한반도에 급히 상륙한 미군과 김일성 군대가 처음 싸움을 벌였던 곳이기도 하다.

까마귀를 뜻하는 烏오는 쓰임새가 제법 있다. 새를 가리킬 때는 분명 그 까마귀를 뜻하는 글자지만, 그 글자가 강력한 색깔을 가리키고 있기 때문이다. 무슨 색깔인지는 독사들 대부분이 알고 있다. 까마귀는 까맣다. 따라서 烏는 까만색의 지칭이다. 옛 왕조 시절에 벼슬아치들이 머리에 썼던 모자를 우리는 흔히 烏紗帽오사모라고 적는다. 벼슬아치의 또 다른 상징인 紗帽冠帶사모관대를 생각하면 좋다.

紗帽사모는 비단의 한 종류(紗)로 만든 모자(帽)다. 冠帶관대는 벼슬아치의 모자(冠)와 넓은 혁대(帶) 종류를 말한다. 이런 차림의 사람이 바로 벼슬아치다. 그런 벼슬아치의 모자는 검은색이 주류를 이뤘다. 그래서 까마귀, 즉 까만색을 뜻하는 烏오를 앞에 붙인 게 烏紗帽오사모다. 벼슬아치 그 자체, 또는 벼슬아치의 신분을 가리킨다.

까마귀 자체를 가리키면서 별도의 뜻을 내포하는 단어도 있다. 金烏금오는 태양을 가리킨다. 옛 동서양의 신화에는 까마귀가 태양을 상징하는 새로 그려진다. 태양에 사는 새라는 의미에서다. 그래서 동양 고분의 벽화 등에선 해를 그릴 때 그 안에 까마귀를 그리는 경우가 많았다. 특히 그 까마귀가 발이 세 개로 그려져 우리는 흔히 그를 三足烏삼족오라고도 했다. 태양을 숭배하는 과거 사람들의 전통을 반영했다고 한다.

까마귀 머리가 하얗게 변하고, 말의 머리에 뿔이 돋을 수 있을까. 이를 한자로 적으면 '烏頭白, 馬生角오두백, 마생각'이다. 같은 맥락의 성어는 烏頭馬角오두마각이라고 하는데, '있을 수 없는 일' '발생할 가능성이 제로인 일'이다. 秦始皇진시황이 황제에 오르기 전 秦진나라에 인질로 잡혀 있던 燕연나라 태자가 "이제는 풀어달라"고 요청하자 그 대답으로 한 말이라고 한다. "까마귀 머리 하얘질 때, 말 머리에 뿔 돋을 때 풀어주겠다"는 秦始皇의 심보가 고약하지만, 어떻게 보면 문학적인 대답이다.

　까마귀가 사람 말귀를 알아들으면 억울하겠으나, 이들을 바라보는 사람들의 시선이 곱지 않은 점 또한 사실이다. 그런 단어가 있다. 바로 烏合오합, 烏合之衆오합지중이다. 까마귀 모아 놓은 듯한 상태의 사람 집단을 일컫는다. 뭔가 있으면 새카맣게 모여들었다가, 사람 기척 등에 놀랄 경우 뿔뿔이 흩어지는 그런 집단이다. 軍紀군기가 없고 전투력이 보잘것없는 군대를 일컬을 때 자주 쓴다.

　집 지붕 위에 올라선 까마귀를 보는 사람들의 시선이 착잡하다. 그런 까마귀를 두고 만든 말이 屋烏之愛옥오지애다. 여기서는 일부 요소를 생략했는데, 그 스토리의 연원에서는 아내에 대한 남편의 사랑이 전제다. 아내에 대한 남편의 사랑이 극진하면, 그 남편은 처가의 지붕 위(屋) 까마귀(烏)까지 사랑한다(愛)는 얘기다. 이 성어는 또한 屋上烏옥상오, 愛屋及烏애옥급오 등으로도 적는다. 한 사물에 미쳐 지독한 偏愛편애를 드러낸다는 점도 지적할 수 있는 성어다.

　烏飛梨落오비이락도 까마귀가 등장하는 유명한 성어다. '까마귀 날자 배 떨어진다'는 말이다. 같은 뜻의 성어가 '瓜田不納履과전불납리, 李下不整冠이하부정관'이다. 참외 밭에서 신발 끈 매다가 참외 도둑질하는 줄 오해받는 경우, 자두나무 밑에서 갓끈 고쳐 매다가 자두 도둑질로 오해받는 경우를 피하라는 충고에서 나온 말이다. 烏飛梨落 역시 그런 경우다. 까마귀가 날아오르는데 우연찮게 배가 떨어져 오해를 받는 상황을 가리킨다.

세상 살아가면서 오해로부터 완전히 자유로울 수는 없다. 어느 경우든 보는 사람의 입장에서 생기는 오해가 따르기 마련이다. 그에서 벗어나려면 행동거지를 신중하게 하는 수밖에 없는데, 그 일이 어디 말처럼 쉬울까. 그러니 정신 똑바로 차리고서 살 일이다. 까마귀는 우리 생활 속에서는 늘 '까맣게 뭔가 잘 잊어버리는 사람'을 가리킬 때 자주 등장했는데, 그렇게 잘 잊을 경우 남에게 오해 사기 십상이다. 하찮은 까마귀 같지만, 그 녀석 참 많은 걸 깨우쳐 준다.

# 진위 떨칠 振, 위엄 威

이 지명은 平澤평택과 함께 등장하는 경우가 많았다. 지금은 平澤이 시를 이뤄 이곳을 안고 있는 형국이지만, 원래는 振威진위가 더 큰 행정구역으로 平澤 일대를 대표하는 곳이기도 했던 모양이다. 어쨌거나 결론부터 말하자면 이 振威라는 한자 이름이 어떻게 만들어졌는지는 분명치 않다. 각종 기록을 봐도 딱히 왜 이런 이름이 붙었는가에 관한 설명은 좀체 눈에 띄지 않는다.

역시 고구려와 백제가 서로 뺏고 빼앗기는 싸움을 벌였던 곳이어서 때로는 고구려, 때로는 백제 땅이기도 했다. 재미있는 점은, 고구려 장수왕 때 이곳을 차지하면서 釜山부산이라는 이름이 붙었다는 사실이다. 이곳은 장구한 세월을 거치면서 여러 이름이 붙는데, 다른 이름을 모두 소개할 필요는 없으나 이 釜山 하나만큼은 유독 눈길을 잡는다. 현재 대한민국 제1의 항구도시와 같은 이름이라서 그렇다.

釜山부산의 釜부는 솥을 의미하는 글자다. 지형적인 특성으로 어딘가 옛 무쇠솥처럼 볼록 튀어나온 곳이 있어야 붙이는 법인데, 실제 이런 지형이 지금 진위에 있는지는 잘 모르겠다. 고구려·백제의 시기를 지나 조선의 壬辰倭亂임진왜란 때도 한반도를 침략한 왜군과 조선을 도우러 왔던 明명나라 군대가 여기서 대접전을 벌였다는 기록이 있고, 일제강점기 전의 淸日청일전쟁에서도 청나라 군대와 일본군이 큰 싸움을 벌인 곳이라고 한다.

그런 점에서 보면 이곳 역시 한반도 북부와 남부가 경합할 때 늘 전쟁이 번지던 지역으로 봐도 무방하다. 그런 점에서 그 지명을 살펴야 하지 않을까 싶다. '떨치다'는 뜻의 振진과 威嚴위엄이나 威力위력 등의 새김으로 일종의 武力무력을 상징하는 威위가 붙은 데는 아무래도 그런 역사적 사실이 작용하지 않았겠느냐는 추정을 할 수 있다는 얘기다.

우선 그 가운데 振진을 먼저 살펴보자. 이 글자는 우선 같은 음의 震진이라는 글자와 헛갈리기 십상이다. 우리가 '진동'이라고 할 때 같은 음의 振動진동과 震動진동을 모두 사용하기 때문이다. 의미가 비슷하다. 모두 '떨린다'의 새김이다. 그러나 구별하자면, 그 차이가 분명히 존재한다.

앞의 振動진동은 인위적으로 또는 작위적으로 흔들 때 생기는 떨림이다. 앞에 손(手)을 가리키는 부수가 있기 때문이다. 그에 비해 뒤의 震動진동의 震진에는 비(雨)를 가리키는 부수가 붙었다. 원래 이 글자의 새김에 '벼락'과 '천둥'이 들어 있는 이유다. 따라서 같은 '떨림'이라고 해도, 이는 인위적이며 작위적인 '떨림'이 아니라 자연적인 현상에서 우러나오는 '떨림'이다. 이를테면 땅의 떨림을 地震지진이라고 적을 때 등장하는 경우다.

振興진흥이라는 말은 한때 자주 썼던 단어다. 산업 등을 일으켜 세우는 일이다. 떨쳐서(振) 일어나다(興)의 뜻이다. 振動진동 또한 자주 사용한다. 인위적인 동작에 의해 벌어지는 떨림이다. 振作진작이라고 적으면 '떨쳐서 일으켜 세우다'는 뜻이다. 특히 바닥으로 떨어진 士氣사기 등을 일으켜 세울 때 이 단어를 자주 쓴다. 떨림의 폭을 振幅진폭이라고 적는다.

不振부진이라는 단어도 흔히 쓴다. 성적이 영 시원치 않을 때 우리는 '不振을 면치 못하고 있다'는 식의 표현을 한다. 학업도 그렇고, 스포츠도 마찬가지다. 모든 분야에서 기대에 미치지 못하는 성적을 올렸을 때 쓰는 말이다. 그 떨침의 대상이 무력일 때 振武진무, 振威진위를 쓸 수 있다. 앞은 상대보다 강한 무력을 선보이는 경우, 뒤는 위력을 펼쳐 보이는 경우다. 우리가 자주 쓰는 "猛威맹위를 떨치다"가 바로 振威에 해당한다.

하지만 振진과 震진의 구별이 늘 쉽지는 않다. 뇌가 크게 흔들리는 경우를 腦震蕩뇌진탕이라고 하는데, 엄격하게 따지면 腦振蕩뇌진탕이 옳을 법 하지만 우리 쓰임새는 腦震蕩이다. '크게 화를 내다'라고 할 때도 "진노한다"고 하는데, 이 경우도 震怒진노라고 적는다. 아무래도 지진이나 천둥, 벼락 등으로부터 나오는 울림과 떨림의 크기가 커서 그럴지도 모르겠다.

振威신위의 다음 글자 威위는 쓰임새가 더 많다. 우선 威嚴위엄이다. 그리고 權威권위다. 모두 높게 있어 상대에게 두려움 등의 감정을 주는 글자다. 그런 두려움으로 남을 누르는 상황에서는 威壓위압이라는 단어를 쓴다. 위엄(威)으로 상대를 누르는(壓) 일이다. 威脅위협이라는 말도 있다. 왜 이 단어에서는 옆구리를 뜻하는 脅협을 썼을까.

그 옆구리는 사실 겨드랑이와 허리 사이의 공간을 지칭한다. 이곳이 사람에게는 急所급소에 해당한다. 제가 지닌 무력 등으로 상대의 그런 급소를 노리는 일이 바로 威脅위협이다. 威力위력이라는 단어도 있다. 그런 위엄, 권위 등이 지니는 힘이다. 두려움 그 자체로 보이는 힘이 威武위무다. 국군의 날 행사 때 우리는 행진하는 군인들을 보면서 "威武도 당당하다"는 말을 쓴다. 그럴 때 등장하는 게 威武다.

아주 사나운 모습의 威嚴위엄, 권위 또는 힘 등을 우리는 猛威맹위라고 한다. 거세고 사납다는 뜻의 猛烈맹렬함을 가리키는 猛맹이 앞에 붙었다. 威信위신이라고 하면 그런 威嚴이 뿜는 광채, 즉 威光위광과 남으로부터 믿음을 얻는 信望신망을 가리킨다. 아울러 威嚴과 信用신용의 준말이기도 하다. 그런 두려움을 펼쳐 보이는 일이 示威시위다. 그런 일이 일정한 두께와 흐름을 형성하면 威勢위세다.

下馬威하마위라는 말이 있다. 말에서 내리면서 보이는 위엄이라는 뜻이다. 관리가 제 임지에 도착했을 때 말에서 내리면서부터 부리는 위엄이다. 처음부터 현지의 관리들을 주눅 들게 만드는 행동이다. 그로부터 발전해, 이제는 초반부터 상대를 제압하고 들어가는 일을 가리킨다.

狐假虎威호가호위라는 성어는 우리에게 친숙하다. 여우(狐)가 호랑이(虎)의 위엄(威)을 빌리다(假)는 구성이다. '호랑이 없는 산의 여우'라는 식의 풀이도 가능하다. 남의 위엄을 마치 제 것인 양 빌려와서 그를 나쁘게 활용하는 경우를 가리킨다. 그러나 이런 가짜 위엄은 오래 가지 못한다. 진짜 실력이 있어야 위엄이 우러나와 자연스레 그런 힘이 있는 모습, 즉 威容위용을 이루는 법. 진짜 실력에서 우러나오는 진짜 權威권위가 무엇인지를 생각해야 한다. 위엄을 떨친다는 振威진위라는 역에서 말이다.

# 송탄 소나무 松, 숯 炭

松莊縣송장현과 炭縣탄현의 두 지명을 합쳐 만든 이름이라고 한다. 이 지역의 역사적 배경은 앞에서 소개한 振威진위와 그렇게 다르지 않다. 고구려 때 일찌감치 釜山부산이라는 이름을 얻었다가, 나중에 진위현과 松莊縣으로 남은 뒤 다시 松莊縣과 炭縣을 합쳐 松炭송탄이라는 이름으로 자리 잡았다고 한다. 그 시기는 1914년 일제강점기 초반의 행정구역 개편 때라는 것이다.

소나무를 가리키는 松송이라는 글자에 대해서는 松內송내역을 지날 때 풀 예정이다. 한반도 전역에 자생하는 아름다운 자태의 소나무에 관한 설명 말이다. 험하면서 척박한 땅에서도 잘 자라며, 아울러 기름진 곳에서 살다가 다른 植生식생에 자리를 잘 비켜주는 그 덕목도 그때 덧붙이려 한다.

그러니 여기서는 다음 글자 炭탄으로 눈길을 향해 보자. 이 글자의 의미를 모르는 사람 별로 없다. 우선은 石炭석탄을 가리키는 한자다. 지질시대 땅에서 자라난 식물, 또는 물에서 자란 식물 등이 퇴적의 과정을 거쳐 땅에 묻힌 뒤 열과 압력에 의해 변질하면서 만들어진 흑갈색의 可燃性가연성 암석을 이른다.

일반적인 연료로 사용하는 탄을 煤炭매탄이라고 부르며, 색깔에 따라서는 褐炭갈탄과 黑炭흑탄 등으로도 부른다. 그러나 엄격한 의미로 따질 때 탄소 함량이 60%일 경우에는 泥炭이탄, 70%일 때는 亞炭아탄 또는 褐炭, 80~90%일 때는 瀝靑炭역청탄 또는 黑炭, 95%일 때는 無煙炭무연탄으로 구분한다.

그런 암석으로서의 가연성을 띤 연료 말고 木炭목탄으로 부르는 게 있다. 바로 숯이다. 참나무 등을 불완전하게 연소시킨 뒤 사용하는 게 숯이다. 木炭으로 적고 부르기도 하지만 우리에게는 '숯'이 훨씬 더 가깝게 다가오는 존재다. 煉炭연탄도 그런 과정을 거쳐 가정 난방용으로 우리가 즐겨 썼던 연료다.

塗炭도탄이라는 말도 있다. '民生민생이 塗炭에 빠졌다'라는 식의 표현에 등장하는 말인데, 앞의 塗도는 진흙이나 뻘 등을 가리키는 글자다. 수렁이라는 단어에도 해당한다. 한 번 빠져들면 헤어나거나 걸어 다니기가 쉽지 않은 장소 또는 길이다. 뒤의 炭탄은 목탄이나 석탄 등이 타고 있는 불구덩이다. 둘 다 견디기 힘든 상황 또는 장소를 가리킨다.

민생이란 게 뭔가. 일반 사람들의 살림살이다. 그런 경제적 여건이 塗炭도탄에 빠졌다는 것은 의미가 분명해진다. 아주 어려운 살림살이, 하루 살아가기가 아주 벅찬 궁핍한 상황을 일컫는다. 참고로, 塗도라는 글자와 관련해서 쓰이는 성어가 있다. 一敗塗地일패도지와 肝腦塗地간뇌도지다.

앞의 一敗塗地일패도지는 한 차례(一) 패배(敗)로 땅바닥(地)에 뒹구는(塗) 경우를 뜻한다. 뒷부분의 塗地도지라는 단어가 문제인데, 성어로 뒤에 나열한 肝腦塗地간뇌도지가 그를 보충하는 말이다. 전쟁에서 패배하며 목숨을 잃는 경우를 가리키지만, 그 경우가 참혹하다. 간(肝)과 뇌(腦)가 땅을 물들인다(塗)는 뜻이다. 여기서 塗도는 단순히 진흙의 의미를 넘어 '색 등을 바르다'는 뜻의 塗色도색이라는 의미다.

다 고생스러운 삶과 살벌한 전쟁의 이야기다. 그렇지 않은 내용도 있다. 바로 눈 내리는 추위 속에서 탄을 보내준다는 의미의 '雪中送炭설중송탄'이다. 눈(雪) 속(中)을 지나 가난과 추위에 떠는 사람들에게 탄(炭)을 보내준다(送)는 뜻이다. 어려움에 처한 사람들에게 따뜻한 도움의 손길을 내미는 일이다. 차가움에 시달리는 사람에게 온기를 보태는 慈悲자비의 손길이다.

그 送炭송탄과 같은 발음이 松炭송탄이다. 松炭이 비록 이름 다른 두 현을 합치면서 만든 지명이라고는 하지만, 그 松炭이 늘 그 送炭이었으면 좋겠다. 남의 어려움을 모른 척하지 않으며, 塗炭도탄에 빠진 이웃에게 선뜻 도움의 손길을 내밀며, 거동이 불편한 사람에게 기꺼이 자신의 자리를 내주는 그런 '送炭' 말이다.

"서 있는 사람은 오시오, 나는 빈 의자, 당신의 의자가 돼 드리리다. 피곤한 사람은 오시오, 나는 빈 의자, 당신을 편히 쉬게 하리다~"라는 구절의 노래 「빈 의자」(장재남 노래/ 1978년)가 생각이 난다. 빈 의자까지는 아니라도, 누군가 몸이 시려 다가올 때 불을 쬐던 우리 모두 얼른 곁을 내줄 수 있다면 좋겠다. 그런 사회라면 행복해질 수 있지 않을까.

# 서정리 서녘 西, 우물 井, 마을 里

조선시대에는 陽城縣양성현에 속했다가 1914년 일제강점기 때 행정구역 개편으로 평택에 처음 들면서 이름이 생겼다. 원래는 서두물, 또는 서둔물이라 불렸다고 한다. 양성현 서쪽에 자리를 잡은 마을이면서 이곳에 물맛이 뛰어난 우물이 세 개 있었기 때문이란다. 그런 좋은 우리말은 어느덧 쓰임새가 없어지고 서쪽의 우물 마을이라는 뜻의 西井里서정리로 정착했다.

한때는 송탄에 속했다가, 이곳 일대가 평택으로 묶이면서 다시 평택의 품으로 들어갔다고 한다. 행정구역 개편이라는 게 변화하는 지역의 사정과 인구 이동에 따라 늘 있는 것이니 뭐라 할 수는 없는 법이다. 다시 평택시에 속하면서 洞동이름을 달아 이제는 西井洞서정동으로 불리지만, 국철 1호선을 만들 때 현재의 역명으로 자리 잡았다.

여기서 등장하는 세 글자 西井里서정리는 앞에서 다 풀었다. 西서는 華西화서역을 지날 때, 井정은 市廳시청과 衿井금정역을 지날 때 이미 설명을 마쳤다. 里리도 가산디지털단지역을 지나면서 설명했다. 그러니 딱히 어떤 한 글자를 끄집어내서 풀어갈 여지가 만만치 않다.

그래도 멈출 수는 없다. 우리의 여행 목적이 漢字한자 알아가기라서 그렇다. 덧붙여야 할 글자를 생각해보니 아무래도 井정이라는 글자에 멈추고, 이어 天井천정이라는 말이 문득 떠오른다. 집의 윗부분을 가리킬 때 이 단어가 한때 쓰였다. 지금은 이 단어를 쓰지 않는다. 이제는 天障천장으로 바꿔 부른다.

그러면서도 '天井不知천정부지'라는 성어를 아직 사용한다. 무엇인가 멈춤 없이 오르는 경우를 가리킨다. 특히 물가가 마구 오를 때 "天井不知로 솟구친다"는 식의 표현을 썼다. 원래는 일본식 성어 구성이라고 한다. 일제강점기를 거치면서 우리도 어느덧 이 말을 받아썼던 것이리라. 아무튼 이 天井천정은 오늘날 우리가 바꿔 부르는 天障천장과 동의어다.

天井천정은 글자대로 풀자면 '하늘의 우물'이다. 그렇다고 곧이곧대로 '하늘에 난 우물'로 생각할 필요는 없다. 이 말의 어원은 잘 뒤져 봐야 하겠으나 하늘에서 내리는 빗물, 그를 받아들이는 곳 정도로 생각하면 좋다. 중국 남부에 발달한 民家민가에는 아직 이런 天井의 형태가 보인다.

우리 식으로 보면 아주 작은 형태의 'ㅁ'자 韓屋한옥을 떠올리면 좋다. 작은 형태의 'ㅁ'자 한옥이면 빽빽한 구조다. 동서남북 네 면의 건축이 조밀하게 모여 있고, 그 가운데 윗부분은 'ㅁ'자 구멍이 생긴다. 중국 남부 사람들은 하늘을 향해 뻥 뚫려 있는 이곳을 원래 天井천정이라고 했다. 하늘에서 비가 내릴 때 이곳을 향해 물이 쏟아지지 않는가. 그러니 '우물'이라는 뜻을 달았을 것이다.

이렇게 만들어진 天井천정이 결국은 집 건축의 윗부분을 구성하는 面면의 의미로 발전했다고 볼 수 있다. 사실 따지고 보면 빗물을 받아들이는 입구라는 의미는 일찌감치 퇴색했을 테니 '윗부분 가리개'라는 뜻의 天障천장이 더 적합한 선택이라고 보인다.

물이 나오는 곳이 우물이다. 그러나 이 우물은 인공을 가미한 장치다. 사람들이 땅 등을 파서 만든, 물 나오는 곳이다. 그에 비해 샘은 자연스럽게 물을 얻을 수 있는 곳이다. 방언의 형태로 볼 때 우물은 움물, 운물, 웅굴 등으로도 여러 지역에 분포했다고 한다. 샘도 새미, 새암, 시암, 새미물 등 다양한 명칭이 있었다고 한다. 우물은 한자로 井정, 샘은 泉천으로 적는다.

흙을 간단하게 파서 물이 고이도록 만든 게 土井토정, 그런 곳에 돌을 깔아 물이 머물도록 만든 장치를 石井석정이라고 부른다. 自噴井자분정도 있다. 스스로(自) 뿜는(噴) 우물(井)이라는 얘기다. 보통은 땅의 압력인 地壓지압 때문에 지표면 밖으로 솟는 우물을 가리킨다. 이는 다른 말로 鑽井찬정인데, 뚫고 나온(鑽) 우물(井)이라는 점에서 그런 이름을 붙였으리라 보인다.

뚫는다는 뜻의 한자 鑿착을 붙여 鑿井착정이라고 하는 게 있는데, 일반적 뜻풀이로는 '우물을 뚫다'다. 그러나 토목용어에서는 지표면으로부터 30m 이상 뚫어 鋼管강관을 사용해 만든 우물을 가리킨다. 목마른 사람이 우물을 파는 법이다. 그런 경우를 '臨渴掘井임갈굴정'이라고 한다. 목마를 때(渴) 이르러서야(臨) 우물(井)을 판다(掘)는 구성이다.

밭 갈 때에야 비로소 우물을 파는 경우도 있다. 臨耕掘井임경굴정이라고 적는다. 목마를 때, 또는 밭 갈아야 할 때 이르러서야 우물을 파는 사람은 준비성이 부족한 사람이다. 당장 급해서야 움직이니 말이다. 따라서 臨渴掘井임갈굴정이나 臨耕掘井 모두 평소엔 게으르게 있다가 일이 닥쳐서야 겨우 움직이는 사람을 일컫는다.

대롱 모양의 긴 管관 모습의 우물이 일반적이다. 그런 우물을 흔히 管井관정이라고 적는다. 그런 우물에서 原油원유가 솟아 나오면 그것은 油井유정이다. 한반도와 주변 해역에 그런 油井이 많이 나와야 하는데, 안타깝게도 아직은 없다. 석탄이나 금·은 등을 캐기 위해 만든 광산의 구덩이는 鑛井광정이다. 그러나 피해야 할 구덩이가 있다. 남을 빠뜨리기 위해 파놓은 구덩이, 즉 陷井함정이다. 또는 陷穽함정으로도 적는다.

井然정연이라는 말 우리가 자주 쓴다. 짜임새와 조리가 있어 흔들리지 않는 모습이다. 그 정연이 왜 井然일까. 이는 시청역에서 이미 설명한 井田制정전제와 관련이 있을 것이다. 땅을 '井정' 형태의 아홉 구역으로 나눠 갖도록 해 세금 등을 고루 내는 옛 周주나라 시대 토지제도 말이다. 그렇게 골고루 정리를 잘한 모습의 땅을 가리키면서 이 井然이라는 말이 나왔다고 보인다.

井정이라는 글자, 따지고 보면 할 말이 많은 대상이다. 생명의 원천인 물을 사람에게 나눠주는 고마운 곳이라서 그렇다. 아울러 생활에 필요한 여러 물자도 이 우물을 파고 뚫는 穿鑿천착의 과정에서 나온다. 내 스스로는 어떤 우물을 지니고 있을까, 내 실력의 원천을 확보하기 위해 우리는 그 우물을 잘 파고 있는 것일까. 늘 생각해야 할 대목이다.

# 지제 지초芝, 절제할 制

잔디와 비슷한 떼가 잘 자라는 곳이었던가 보다. 떼가 무성하게 잘 자라 이곳의 원래 이름이 지제울로 불렸다고 한다. 떼를 가리키는 한자 芝지가 그렇게 작용했던 모양이다. 그러나 다음 글자 制제는 왜 그곳에 들어갔는지가 불분명하다. 두 글자 芝와 制가 의미로는 잘 들어맞지 않는 경우다. 그냥 우리말 발음대로 불렀던 명칭에 한자 制를 추가했을지도 모른다는 추정만이 가능할 뿐이다.

앞 글자 芝지는 풀임에 분명하다. 경기도 일원에서 이 글자가 붙은 지명이 제법 보인다. 그런 경우는 대개 떼 또는 잔디와 같은 풀을 가리켰을 수 있다. 사전적인 정의로 볼 때는 그냥 풀로만 볼 수 없고, 향기 나는 풀 정도로 읽히는 경우가 많다. 특히 蘭草난초와 함께 붙어서 芝蘭지란으로 표기할 때가 많다.

芝蘭지란이라고 할 때의 풀은 모두 향기가 나는 그런 植生식생이었던 모양이다. 芝草지초와 蘭草난초처럼 은은한 향기를 품은 식물, 나아가 그렇게 격식이 있고 우아한 친구와 친구 사이를 나타내는 말이다. 이를 성어로는 '芝蘭之交지란지교'라고 직는다. '芝蘭之室지란지실'로 적으면, '우아한 향기가 풍기는 방'이다. 환경이 좋은 곳, 또는 덕이 있는 사람을 일컫는 말이다.

芝지는 아울러 버섯을 가리킨다. 장수하는 데 도움을 준다는 버섯을 우리는 靈芝영지라고 적으니, 그 말뜻은 곧 '영험한 버섯'이리라. 해독 작용이 있고, 염증을 가라앉히며, 아울러 抗癌항암 성분이 있다고 알려진 雲芝운지라는 버섯도 있다고 한다. 말발굽처럼 생긴 버섯으로 육질이 흰색을 띠고 있는 것은 白芝백지 또는 玉芝옥지라고 적는다.

'芝草無根지초무근'이라는 성어가 있는데, 쓰임새는 많지 않으나 '버섯은 뿌리가 없다'라는 풀이가 가능하다. 그러나 속뜻은 '남으로부터 도움을 받지 않고 성공한 사람'을 일컫는다고 한다. 뿌리로부터 오는 자양분의 도움 없이 스스로 자라나 모양을 이룬 경우다. 이를테면 '自手成家자수성가'와 같은 뜻의 성어다.

여느 풀이 그렇듯이 그 뿌리는 튼실하게 자라지 않는다. 그러나 풀은 생태계의 밑바닥을 이루고 있는 중요한 자원이다. 그들이 잘 자라야 다른 식생도 잘 자란다. 아울러 그를 바탕으로 동물도 잘 살아간다. 고마운 자원이다. 그런 풀에 향기까지 보태진다면 그야말로 고귀한 존재다. 향내와 함께 우아한 자태까지 뽐내는 芝蘭지란을 우리가 아끼는 이유다.

# 평택 평평할 坪, 못 澤

편평함을 뜻하는 坪평에 못이나 습지 등을 일컫는 澤택이 붙었다. 지형이 벌판을 이루면서 물길도 여러 곳에 나 있다는 지리적인 특징을 표현한 지명으로 보인다. 실제 이곳은 삼국시대 때 河八縣하팔현이라는 이름으로 불렸다는 기록이 전해진다. 그 정확한 가리킴이 무엇인지는 불분명하지만, 물길이 여덟이어서 그랬으리라는 추정이 가능하다.

지금의 통계를 봐도 평택은 벌판이 발달한 지역임이 분명하다. 평택에 속한 토지의 45%가 농경지라는 점이다. 이는 매우 눈에 띄는 수치에 해당한다는 설명이다. 경기도 전역에서 농경지 비율로 따질 때 평택은 단연 압도적이다. 그만큼 벌판과 水路수로가 많아 농경 활동에 적합하다는 얘기다.

그런 곳은 큰 세력 사이의 다툼이 없는 한 매우 행복한 지역이다. 그러나 세력의 다툼이 번질 때는 골치가 아파진다. 아니나 다를까. 이곳은 아주 오래전부터 유명한 싸움터였다. 평택 말고도 우리가 지나친 경기도 남부 일원은 사정이 대개 비슷했다. 이 평택 역시 백제의 땅이었다가, 다시 고구려의 영토로 귀속한 사례가 있다. 농경이 편한 환경이었으니 쌀 등 곡식의 수확이 많았을 테고, 그런 기름진 땅을 다투는 세력들이 이곳을 그냥 내버려 뒀을 리가 없었을 게다.

지역을 대표하는 명칭으로 볼 때 평택은 앞서 우리가 지나온 振威진위와 병렬로 놓이는 경우가 많았다. 이곳 일대의 지명이 때로는 振威로, 때로는 평택으로 바뀌는 경우가 많았다는 얘기다. 振威가 한때는 더 대표적인 지명으로 쓰이는 경우도 있었는데, 조선 말인 고종 때에 이르러 구체적으로 나눠지다 일제강점기와 대한민국 건국 뒤에 접어들면서 평택이라는 이름이 더 눈에 들어온다.

지금은 해안가를 끼고 있으며, 인천과 함께 대규모의 항구를 갖춘 도시로서 평택의 성장과 발전이 눈부실 정도다. 넓은 들판에, 풍부한 水資源수자원, 게다가 대형 항구까지 갖췄으니 이 평택의 미래는 매우 밝다고 할 수 있으리라.

平평이라는 글자의 우선적인 새김은 扁平편평함이다. 기울어지지 않았고, 굴곡이 없는 땅이나 사물의 모양이다. 멈춰있는 물의 水面수면을 떠올리면 좋다. 平坦평탄, 平面평면, 平原평원, 水平수평, 地平지평 등이 그런 쓰임새다. 平澤평택의 경우나 平壤평양의 경우는 같다. 둘 다 벌판이 발달한 곳이라는 점에서 얻은 이름이다. 平壤은 편평한 땅(壤)이라는 뜻이다.

굴곡이 없어 편평한 판자를 平板평판이라고 적으며, 저울로 잴 때 서로 기우는 일이 없으면 그 상황은 平衡평형이다. 여기서 衡형은 저울을 가리킨다. 平行평행은 벌판처럼 놓인 평면을 두 선이 곧장 가는 경우다. 그런 모습의 넓은 들을 平野평야라고 한다.

아울러 치우치거나 쏠림이 없는 상황을 가리키는 뜻도 얻었다. 골고루 나누는 일이 平均평균이다. 공정하면서 치우침이 없는 경우를 우리는 公平공평이라고 적는다. 그렇지 않은 경우를 不平불평이라고 하는데, 거기다가 우리는 不滿불만을 붙여 '不平不滿불평불만'을 이야기한다. 치우침, 또는 쏠림이 없으면 平等평등이다.

太平태평은 전란과 재난이 없는 좋은 시절을 가리킨다. 비슷한 의미로 생긴 단어가 平和평화다. 전쟁이나 다툼 등이 없어 서로 조화롭게 사는 상황이다. 따라서 平평은 편평한 모습, 치우침이 없는 상황에서 한 걸음 더 나아가 전쟁 등이 없는 안정적인 상황이라는 의미도 얻은 셈이다. 그렇듯 불안정한 상황이 없어 편안한 경우를 平安평안 또는 平穩평온이라고 한다. 淸平청평도 어두운 그늘이 사라진 좋은 상황을 뜻한다.

'다스리다'의 뜻도 있다. 우리가 平定평정이라고 적을 때다. 인위적인 힘과 기술을 사용해 불안정한 상황을 고르게 펴서 安定안정시키는 일이다. 편평한 땅이 줄곧 이어지면 특징이라고는 찾아볼 수 없다. 따라서 平평이라는 글자에는 '두드러지는 게 없는' '변화가 없는'의 뜻도 있다. 平凡평범이라는 단어가 생긴 이유다. 그런 일반인을 平民평민이라고 한다.

줄곧 이어지는 편평한 땅, 그로부터 다시 얻은 새김이 '변화가 없이 줄곧 이어지다'다. 平生평생, 또는 生平생평이 계속 살아온 삶을 가리키는 이유다. 平素평소와 平常평상도 특별한 때가 아닌 일반적인 시간을 가리킨다. 같은 의미로 쓰는 단어가 平時평시다. 특별한 경우가 아닌 평소에 입는 옷이 平服평복, 그런 차림을 平裝평장이라고 한다. 일반적인 해를 平年평년이라고 적는다.

이밖에도 平평의 쓰임새는 아주 많다. 대표적인 게 公平無私공평무사다. 공정하고(公) 치우침이 없으며(平) 개인적인 태도(私)도 없다(無)는 엮음이다. 天下泰平천하태평이라고 적으면 분란 등이 생기지 않는, 잘 다스려지는 세상이라는 뜻이다. 거기다가 아무 일 없다는 듯이 편하게 지내는 사람을 놀리는 뜻도 있다. 平地風波평지풍파는 아무 일도 없는데 괜히 소란을 일으키는 일이다.

고르고 넓은, 그래서 안정과 번영의 뜻까지 있는 平평에 너무 쏠렸는가 보다. 그 때문에 平澤평택의 다음 글자 澤택에 관한 설명은 다음 기회로 미뤄야 하겠다. 그저 平이라는 글자 하나를 두고 설명이 길어졌으니 말이다. 이 글자 풀면서 역시 平을 놓친 셈이다. 쏠림이 없어야 한다는 그 글자의 가르침을 잊은 것이다. 그렇게 쉬운 듯 어려운 게 이 平이다. 잔잔한 물처럼 마음을 가둬야 큰일을 할 수 있는 법인데, 그를 가리키는 平淡평담이 말처럼 쉽지는 않다.

그와 관련해 유명한 글귀 하나만 덧붙이고 다음 역으로 넘어가자. 우리가 잘 아는 諸葛亮제갈량이 세상을 뜨기 얼마 전 여덟 살 난 아들에게 남긴 글의 일부다.

담박함으로써 뜻을 밝히고, 고요함으로써 멀리 이른다
(淡泊以明志, 寧靜以致遠)

제목은 '아들을 일깨우는 글'이라는 뜻의 「誡子書계자서」다. 아들에게 남긴 가르침이기는 하지만, 제갈량이 죽기 전에 남긴 글이니 그의 인생관과 철학이 고스란히 담긴 말이다. 여기서 담박(淡泊 또는 澹泊)은 깨끗하게 자기를 닦으면서 세상의 功利공리를 탐내지 않는 자세다. 그로써 뜻을 밝혀(明志)야 옳은 배움에 힘을 쏟을 수 있다는 말이다.

고요함을 가리키는 寧靜영정은 결국 '集中집중하는 힘'을 말한다. 모든 힘을 쏟아 한 곳에 집중해 배우고 또 배워야 먼 곳(遠)에 이를 수 있다(致)는 얘기다. 여기서 '먼 곳에 이름'의 致遠치원은 원대한 목표를 이루는 일이다. 잡스러운 여러 가지에 신경 쏟아붓지 말고 먼 곳을 내다보면서 크게 내딛어 길을 가라는 충고다. 이 구절의 울림이 아주 커서 여기에 적는다. 이제 달콤하게 참외가 익는 동네로 넘어가 보자.

# 성환 이룰 成, 기쁠 歡

천안시 서북구의 최북단에 있는 읍의 이름이다. 이곳의 유래는 아무래도 察訪찰방에서 찾아야 옳을 듯하다. 조선시대 察訪은 공문서, 또는 관리 등이 지역을 오갈 때 도움을 주던 驛站역참을 관리하던 직위다. 품계는 다소 낮아 從六品종육품의 外官職외관직이었다고 한다.

역참은 교통의 편의를 위한 말과 숙박시설 등을 관원 등에게 제공하던 곳이다. 현재의 성환에는 과거 이 일대 10여 개의 역참을 관리하던 터가 남아 있다고 하는데, 이곳이 조선시대에는 사람의 이동과 물자의 교류가 빈번했던 곳의 하나였음을 짐작케 하는 대목이다.

행정구역의 명칭으로 성환이라는 이름이 본격 등장하는 때는 1914년으로 나와 있다. 일제강점기의 행정구역 개편 때였던 것으로 보인다. 그러나 그 전의 조선 지도와 기록에는 성환이라는 이름이 역참의 하나로, 또는 그 일대를 관리하는 찰방의 이름으로 종종 등장하는가 보다.

먼저 자랑할 만한 토산품이 있다. 바로 참외다. 꽤 오래전부터 명성을 얻었고, 광복 뒤와 6·25전쟁 기간을 거치면서도 전국에서 가장 유명한 참외를 생산했던 곳이다. 成歡성환이라는 이름은 '이루다'는 뜻의 成성이라는 글자와, '기쁘다' '기쁨' 등의 새김을 지닌 歡환의 결합이다. 따라서 직접 그 뜻을 풀자면 '기쁨을 이룸'이다. 이 말의 뜻이 조선시대에 버젓이 쓰였다는 점이 조금은 신기하다. 왜냐하면 成歡이라고 적을 때 일반적 쓰임새로는 '남자와 여자의 결합'을 의미하기도 하기 때문이다.

남녀가 결합하는 일은 곧 성적인 행위도 가리킨다. 영어로 하면 sex, 또는 게서 나오는 즐거움과 기쁨을 뜻한다. 따라서 엄격한 男女有別남녀유별의 극단적인 가치관을 고수했던 性理學성리학의 조선에서 이를 지명이나 역참의 이름으로 적었다면 그야말로 이상한 일이 아닐 수 없다.

그러니 여기서의 成歡성환이 남녀의 결합과 그로부터 번지는 歡樂환락을 가리킬 수는 없다고 봐야 하겠다. 남녀의 결합 이전에 이 말의 원래 뜻은 무슨 행위를 해서 당초의 의도대로 마땅히 무엇인가를 거둬 기쁨에 이르는 일이겠다. 예를 들어 술을 마시면 제대로 마셔 술을 마시려 했던 의도를 달성하고, 학업에 매진했으면 그 노력대로 좋은 결과에 이르는 일 등이다.

그래서 成歡성환이라는 지명은 이곳에 들어섰던 찰방에서 유래하지 않았을까 추정할 뿐이다. 지역 일대의 역참을 모두 관리하는 곳이라면, 이곳은 일대의 다른 역참이 들어섰던 곳보다 사람의 왕래와 물자의 교류가 훨씬 풍부했던 곳이라고 볼 수 있다. 이를테면 퍽 번성했던 장터 등을 떠올릴 수 있겠다. 그런 곳에서 서로 거래를 하고, 그를 성사시켜 만족과 기쁨을 이루는 곳이라는 뜻으로서 成歡이라는 지명이 생기지 않았을까 하는 추정 말이다.

요즘도 이곳은 경기도 남부에서 충남 아산지역으로 나아가는 중요한 통로이며 대한민국의 큰 동맥인 철도 경부선에 놓여 있기도 하다. 농산물도 풍부하고, 교통의 요지에 있는 까닭에 예나 지금이나 풍부한 물산을 바탕으로 이를 서로 거래하는 사람들의 왕래와 교류가 잦았다. 그러니 成歡성환이라는 이름의 유래는 옛 이곳의 역참, 나아가 그로부터 생기는 사람들의 만남과 거래 등의 항목에서 더듬어 볼 수 있겠다.

成歡성환의 歡환이라는 글자는 우리 모두 좋아할 수밖에 없다. 즐거움, 기쁨 등의 뜻을 모두 담고 있는 글자이기 때문이다. 비슷한 글자가 기쁘다는 뜻의 憘희, 즐겁다는 새김의 樂락이다. 때로는 懽환이나 驩환이라는 글자와 통용하기도 한다. 이 두 글자 모두는 대표적 새김이 '기뻐하다'라고 한다.

歡환이라는 글자로 구성하는 단어는 제법 많다. 우선 歡喜환희다. 노력을 기울여 성과를 맛봤을 때, 아니면 그저 다가온 즐거움 등을 다 가리키는 단어다. 우리가 잘 아는 말이다. 기쁜 마음으로 맞이하는 일이 歡迎환영이다. 조금은 때로 부정적으로도 쓰지만, 歡樂환락은 원래 기쁨과 즐거움을 가리키는 말이다. 기쁜 마음으로 상대를 대하는 일이 歡待환대다.

기뻐서 소리를 지르면 歡呼환호다. 그렇게 기쁨에 겨워 참새들이 뛰는 것처럼 뛰어오르며 소리 지르면 歡呼雀躍환호작약이다. 合歡합환과 交歡교환이라는 단어도 있다. 앞의 合歡은 서로 함께 기쁨을 누리는 일, 뒤의 交歡도 서로 기쁨을 나누는 일의 뜻이다. 원래는 그렇지만, 이 둘은 역시 남녀의 sex라는 의미도 얻었다. 그래서 함부로 쓰기가 곤란한 단어다.

기쁨이 있으면 늘 그 반대인 슬픔도 찾아오는 법. 우리는 그를 悲歡비환과 哀歡애환으로 적는다. 둘을 동렬에 놓음으로써 서로 정반대인 두 감정이 갈마들 수도 있음을 가리킨다. 여기에 다시 헤어짐과 만남의 뜻인 離合이합을 갖다 붙이면 悲歡離合비환리합이다.

이 세상 살다보면 다 알아차린다. 기쁨과 슬픔은 늘 갈마든다는 점이다. 사람의 삶은 그런 비환과 애환의 맞물림, 그리고 순환이다. 그럼에도 우리는 열심히 이 삶을 긍정하며 꿋꿋하게 버틸 수밖에 없다. 그래야 기쁨을 이루는 진정한 成歡성환에 다다를 수 있지 않을까. 기쁨을 온전히 이루는 成歡은 바람 잘 날 없는 이 삶의 터전에서 얼마나 어려운 일인가.

# 직산 피 稷, 뫼 山

고려에 이르러 현재의 이름이 등장하는 것으로 나온다. 조선에 들어서는 稷山縣직산현의 행정을 아우르는 邑治읍치가 있다가, 정식으로 지금의 지명으로 자리 잡은 때는 1916년 일제강점기였다고 한다. 그전의 고구려 때에는 蛇山사산, 신라 때에는 白城백성 등의 지명도 얻었다는 설명이다.

이 이름의 유래 또한 명확하지 않다. 백제 때 이곳 인근에 있던 慰禮城위례성의 社稷사직 터와 관계가 있지 않겠느냐는 추정도 있고, 이곳 일대에 곡물의 일종인 피가 잘 자라 그를 가리키는 한자 稷직이라는 이름이 붙었을지 모른다는 설도 있다.

한자의 자취를 좇는 우리의 관심은 우선 稷직이다. 이 글자는 우선 앞에서 이야기한 '피'를 가리킨다. 볏과의 한해살이 풀이다. 곡식으로도 쓰고, 가축의 사료로도 쓴다. 아울러 기장이라는 식물도 가리킨다. 피와 기장의 차이가 불분명하지만, 어쨌든 기장은 우리가 五穀오곡이라 부르는 볏과 식물이다. 수수와 팥, 쌀과 조를 기장과 함께 넣고 만드는 밥이 오곡밥이다. 지금 우리의 주식 리스트에 넣을 수는 없지만, 동양의 북부지역 사람들이 한때 즐겨 먹었던 식물이다.

특히 중국의 경우가 그런데, 남부 지역의 중국은 전통적인 '中原중원'으로 볼 수 없었다. 지금의 長江장강 이남의 광활한 지역이 모두 그랬다. 이곳의 주식은 고래로부터 쌀인 米穀미곡이었다. 지금으로부터 최소 3000년 전에는 그랬다. 그 당시를 기준으로 두고 볼 때, 黃河황하가 중심을 이루는 중원 지역 일대 사람들의 주식은 기장과 수수 등이었다.

따라서 이 점을 두고 볼 때는 지역적으로 주식을 달리 하는, 전혀 다른 사람들이 중국 남부와 북부에 따로 살았다는 이야기가 가능해진다. 중국은 그 이후에 황하 문명이 주류를 이뤄 중국 전역을 정치적 공동체로 통일하는 작업에 나선다. 그들은 기장과 수수를 주식으로 먹고 살던 사람들이다. 따라서 기장과 수수를 먹던 사람들이 남부의 쌀을 먹고 살던 사람들을 정치적으로 통합했다는 이야기가 가능해진다.

그런 북부 중국의 사람들에게는 그래서 이 稷직이라는 식물, 또는 그로써 상징할 수 있는 농작물들이 생명의 근간을 이뤘다. 고대 중국에서 이 글자가 차지하는 位相위상이 매우 높았던 이유다. 그 대표적인 경우가 바로 后稷후직이라는 인물, 또는 官職관직 이름이다.

后稷후직이라는 인물은 현재 중국 문명의 토대를 이룬 周주나라BC 1046~BC 256년의 始祖시조로 알려져 있다. 중국에서 춘추시대가 펼쳐지기 전의 전설 시대에 해당하는 堯요와 舜순 임금 때의 인물로 전해진다. 그는 농사를 주관했고, 실제 그런 공덕 때문에 농사의 神신으로 떠받

들어지며, 나중에는 周나라 왕실에서 농사를 관장하는 관직의 이름으로도 자리를 잡았다.

앞에서 잠시 언급했던 社稷사직도 마찬가지다. 동양의 고대국가 체제의 틀을 일컫는 단어다. 여기서 社사는 토지의 신, 稷직은 농업의 신을 각각 일컫는다. 국토와 농업, 즉 국가나 왕조를 구성하는 근간에 해당한다고 본 것이다. 그래서 이 둘을 왕궁의 옆에 모셔두고 성대한 祭禮제례를 올렸다고 한다.

서울을 예로 들어보면, 경복궁 서편에 이 社稷사직이 있다. 이제는 그를 공원으로 호칭하지만, 예전에는 壇단으로도 불렀다. 조선이 동양의 고대 예제에 충실했던 점을 감안하면, 이곳에서는 연례행사로 성대한 왕조의 제례가 올려졌던 곳이라고 볼 수 있다.

하나 덧붙일 게 있다. 稷下직하라는 이름이다. 이는 전국시대BC 443~BC 221년 齊제나라의 도성에 있던 門문의 이름이다. 이곳에 들어선 최고 교육기관이 있었는데, 그 이름이 바로 稷下學宮직하학궁이다. 이로부터 배출된 수많은 학자가 다 이름이 난 사람들이다. 그중에서 性惡說성악설을 주창했던 荀子순자가 유명하다.

그로부터 길러진 사상가들이 중국 전통사상인 法家법가의 學脈학맥을 이룬다. 韓非子한비자와, 진시황을 도와 중국 전역을 통일한 李斯이사가 대표적인 제자다. 중국 북부 지역 사람들의 주식이었던 기장, 그 한자인 稷직의 쓰임새가 이렇게 이어진다. 그들은 결국 중국 전역을 통일의 판도에 앉히는 사업에 성공했다.

우리의 稷山직산이 꼭 중국의 그런 경우와 같지는 않을 테다. 그러나 한국의 稷山도 농업이 꽤 발달했던 곳으로 나온다. 그런 농업의 풍성함이 중국의 예를 참고로 삼아 한국의 한 지명으로 자리를 잡게 했다고 볼 수 있다. 중국에도 지금 그 稷山의 지명이 남아 있으니, 바로 앞에서 소개한 后稷후직의 고향이라고 한다.

　　한자를 파고 들어가다 보면 이렇게 중국의 경우와 이어진다. 그러나 우리는 먼저 생긴 그 한자의 유래와 역사를 거울로 삼아 우리의 속내를 키울 뿐, 그와 같아질 수는 없는 일이다. 社稷사직은 옛 국가의 근간이다. 그를 설정함으로써 통일적인 지향을 갖췄고, 그로써 사람들을 설득해 통치의 토대로 삼았다. 예나 지금이나 그런 근간은 다 중요하다. 우리는 지금 스스로의 근간을 제대로 설정해 그를 잘 發揚발양하고 있는 것일까. 피와 기장, 나아가 농업이 발달했던 稷山직산이 슬쩍 던지는 화두다.

# 두정 말斗, 우물井

천안의 洞동 이름이자 전철 1호선이 지나는 역의 이름이다. 원래는 천안군 北二面북이면이었다가 上斗井상두정 등 일부 면을 합쳐서 斗井里두정리로 자리 잡은 뒤 나중에 천안이 시로 승격하면서 지금의 洞 이름으로 정착했다.

斗井두정이라는 이름은 한반도 몇 군데에서 등장한다. 서울 왕십리 인근에도 있고, 경기도 광주 근처에도 있다. 공통적으로는 이 지역들에 네모반듯한 말(斗) 모양의 우물이 있어, '말우물'이라는 순우리말 지명으로 있다가 결국 한자 이름으로 바뀌었다는 설명이다.

'말'과 '되'는 물건의 부피를 재는 단위다. 한자로는 斗升두승이라고 적었다. 많이 들어가는 말이 斗두, 그보다 적게 들어가는 되가 升승이다. 혹은 앞에 적은 말우물의 예처럼 물건 등을 담는 그릇, 또는 容器용기 등을 설명할 때도 등장한다. 특히 斗는 하늘의 별자리에서 유독 우리의 눈길을 끄는 北斗七星북두칠성의 경우처럼, 일곱 개로 이뤄진 그 별자리가 물을 뜨는 국자의 모양을 닮았다고 해서 붙은 이름이다. 그 국자 모양을 斗라는 글자로 형용했던 셈이다.

度量衡도량형은 길이를 재는 度도, 부피를 재는 量량, 무게를 다는

衡형의 합성이다. 즉 사물의 기준을 일컫는다. 말과 되는 모두 중간의 量에 속하는데, 일반적인 쓰임에서의 말 斗두는 제법 많은 양을 가리킨다. 우선 우리가 자주 쓰는 말이 '말술'이다. 한자로 적으면 斗酒두주다. 한 말의 술을 들이켤 수 있다는 얘긴데, 꼭 한 말의 술만 가리키는 게 아니라 '많은 술'을 뜻하기도 한다.

斗酒不辭두주불사라는 말도 그렇다. 말(斗) 술(酒)을 사양하지(辭) 않는다(不)의 엮음이다. 이 말 믿고 술 많이 마시지 말자. 예전의 술은 대개가 알코올 도수가 낮은 濁酒탁주가 기본이다. 따라서 요즘 식으로 이르자면 막걸리다. 말술을 들이켜는 일은 막걸리여서 가능했다. 지금처럼 도수 높은 위스키나 고량주, 나아가 소주 등을 말로 들이켜면 사람의 肝간이 배겨낼 리 없으니 그리 알고 조심하자.

八斗才팔두재라는 단어도 있다. 曹操조조의 아들 曹植조식은 문학적인 재능이 워낙 탁월했던 인물로 알려져 있다. 당시의 또 다른 시인 謝靈運사령운이 그런 曹植의 文才문재를 예찬하면서 "세상에는 모두 한 섬(一石)의 재주가 있는데, 曹植이 그중 여덟 말의 재주를 차지했고, 천하의 다른 이들은 한 말의 재주를 나눴다"고 했다.

팔두재, 혹은 八斗之才팔두지재라는 성어는 예서 나왔다. 아주 풍부하게 재주를 지닌 사람의 지칭이다. 五斗米오두미라는 말도 있다. 중국 초기 道敎도교의 중요한 유파의 이름이지만, '歸去來辭귀거래사'로 유명한 시인 陶淵明도연명이 "다섯 말 들이 쌀에 허리를 굽히지 않는다"고 했던 발언으로 이름을 얻었다.

따라서 쌀 다섯 말, 五斗米오두미는 낮은 계급의 관리가 받는 俸祿봉록을 일컫는다. 아울러 세속의 작은 가치, 보잘것없는 이름이나 명예 등도 가리킨다. 이는 또 '不爲五斗米折腰불위오두미절요'라는 성어로도 남았다. 다섯 말 쌀(五斗米)을 위해(爲) 허리(腰)를 굽히지(折) 않는다(不)의 엮음이다. 돈이나 명예에 연연하지 않는 맑고 깨끗한 정신의 소유자 등을 가리키는 말이다.

겁이 없는 사람을 '담이 크다'라고도 한다. 그런 경우를 일컫는 한자 단어는 斗膽두담이다. 담이 한 말 정도의 크기 또는 부피에 이른다는 얘기다. 그렇게 大膽대담함도 갖춰야 하고, 아울러 그와 함께 재주도 따라야 큰일을 이룰 수 있다. 그렇게 큰 재능으로 대단한 업적을 쌓은 사람을 우리는 泰山北斗태산북두라고 한다. 크기가 대단한 태산과 별자리의 왕 북두처럼 휘황찬란한 덕망과 실력을 함께 선보인 사람이다. 그런 사람 많은 사회가 좋은 사회다. 우리 사회는 어떨까.

# 천안 <sub></sub> 하늘 天, 편안 安

서울 등을 거쳐 충청도와 전라도, 경상도의 이른바 三南삼남을 향하는 요충에 있는 유명한 도시다. 특히 '천안 삼거리'는 그 요충의 길목으로 이 이름이 많이 쓰였다. 입장천과 성환천이 안성천에 합류하는 유역에는 풍세들과 기미들, 새교들, 마루들 등의 평야가 발달했다. 이곳에서 오래전부터 만들어 유명해진 호두과자를 모르는 사람은 별로 없다.

한자 이름 天安천안의 유래는 고려 왕건과 관련이 있다고 한다. 왕건이 고려를 건국하기 전 이곳에 들렀을 때 풍수와 占卜점복을 업으로 하는 術士술사 등이 "이곳에 수도를 세우면 천하(天)가 평안(安)해진다"라고 했다는 데서 유래했다는 것이다. 그에 따라 고려 이전에는 다양한 이름을 얻었던 이곳이 비로소 지금의 명칭으로 정착했다.

그러나 이 天安천안의 이름에는 하늘을 가리키는 天천이 들어 있어서 문제였다. 여기서는 이 글자를 집중적으로 좇아가 보자. 중국을 중심으로 과거 동북아시아의 정치적 역학 구도를 그릴 때는 중국이 세계의 중심이었다. 중국에 통일 왕조가 등장했을 때는 특히 그랬다.

중국은 스스로를 세계의 중심, 하늘의 뜻을 계승한 나라로 봤다.

따라서 그런 중국 통일 왕조의 최고 권력자인 황제는 자신을 하늘의 아들이라는 뜻의 '天子천자'로 불렀다. 따라서 이름이나 호칭에서 하늘을 뜻하는 天천은 중국의 황제가 아니고서는 함부로 쓸 수 없는 글자이기도 했다.

고구려를 비롯해 한반도의 삼국시대는 중국의 정치적 영향력이 상대적으로 약하게 닿았던 시절이었다. 고구려는 그중에서도 중원의 권력과 밀고 당기는 힘을 지녔으며, 때로는 강력한 무력으로 중원의 왕조를 직접 위협하기도 했다. 그런 고구려의 국호를 계승한 흔적이 있는 고려는 건국의 주역인 태조 왕건 때 중국으로부터 매우 자주적이었다.

왕건이 이곳에 天安천안이라는 이름을 붙였던 이유는 그런 분위기를 반영한 결과였을지도 모르겠다. 그러나 이 이름은 고려 6대 임금인 成宗성종에 이르러 없어진다. 그는 고려 초의 개혁적인 군주다. 그러나 중국의 학문에 조예가 깊었고, 아울러 고려 사회를 중국 식의 유교적 사회로 개편하려는 의지를 강하게 선보였다.

나름대로의 합리적 선택이었을 것이다. 특정한 정치적 이념이 존재치 않아 혼란스러웠던 고려 왕실의 통치기반에 유교식 질서를 끌어들임으로써 그를 확고하게 다지려 했으니 말이다. 그래서 성종 때 天安천안의 이름은 歡州환주(경우에 따라서는 懽州환주)라는 명칭으로 바뀌었다. 그러다가 다시 곧 원래의 이름으로 돌아왔으며, 간혹 다른 이름으로 바뀌다가 조선 태종 연간에 들어오면서 줄곧 이 명칭으로 불렸다.

고려 성종 때 없어졌던 이름이 다시 살아난 점은 아주 큰 다행이다. 그때 왜 天安천안의 이름을 없앴는지 그 이유를 정확하게 알 수는 없다. 성종의 유교적 마인드가 강해서 그렇게 했을 가능성도 있다. 그러나 추측일 뿐이다. 중국에도 하늘이 있듯이, 한반도에도 그 하늘이 분명히 존재하니 스스로의 얼을 살리며 현실의 정치적 틀을 벗어났으니 다행스러울 뿐이다.

하늘 천(天)은 과거의 한문 사회에서 글자를 읽혔던 『千字文천자문』의 첫 글자다. "하늘 천, 따 지(地), 검을 현(玄), 누르 황(黃)"이라는 대목을 상기하면 좋다. 그러나 天천에 대한 설명은 구구할 필요가 없을 듯하다. 이 글자가 등장하는 단어의 조합은 아주 무수하게 많다.

하늘 밑의 세상이 곧 天下천하다. 중국의 전통 왕조가 내세웠던 'world'의 관념이다. 하늘과 땅을 일컫는 단어가 天地천지, 하늘과 사람 또는 하늘의 사람을 가리키면 天人천인이다. 하늘의 기상 조건 등이 만들어내는 재난을 天災천재, 하늘이 낸 재주를 지닌 사람이 天才천재, 하늘이 부여하는 모종의 재주 또는 권리 등이 天賦천부다.

하늘의 끝, 아주 멀고 먼 지역을 일컫는 단어가 天涯천애, 기독교에서 얘기하는 하늘 위의 세상이 天堂천당, 그곳의 심부름꾼이 天使천사다. 하늘이 가리키는 길 또는 그 의지가 天道천도, 하늘과 우주가 내뿜는 여러 모습을 天文천문이라고 적는다. 타고 태어난 것을 先天선천, 세상에 나온 뒤에 얻은 것은 後天후천으로 표기한다.

때로는 날씨 등을 가리키기도 한다. 더운 날씨를 炎天염천으로 적고, 비가 오는 날씨를 雨天우천으로 적는 경우다. 冷天냉천이라고 하면 당연히 차가운 날씨다. 天時천시는 '하늘의 때'라고 풀 수도 있으나 하늘이 내는 운때, 이를테면 기상 조건 등으로 인해 생기는 상황을 가리킨다. 지형 등이 유리한 地利지리, 사람들의 결속을 일컫는 人和인화와 함께 전쟁의 승패를 가르는 중요한 조건의 하나다.

이 天천이 등장하는 성어 역시 많은 편이다. 天下第一천하제일은 결국 '세계 최고'다. 天下無敵천하무적은 곧 '월드 챔피언'이다. 天衣無縫천의무봉은 하늘(天)의 옷(衣)은 바느질(縫)이 없다(無)의 엮음이다. 결점이 하나도 없는 최고의 경지를 일컫는다. 坐井觀天좌정관천은 우물(井)에 앉아(坐) 하늘(天)을 바라보는(觀) 구성인데, 좁은 시야로 세상을 보는 사람을 가리킨다.

天眞爛漫천진난만이 다소 해석에 힘을 들여야 하는 성어다. 뜻은 다 안다. '순수하며 때가 끼지 않았다'는 純眞無垢순진무구와 비슷한 뜻이다. 天眞천진은 하늘에서 내 준 대로의 그 상황, 純眞순진과 같은 뜻이다. 뒤의 爛漫난만이 문제다. 빛나다, 혹은 이지러지다의 爛난에다가 흩어지다, 여기저기 널려 있다는 뜻의 漫만이 합쳐졌다.

爛漫난만을 사전에서 보면 '꽃이 활짝 피어 화려함' '광채가 뚜렷하고 선명함' '충분히 의견을 주고받음'의 뜻으로 나와 있다. 그러나 한자 세계에서의 쓰임은 이보다 훨씬 많다. 위의 의미 외에 '호탕하다' '이리저리 흩어져 있다'에 심지어 '방탕하다' '음란하다'의 뜻도 있다. 그중의 하나가 '있는 그대로' '순진하다'의 뜻이다. 복잡해도 天眞爛漫천진난만의 성어에서는 그저 '때 묻지 않은 순수함'으로만 기억하는 게 좋겠다.

天眞천진해서 爛漫난만함만으로 살아갈 수 있는 세상이면 좋으나, 삶이 어디 그리 호락호락할까. 각박하고 이런저런 風波풍파가 많은 게 세상살이다. 그럼에도 하늘로 열리는 마음의 문은 결코 닫지 않아야 좋다. 사람들이 그 하나만이라도 간직하고 삶을 살아간다면 세상은 생각보다 훌륭할 수 있다.

17세기에 나온 존 버니언의 寓意우의 소설 『The Pilgrim's Progress』는 『天路歷程천로역정』이라는 제목을 달고 나왔다. 종교와는 상관없이 한 번 그 소설과 제목을 음미해 볼 필요가 있다. 하늘로 열린 길에는 '낙담의 늪' '죽음의 계곡' '허영의 늪'이 있고, 수많은 장애와 고난이 도사린다. 그럼에도 가장 바람직한 곳에 당도하려는 사람의 의지는 꺾을 수 없다. 우리는 그런 天路천로의 어느 歷程역정을 거치고 있는 걸까. 天安천안이 어느덧 뒤로 흐른다.

# 봉명 봉새鳳, 울鳴

천안의 동남쪽 시가지에 있는 지역, 그리고 아울러 역명이다. 현재의
이름은 일제강점기 초반인 1914년 행정구역 개편 때 처음 등장했다
는 설명이 있다. 주변에 봉황새가 살고 있다는 뜻의 鳳棲山봉서산에서
이름을 취한 것으로 보인다.

鳳鳴봉명이라는 한자 이름의 앞 글자 鳳봉은 위에서 소개한 대로
鳳凰봉황을 일컫는다. 둘 다 신화와 전설 등에 등장하는 새다. 실재하
지는 않으니 그 진짜 모습을 보려고 노력하지 않아도 된다. 상상 속
의 그 새 모습을 확인하려면 우선 대한민국 대통령이 있는 청와대를
보면 좋다. 대통령을 상징하는 鳳凰의 모습이 항상 벽면에 걸려 있
기 때문이다.

그런 鳳凰봉황은 모든 날짐승의 으뜸이다. 가장 고귀하며, 따라서
상서로움을 상징하는 새다. 鳳봉은 수컷, 凰황은 암컷이며 보통은 둘
이 짝을 이룬다. 영어로는 대개 不死鳥불사조인 피닉스phoenix로 번역을
한다. 고귀함, 상서로움, 나아가 聖人성인을 상징하기도 한다. 또 인간
세상의 가장 높은 권력자인 황제와 임금 등을 의미한다.

중국 삼국시대 蜀漢촉한의 劉備유비 밑에서 크게 활약했던 인물이

龐統방통이다. 諸葛亮제갈량과 함께 劉備를 크게 도왔던 사람이다. 그를 흔히 鳳雛봉추라고 부른다. 봉황의 새끼라는 뜻이다. 앞으로 크게 성장할 인물을 가리키는 단어다.

최고의 권력자를 상징하는 또 다른 한자가 龍용이다. 따라서 이 용과 봉황이 합쳐지면 龍鳳용봉이다. 중국에서는 흔히 성어 형태로 나타난다. 龍과 봉황이 상서로움을 드러낸다는 뜻의 龍鳳呈祥용봉정상이다. 우리의 쓰임새는 거의 없으나 중국에서는 기쁜 일을 맞이했을 때 자주 쓴다.

그러나 우리 쓰임의 龍鳳용봉은 조금 우습다. 어른들이 자주 먹는 '용봉탕'이라는 음식 때문이다. 한자로 龍鳳湯용봉탕이라고 적는데, 실재하지 않는 龍鳳을 어떻게 탕으로 끓일까. 실제 모습은 뱀과 닭으로 끓인 탕이다. 뱀으로는 용, 닭으로는 봉황을 연출한 음식이다. 뱀과 닭으로 龍鳳을 꾸몄으니 그 이름의 인플레이션이 아주 대단하고 대담하다.

鳳藻봉조라는 단어도 있다. 여기서 藻조는 우선 바다나 강 등 물가에서 자라는 水草수초를 가리키지만, 후에 문장 등을 꾸미는 장식이라는 뜻으로 발전했다. 따라서 봉황을 닮은 문장 修飾수식이다. 즉 무척이나 화려한 문장 등을 일컬을 때 쓰는 단어다.

봉의 깃털은 어떨까. 이 단어가 鳳毛봉모다. 아주 고귀한 새의 깃털이니 비싸기나 귀하기 그지없을 것이다. 봉황이나 용처럼 상서로운 동물이 麒麟기린이다. 그 麒麟이 남긴 뿔도 대단하겠다. 그래서 이 둘은 곧잘 합쳐진다. 鳳毛麟角봉모린각으로 말이다. '아주 비싸고 귀한 것'을 가리키는 성어다.

鳳鳴봉명의 역명을 연상토록 하는 성어가 梧鳳之鳴오봉지명이다. 梧오는 오동나무다. 오류역을 지날 때 설명할 예정이다. 과거 동양의 농촌에서 꼭 키웠던 목재로서 말이다. 이 나무는 우선 물산의 풍족함을 뜻한다. 뒤의 鳳之鳴봉지명은 전란과 재난이 없는 태평성세의 상서로운 봉황의 울음소리를 가리킨다. 물산이 넉넉하고 안정적인 시절을 가리키는 성어다.

그나저나 우리의 봉황새 인식도 마냥 좋다. 이 봉황 한 마리 손에 넣으면 아주 좋단다. 그래서 "봉(鳳) 잡다"라는 말이 나왔다고 하는데, 고귀함과 상서로움을 뜻하는 봉황새를 꼭 손에 넣어야 좋을까. 말이 그렇다는 것뿐이겠지…. 행운과 복이 가끔이라도 고단한 삶 자리에 찾아주면 좋겠다는 간절한 바람에서 나온 말이겠지….

# 쌍용 두 雙, 용 龍

천안에서 인구가 많이 몰려 있는 지역이다. 일제강점기 초인 1914년 彌羅미라, 雙井쌍정, 龍巖용암의 세 마을을 합치면서 雙井과 龍巖의 마을 이름 앞 글자를 따서 붙인 이름이라는 설명이다. 雙龍쌍용은 사실 발음 표기 원칙에 따라 적으면 '쌍룡'이 맞다. 그러나 원래 합쳐지기 전의 두 마을 이름을 살리기 위해 이를 '쌍용'으로 정한 것으로 보인다.

이 역에서 우리가 관심을 기울일 한자 '雙쌍'은 두 개체가 짝을 이룬 상태를 가리킨다. 따라서 無雙무쌍이라는 말은 '짝을 이룰 수 없는 것' '독보적인 것'을 가리킨다. 그래서 우리식으로 발전한 게 勇敢無雙용감무쌍, 天下無雙천하무쌍 등이다. 용감하기 짝이 없는 게 앞의 뜻, 세계에서 최고라는 게 뒤의 뜻이다.

결혼과 회갑, 돌잔치 등을 맞을 때 예전에 벽면을 자주 상식했던 글자가 있다. 囍희라는 글자다. 요즘도 조선 궁궐의 가로등에서 이 글자를 잘 볼 수 있다. 이 글자는 기쁘다는 뜻의 喜희라는 글자가 두 개 겹쳤다. 그래서 雙喜쌍희다. '거듭 그런 기쁨이 문에 이른다'는 뜻의 성어가 雙喜臨門쌍희림문이다. 중국인들이 자주 쓰는 성어다.

雙童쌍동은 한 태에서 둘이 함께 나온 아이다. 즉 쌍둥이다. 雙關

쌍관은 漢詩한시를 지을 때 서로 상대적인 사물이나 현상을 아래 위의 구절에 서로 조응토록 하면서 짓는 문장 작성 방식이다. 雙關法쌍관법이라고도 부른다. 雙全쌍전이라는 말은 두 가지를 다 갖춘다는 뜻이다. 文武雙全문무쌍전은 문인과 무인의 기질을 고루 갖춘 사람을 이를 때 쓰는 성어다. 지혜와 용기를 모두 갖췄으면 智勇雙全지용쌍전, 재주와 용모를 두루 지녔으면 才貌雙全재모쌍전이다.

雙眸쌍모는 두 눈동자(眸)를 뜻한다. 이와 비슷하게 적지만 다른 뜻을 지닌 단어가 있다. 雙瞳쌍동 또는 重瞳중동이다. 雙쌍과 重중은 여기서 '둘' 또는 '겹침'이다. 뒤에 붙은 글자 瞳동은 眸모와 같은 '눈동자'의 뜻이다. 雙瞳과 重瞳은 따라서 눈동자가 두 개 겹쳐 있는 사람의 모습을 가리킨다.

일종의 畸形기형인데, 현대 의학의 진단으로는 백내장 등으로 인한 病症병증이라는 설명이다. 중국의 역사서에는 이 雙瞳쌍동과 重瞳중동을 지닌 인물이 곧잘 등장한다. 전설시대에 해당하기는 하지만 舜순이라는 임금이 양쪽 눈동자가 모두 겹쳤고, 劉邦유방과 천하의 패권을 두고 다투다가 패한 楚覇王초패왕 項羽항우가 그랬다고 한다.

이들 말고 孔子공자가 가장 아끼고 사랑했던 제자 顔回안회, 西漢서한을 무너뜨리고 新신나라를 세운 王莽왕망, 後唐후당이라는 왕조를 패망으로 이끌었으나 역대 왕조의 권력자 출신 중 최고의 문학적 능력을 선보였던 李煜이욱, 명나라 말에서 청나라 초반까지 활동했던 유명한 학자이자 사상가인 顧炎武고염무 등도 모두 겹눈동자를 지닌 인물이었다는 기록이 전해진다.

이에 따라 평범하지 않은 재주를 지닌 사람에게서 겹눈동자가 나타난다는 설이 존재했으나, 이들보다 훨씬 뛰어난 능력을 선보였던 역사 속 인물이 정상적인 눈동자로 태어나 활동했다는 점만을 이야기하고 그냥 무시하자.

雙쌍에 관해서 덧붙일 성어는 雙管齊下쌍관제하다. 여기서 雙管쌍관은 붓 두 자루를 가리킨다. 齊下제하는 '동시(齊)에 내리다(下)'는 뜻이다. 唐당나라 때 유명한 화가 張璪장찬이 소나무를 그릴 때 왼손과 오른손으로 붓자루 둘을 잡은 뒤 한쪽은 새로 솟아나는 가지, 다른 한쪽은 마른 나무 가지를 동시에 그렸다는 데서 나온 말이다.

한꺼번에 여럿을 해결할 수 있는 재주가 있다는 뜻이다. 중국에서는 謀略모략을 가리키는 용어로도 쓰이는데, 한 군데에만 몰두하지 않고 다양한 목표를 동시에 겨눈다는 의미를 지닌다. 그럴 능력만 있으면 이는 얼마든지 좋은 얘기다. 그러나 그렇지 못할 때에는 꾸준하게 한 곳에 매진하는 게 좋다. 이리저리 한눈 팔지 말고 꿋꿋하게 먼 길을 걸어야 하는 게 인생길 아닐까.

# 아산 어금니 牙, 뫼 山

忠武公충무공 이순신 장군의 고향이라서 유명하고, 그를 기리는 顯忠祠현충사가 있어 외지인들의 발길도 잦은 곳이다. 원래의 이름에 관한 기록은 여러 가지가 있다. 백제 시기에는 湯井탕정, 牙述아술이 있었다. 고려와 조선에 이르면서는 溫水온수와 溫陽온양이라는 이름이 돋보이면서 牙山아산도 등장한다. 그런 점에서 볼 때 牙山이라는 곳은 옆 동네인 溫陽과 일찌감치 한데 어울리면서 지역 일대의 통칭으로 쓰였던 듯하다.

1914년 아산과 온양, 신창이 아산군으로 합쳐졌다가 1995년 아산군과 온양시가 아산시로 다시 합쳐져 지금의 행정구역으로 자리를 잡았다고 한다. 온양은 다음다음의 역이니 그때 가서 다시 설명키로 하고 우리는 우선 아산에 주목하자.

지명 유래에 관한 사전을 보면 이곳 아산에는 어금니처럼 생긴 바위가 있어 어금니를 가리키는 한자 牙아가 붙었다고 했다. 그 어금니바위는 애기 업은 바위의 형상, 혹은 부처님을 닮은 바위 등으로 보였는데, 결국 그런 바위 덕분에 그곳에다 山산이라는 글자를 덧붙여 지금의 지명에 이르지 않았느냐는 설명이다. 여기서는 우선 牙에 주목하자.

한자에서 이 牙아는 어금니를 가리킨다. 구로역에서 설명한 내용이다. 보통 사람의 이빨을 齒牙치아라고 하는데, 둘을 구분하자면 앞의 齒치는 어금니 등 물건을 씹는 이른바 '咀嚼저작'의 용도를 지닌 이빨 외의 것들이다. 말하자면 앞니와 송곳니 등 물건을 씹는 게 아니라 물어 끊는 용도의 이빨을 가리킨다. 지금은 이 모두를 혼용하고 있는 형편이지만 원래 뜻은 다르다.

이 글자가 들어가 있는 단어 가운데 우리가 가장 많이 사용하는 것이 象牙상아다. 코끼리의 앞으로 삐쭉 튀어나온 그 象牙를 모르는 사람은 없을 테다. 따라서 牙아라는 글자의 새김이 뚜렷해지지만 이 글자는 다소 다른 방향으로 발전한다. 우선 옛 중국에서는 牙門아문이라는 단어가 자주 쓰였다.

설명에 따르면 옛 병영에 장수가 거주하는 곳 앞에 象牙상아로 장식한 깃발을 걸었다고 하는데, 그 깃발이 내걸린 문을 牙門아문이라고 적었다는 것이다. 이는 나중에 관리가 거주하는 곳의 문을 일컫는 衙門아문으로 발전한다. 따라서 牙門과 衙門은 통용하는 단어다.

관공서가 있는 곳을 官衙관아라고 적는데, 이 역시 官牙관아라고 적기도 한다. 관아의 문에 걸린 기를 牙旗아기라고 적고, 그 앞을 지키는 병사를 牙兵아병 또는 牙軍아군이라고 적는다. 이들은 이를테면 권력자를 측근에서 보호하는 親衛친위의 병력이다.

관공서에서 책임자가 거주하면서 공무를 보는 곳은 牙堂아당이다.

牙城아성이라는 말도 그와 관련이 있다. '~의 牙城을 지키다'는 식으로 자주 쓰는 단어 말이다. 牙城은 부대를 이끄는 장수가 거주하는 곳을 가리킨다. 전쟁을 이끄는 최고 지휘부가 있으니 이곳은 결코 내줄 수 없는 곳에 해당한다.

이 牙아에는 '서로 바꾸다'라는 의미의 '互호'라는 글자의 새김도 들어 있다. 牙人아인으로 적으면 시장에서 물건을 중개하는 거간꾼, 커미셔너의 뜻이다. 같은 뜻의 단어가 牙僧아쾌다. 거간꾼을 일컫는 僧쾌라는 글자를 직접 붙였다. 이들은 또 牙商아상, 牙行아행으로도 적었다.

牙慧아혜라는 말이 있다. 이빨(牙)에서 나온 지혜(慧)라고 풀이할 수 있는 단어다. '남의 입에서 흘러나온 지혜 또는 아이디어'는 결국 이미 남이 뱉은 말을 가리킨다. 그런 남의 말을 전문적으로 베끼거나 옮겨와 자신의 것으로 만드는 일을 즐기는 사람은 요즘의 '논문 표절' '아이디어 도용'의 행위자다.

이런 사람이 일찌감치 있었던 모양이다. 그를 일컫는 성어가 拾人牙慧습인아혜. 남(人)이 내놓은 말이나 문장(牙慧)을 줍다(拾) 식의 엮음이다. 牙音아음이라는 단어도 있다. 입술이나 혀를 통해 뱉는 말이 아닌, 어금니 쪽 목구멍 깊은 곳에서 나오는 목소리다. '말 속에 숨은 다른 말', 즉 言外연외의 메시지다.

아산은 한반도가 낳은 최고의 명장 이순신 장군의 고향이다. 그는 비록 서울 충무로 인근의 乾川건천 거리에서 출생했지만 그 조상이 대대로 뿌리를 내린 곳은 아산이다. 한반도는 결정적인 위기를 맞았을 때 이순신 장군 같은 구국의 명장이 등장한다. 평시엔 그런 출중한 인물이 제대로 나타나지 않는 이유는 무엇일까. 그것이 참 궁금할 뿐이다.

뭔가 곡절이 있을 법하다. 쉽게 편을 가른 채 마구 저지르고 보는 모진 싸움의 기질이 그런 인문적 풍경을 만들어내는 문화적 바탕일 수도 있다. 그러나 특정할 수도 없다. 평시에도 출중한 인재를 살펴 그를 등용하고 격려하는 그런 풍토를 만드는 일은 우리에게 불가능할까. 아산은 그런 메시지를 던지는 곳이다. 말 밖에 다른 뜻이 있는 言外之意연외지의, 음률 밖에 다른 여운이 남는 弦外之音현외지음이 감도는 곳 말이다.

# 배방 밀칠 排, 꽃다울 芳

湖西호서대학교가 자리를 잡고 있는 역이다. 기차역으로 만들어진 이래 줄곧 簡易驛간이역으로 한적한 기운을 뽐냈다가 전철 1호선과 다시 이어지면서 이제는 어엿한 역으로서 제 역할을 수행하고 있는 곳이다.

행정적인 변천사는 대개 이렇다. 원래는 온양군에 속해 있었다. 東上동상면이라는 이름이었다고 했다. 그러나 일제강점기인 1914년 인근 排芳山배방산의 이름을 따서 배방면으로 자리 잡은 뒤 아산군에 들었다.

해발 361m의 배방산은 일설에 따르면 백제 개로왕 때 지략으로 뛰어났던 成排성배와 成芳성방 남매의 이름 두 글자를 따서 지었다고 한다. 그러나 다른 옛 지도와 기록에는 이 산의 한자 이름이 같은 발음이되 글자를 달리 해서 나타나는 경우도 있어 고증이 더 필요한 편이다. 어쨌거나 이 산에는 둘레 1500m에 달하는 산성의 흔적이 남아 있으며, 고려 초에 왕건이 후백제를 견제하기 위해 쌓은 산성이라는 추정이 있다.

우선 한자 排芳배방을 들여다보자. 앞의 排배는 우선 '밀어내다'

'밀치다'의 새김이다. 排他배타는 남(他)을 밀어내는 행위다. 비슷한 단어가 排斥배척이다. 밀어내면서 타격까지 가한다면 排擊배격이다. 남을 밀어내 물리치는 일이다. 물리쳐 없애는 일이 排除배제, 바깥으로 밀어내는 일이 排出배출 또는 排泄배설이다. 오줌을 내보내는 일은 排尿배뇨다.

排水量배수량도 눈여겨볼 단어다. 사전적으로는 '물을 밀어내는 양'인데, 선박의 크기를 가늠하는 단위다. 물건을 실었을 때 그 배가 물을 밀어내는 양이라는 뜻이다. 排水管배수관은 물을 내보내는 파이프다. 가스나 연기 등을 밀어내면 排氣배기, 그런 파이프는 排氣管배기관이다.

이런 맥락에서 볼 때 volleyball을 排球배구로 번역한 점이 눈에 띈다. volley라는 뜻이 '땅에 닿기 전', 또는 '바닥에 떨어지기 전' 등의 뜻이니 排球배구라는 놀이는 상대편으로부터 그물을 넘어온 공이 그라운드 바닥에 닿기 전에 밀어 올려 그를 다시 되받아넘기면서 진행하는 게임이라는 의미겠다.

그런 뜻 외에 '隊列대열' 또는 '대열을 짓다' '늘어놓다'의 의미도 있다. 그와 관련해 살필 단어는 安排안배 또는 按排안배 등이다. 낱말이 가리키는 대상은 순서나 일정 등을 정하는 작업이다. 대열, 또는 순서의 의미로 排배라는 글자를 사용했다. 排列배열은 그런 대열을 죽 늘이놓는 일이다. 앞줄을 前排전배, 뒷줄을 後排후배로 적는다.

排芳배방이라는 역명의 다음 글자 芳방은 꽃이나 풀 등의 향기를 가리킨다. 아울러 그런 꽃이나 풀 등 花卉화훼를 일컫기도 한다. 더 나아가 아름다운 여인, 사람이 쌓은 德望덕망을 형용하는 뜻도 얻었다. 芳草방초라고 적으면 향기가 나는 꽃다운 풀이다. 芳香방향은 그런 좋은 풀에서 나는 향기다.

여인을 가리킬 때도 자주 등장한다. 芳名방명이라고 적으면 여인의 이름이다. 芳年방년은 여자의 나이다. "芳年 몇 세이신가?"라고 묻는 경우가 과거에는 흔했다. 芳齡방령도 같은 뜻이다. 芳容방용은 꽃다운 얼굴, 즉 여자의 모습을 형용하는 단어다. 芳心방심은 여인의 마음, 芳魄방백은 여인의 魂魄혼백을 가리켰다.

萬古流芳만고유방이라는 말이 있다. 직역하자면 '오랜 세월(萬古) 흐르는(流) 향기(芳)'다. 그러나 속뜻은 한 사람이 남긴 덕망이나 아름다운 업적이 길이길이 오래 남는 일을 가리킨다. 芳방을 사람의 덕이나 업적에 비유한 경우다. 萬世流芳만세유방, 流芳千古유방천고 등으로도 쓴다.

그러니 排芳배방이라는 역명은 보기에 우선 좋은 이름이다. 향기와 덕망, 아름다움(芳) 등을 뿜어내는(排) 뜻이라서 그렇다. 남에게 알듯 모를 듯 그런 향기를 전하는 사람이 있다. 은은하게 속 깊은 곳에서 번져 나오는 그런 향기를 지닌 사람이 많아야 좋다. 그런 사람이 도처에 있으면 芳香劑방향제 회사 수입은 줄어들겠으나, 우리가 사는 이곳의 분위기는 정말 좋아지겠지….

# 온양온천 따뜻할 溫, 볕 陽, 따뜻할 溫, 샘 泉

이곳은 우선 한반도에서 유서가 가장 깊은 온천이라고 해야 옳겠다. 앞서 소개한 아산의 명칭 유래에서도 언급했듯이, 이곳 온양 일대는 백제 때부터 그런 온천과 관련 있는 지명을 얻었다. 백제 때 이름이 바로 湯井탕정이다. 湯탕은 뜨거운 물을 가리킨다. 井정은 그런 물이 솟아나는 우물이다. 그때 우물을 만들었는지 모르겠으나 결국 물이 솟는 곳은 샘이 아닐 수 없다.

따라서 뜨겁거나 따뜻한 溫水온수가 솟는 泉샘이 있으니 그것이 바로 溫泉온천이다. 아울러 한겨울에도 따뜻함을 잃지 않는 그런 溫泉의 물로 늘 따사로운 환경을 유지하는 따뜻할 溫온에, 역시 햇볕 등으로 인해 따뜻해짐을 뜻하는 陽양이라는 글자가 합쳐져 지금의 溫陽온양으로 자리 잡았지 않았을까 추측할 수 있다.

이름과 관련해서는 湯井탕정과 溫陽온양, 溫井온정이라는 단어가 서로 겹치며 등장하다가 결국은 溫陽으로 합쳐졌으며, 다시 아산시와의 통합을 거쳐 지금은 그 시의 권역 속에 洞동으로 자리 잡았다. 이곳의 온천은 한반도에서 유서가 가장 깊은 곳이어서 꽤나 유명했다.

우선 한글을 창제한 위업의 조선 군주 世宗세종이 눈병인 眼疾안질을 치료하기 위해 이곳에 한동안 머물렀다는 기록이 있고, 그의 아들 世祖세조도 피부병인 종기를 치료하기 위해 이곳을 다녀갔다. 임금의 행렬이 자주 닿으면서 이곳이 과거에는 퍽 이름을 떨친 곳이었으리라는 추정을 할 수 있다.

나중에 溫水온수역에서 따뜻하다는 의미의 溫온이라는 글자를 풀기로 하고, 이번 溫陽온양에서는 뒤의 글자 陽양에 주목해 보도록 하자. 대표적인 새김은 '밝음'이다. 따라서 '어둠'을 지칭하는 한자 陰음과 늘 짝을 이루며 나타나기 십상이다. 아울러 태양을 지칭한다. 이경우 상대적인 뜻인 陰은 달을 가리킨다.

따뜻함을 나타내는 경우도 있다. 또 사물이나 상황 등에서 두드러져 튀어나온 것을 지칭하는데, 그 반대로 움푹 들어간 곳이나 파인 곳 등은 역시 陰음으로 표현한다. 또 사람이 살아가는 곳을 이르기도 한다. 地理지리의 개념으로는 '서울역' 편에서 이미 적었듯이 산의 남쪽, 강의 북쪽을 가리키기도 한다. 잘 알려진 한자가 대개 그렇듯이 陽양이라는 글자의 의미 또한 갈래가 많은 편이다.

그러나 우선은 밝음, 태양, 따뜻함, 두드러짐 등이 주를 이룬다. 陽地양지는 볕이 드는 밝은 곳, 그 반대는 그늘인 陰地음지다. 직접 陰陽음양이라고 적어 어둠과 밝음, 여성과 남성 등을 상징한다. 이 陰陽은 동양 사회가 오래전부터 숙성시킨 세계와 우주를 바라보는 관점의 하나다.

陽明양명이라고 적으면 밝음, 나아가 해를 가리킨다. 그 해는 직접

太陽태양이라고 적기도 한다. 陽光양광으로 적을 경우 햇빛을 지칭한다. 黃昏황혼 무렵에 서산으로 지는 해를 우리는 夕陽석양이라고 적는다. 이 夕陽은 지리적 개념에서 때로 산의 서쪽을 가리키며, 그 반대인 산의 동쪽은 朝陽조양이라고 적었다.

바깥으로 두드러지게 글자 등을 새긴 게 陽刻양각이고, 움푹 팬 형태로 새긴 것은 陰刻음각이라고 적는다. 앞의 陽刻은 陽文양문으로도 적을 수 있다. 뒤의 陰刻도 그에 따라 陰文음문으로 적는다. 불세출의 쿵후 스타 '브루스 리'처럼 강인한 남성미를 풍기는 사람에게는 '陽剛양강'의 아름다움이 있다고 하며, 그 반대인 부드러운 여성의 아름다움은 '陰柔음유'라는 단어로 적을 수 있다.

陽春양춘은 볕이 따뜻한 봄이다. 일반적으로 화창한 봄 날씨를 이를 때 많이 등장하는 단어다. 따뜻한 봄의 햇빛은 늘 그리운 존재다. 그 봄날의 햇빛은 春暉춘휘라고도 적는다. 봄(春)의 햇빛(暉)이라는 뜻이다. 그 따사롭고 정겹기가 '어머니' 같기도 해서 이 말은 결국 '어머니의 지극한 사랑'이라는 뜻도 얻었다. 당나라 시인 孟郊맹교의 시에 등장한다. 평이한 구성에다 깊은 정서가 담겨 있어 여기에 소개한다.


어머니 손에 들려 있는 실　　　　(慈母手中線 자모수중선)
길 떠날 아들 몸에 걸친 옷　　　　(遊子身上衣 유자신상의)
헤어질 때 촘촘히 꿰매는　　　　　(臨行密密縫 임행밀밀봉)
그 뜻은 어서 돌아오라는 당부　　(意恐遲遲歸 의공지지귀)

누가 풀 한 쪽 같은 마음으로          (誰言寸草心 수언촌초심)
봄 햇빛 은혜를 갚는다고 말했나      (報得三春暉 보득삼춘휘)


시의 제목은 「遊子吟유자음」이다. 풀자면 '길 떠나는 아들(遊子)의 시(吟)'다. 문을 나서는 아들의 옷을 촘촘히 꿰매는 어머니, 그 행동에는 '녀석아, 제발 무사히 얼른 돌아오라'는 당부가 들어있다. '풀 한 쪽 마음'은 바다와 같은 어머니의 사랑과는 비교할 수 없는 자식의 마음이다. 그 조그마함으로 어찌 석 달 봄(三春) 햇빛(暉)과 같은 어머님의 고마움을 갚을 수 있다(報得)고 하느냐는 물음이다.

春暉춘휘, 또는 三春暉삼춘휘가 '어머니의 지극한 사랑'이라는 뜻으로 자리를 잡게 만든 문학적 성취다. 따사로움의 깊이는 어머니 사랑만 한 게 없을 테다. 우리는 그런 고마움으로 세상에 태어났지만, 때로 그를 잊고는 한다. 溫陽온양에서 우리는 온천만을 떠올릴 필요가 없다. 그 글자 자체가 따뜻함과 밝음이다. 그 역을 지나면서 아직 곁에 있는 어머니, 아니면 이미 헤어졌지만 여전히 그리운 어머니의 사랑을 떠올려 보자. 언제나 울림이 큰 단어다. 어머니….

# 신창 새 新, 창성할 昌

백제 때는 屈直굴직, 신라 경덕왕 때는 祈梁기량이라는 이름을 얻었다. 湯井탕정으로 불렸던 지금의 아산에 늘 들어 있던 지역이었다. 그러나 고려 태조 왕건 때에 이르러서는 天安천안에 속했다고 한다.

조선 태종 때 溫水온수로 불렸던 지금의 아산과 합쳐져 溫昌온창이라는 이름을 얻었다가 결국은 다시 나눠진 뒤 지금의 이름 新昌신창을 얻었다고 한다. 1917년 장항선이 개통되면서 면 소재지로 발전해 자리를 굳힌 모양이다.

아산만으로 흘러드는 하천이 발달해 있고 다시 그 아산만으로부터 서울의 한강인 京江경강으로 가는 바닷길이 펼쳐져 있어 이곳은 일대의 稅穀세곡을 모아 왕조의 수도인 서울로 보내는 사업이 발달했었다고 한다. 역시 물류와 사람의 이동이 빈번했던 곳으로 봐야 좋겠다.

새롭다는 의미의 한자 新신은 앞의 新設洞신설동 역에서 이미 소개했다. 따라서 역명 新昌신창의 뒤 글자가 이번 역에서 우리가 관심을 기울일 대상이다. 이 글자는 '창성하다' '번성하다'의 뜻이다. 한자 풀이에 따르면 이 글자는 위의 日일과 아래의 曰왈이 합쳐진 형태다. 위의 日은 해를 가리킨다. 나아가 해가 떠있는 '대낮'을 의미한다는 것. 밑의 日은 사람들이 말을 하는 상황. 따라서 대낮에 사람들이 떠드는 모양, 나아가 왁자지껄하며 기운이 퍼진 상황을 가리킨다는 해석이다.

그래서 활발하게 번지거나 펼쳐지는 상황으로부터 '昌盛창성'과 '繁盛번성'의 의미를 얻었다고 본다. 昌盛과 繁盛은 사물이나 사람, 동식물 등이 왕성하게 번식하거나 세를 이룬 모습을 가리킨다. 둘을 한데 묶어 쓰는 단어가 繁昌번창이다. 무수하게 가지나 새끼를 뻗어 왕성한 세를 이루는 모습이다. 사업을 잘해 돈 많이 벌기를 축원할 때 자주 쓴다.

비슷한 말로는 昌隆창륭이 있다. 창성과 興隆흥륭의 합성어다. 창성해서 隆盛융성하게 발전한다는 의미다. 昌達창달은 우리가 暢達창달로도 쓰는데, 뜻은 같다. 번창해서 發達발달한다는 뜻이다. 이런 뜻을 지니고 있는 까닭에 이 글자 昌창은 지역 명칭에 곧잘 등장한다. 특히 중국에서 그런 사례가 많이 보인다.

昌言창언이라는 단어도 있다. 도리에 맞는 말, 바른 말을 의미한다고 한다. 昌言正論창언정론이라고 하면 매우 바르고 공정한 언론을 가리킨다. 碧昌牛벽창우라는 말이 재미있다. 평안북도의 碧潼벽동과 昌城창성 지방에서 나오는 크고 억센 소(牛)라고 한다. 고집 세고 남의 말 듣지 않는 사람을 가리키는 '벽창호'의 본딧말이라는 게 사전의 설명이다.

이 글자 昌창을 이야기하면서 빼놓을 수 없는 단어가 昌大창대다.

번창하고 크게 이루는 것을 뜻한다. 이 단어는 기독교 성경에 등장하면서 유명해졌다. "네 시작은 미약하였으나 네 끝은 심히 昌大하리라"는 대목 말이다. 그 앞뒤 사정을 따지면 다른 맥락도 나타나지만, 그 자체로 볼 때는 작은 걸음에서 시작해 커다란 성취를 이룬다는 뜻으로 받아들일 수 있다.

그렇게 조그만 걸음에서 시작해 큰 걸음으로 나아가 결국 昌盛창성과 繁昌번창을 이루는 일이 이 시대 바르고 진지한 노력을 기울이는 모든 사람에게 다가오면 좋겠다. 이제 수원 구간의 마지막 역에 도착했다. 지나온 내 인생의 길에서 내가 거둔 결실은 어땠나. 조용히 뒤를 돌아본다.

# 구일~인천

이제 한자가 많이 익숙해졌을까?
우리나라 최초 철도인 경인선 위를 달리는
전철을 타고 인천 앞바다까지! GO!

# 구일 아홉 九, 하나 一

九老구로 1동에 있어 九一구일이라는 이름을 붙였다고 한다. 따라서 역명을 한자로 길게 풀 필요는 없다. 그럼에도 관심을 끄는 대목은 숫자 9를 가리키는 九구다. 우리는 이 九를 성어 식의 표현에서 자주 접한다.

우선 九重宮闕구중궁궐이다. 아홉(九) 차례 거듭(重) 이어지는 宮闕궁궐이라는 뜻이다. 겹겹이 쌓인 담을 우선 연상케 하는데, 왜 하필이면 아홉일까. 실제 담이나 건축물 등이 아홉 번 거듭 늘어서 있다는 표현은 아니다. 실제 '九重구중'의 풀이는 '끝없이 거듭 이어지는'의 뜻이다.

九구는 실제 횟수를 가리키기도 하지만, 추상적인 의미에서는 '한없이' '끝없이'의 뜻이다. 중국에서 숫자 九는 가장 큰 숫자를 의미하는 경우가 많다. 九牛一毛구우일모라는 성어도 있다. '아주 많은 것 중에서 극히 작은 하나'의 뜻이다. 소의 털이 얼마나 많은가. 그런 소가 아홉 마리 있다고 가정해 보시라. 그 털은 또 얼마나 많은가. 그 중의 털 하나라는 뜻이다. 불교에서 흔히 말하는 '갠지스 강의 모래 알 하나'의 의미와 같다.

九天구천은 가장 높은 하늘이다. 역시 불교의 가르침에서 나오는

데, 하늘을 여러 층으로 나누고 가장 높은 하늘을 九天이라고 표현했다. 같은 발음으로서 九泉구천이라는 말도 있다. 九天이 하늘 가운데 가장 높은 하늘이라면, 九泉은 땅 밑의 세계를 일컫는 黃泉황천 중에서도 가장 아래의 저승 세계를 일컫는 말이다.

九死一生구사일생은 어떤가. 아홉 번 죽을 뻔했다가 살아나다? 아니다. 여러 번, 그것도 매우 빈번하게 죽음 앞에 놓였다가 겨우 살아난 일을 일컫는 말이다. 극도의 빈번함, 가장 높은 횟수 등을 일컬을 때 이 숫자 九구는 자주 등장한다. 九曲羊腸구곡양장이라는 성어도 있다. 꼬불꼬불한 길을 가리킬 때 사용하는 말이다. 아홉 번 접힌 길이 주름이 많은 양(羊)의 창자(腸) 같다는 표현이다. 실제 아홉의 굽이가 있다는 말이 아니고, 구불구불한 길이 한없이 펼쳐져 있다는 얘기다.

음력으로 이 九구가 두 개 겹치는 날이 있다. 바로 음력 9월 9일이다. 숫자 九는 짝수를 가리키는 陰數음수와 홀수를 가리키는 陽數양수 중 양수에 속하면서 그 가운데 가장 큰 숫자다. 그래서 陽양의 기운이 가장 크게 겹친다고 해서 이날을 명절로 삼았다. 이른바 '重陽節중양절'이다.

우리의 과거 습속에서도 이 중양절은 꽤 의미가 컸다고 한다. 지금은 물론 아니다. 이 중양절이 오면 옛 중국인들은 어느덧 무르익은 국화의 잎을 따다가 술을 담고, 사람들과 함께 높은 곳에 올라 가득 차오른 양의 기운을 즐겼다고 한다. 우리도 국화잎을 따다가 국화전을 부쳐 먹었으며, 유자를 잘게 썰어 꿀과 잣을 넣어 화채를 만들어 먹었다고 한다.

九구는 그렇다 치자. 九一구일이라는 역명의 다음 글자 一일은 孔子공자의 가르침, 즉 '一以貫之일이관지'를 떠올리게 만든다. 孔子는 자신이 닦은 진리의 여정을 "하나로써 꿰뚫었다"는 뜻의 '一以貫之'로 표현했는데, 그 제자이자 손자인 曾子증자는 "선생께서는 忠충과 恕서로 일관하셨다"고 풀이했다.

그 공자의 궁극적인 道도가 무엇인지는 나중에 풀자. 어쨌든 여기서 나온 말이 一貫일관이요, 初志一貫초지일관이다. 굳세게 한 번 마음 둔 것에 정성을 들여 마지막까지 실천하고 모색하는 일이다. 아울러 숫자 一일은 만물의 시작에서 끝까지를 상징하기도 한다.

구로 1동에 있다고 해서 지은 九一구일은 驛名역명으로서 이름이 참 좋다. 우연이 무엇인가를 창조해낸 그런 분위기다. 九구는 '다양성'이라는 점에서 살펴볼 숫자, 一일은 하나로써 끝에까지 이르는 '단일함'과 '우직함'의 상징이다. 다양함과 일관됨을 함께 갖춘 사람은 아주 강하다. 그런 점까지 감안해서 지은 역명은 아닐 테지만, 어쨌든 그 숫자 둘이 어울려 들려주는 화음이 제법 깊고 오묘하다.

# 개봉 열 開, 봉우리 峰

이곳 일대에 있던 '개웅'이라는 이름의 마을과 '매봉'이라는 산 이름의 한 글자씩을 따서 開峰개봉이라는 현재의 이름을 얻었다고 한다. 개웅 마을의 이름과 관련해서는 과거 한때 전쟁이 벌어졌을 때 총탄이 날아가면서 개웃개웃거리며 이곳을 비켜 지나갔다는 데서 생긴 명칭이라고 하는데, 확실치가 않다. '개웃개웃'은 고개 등을 조금씩 이쪽저쪽으로 기울이는 모습을 가리키는 순우리말 표현이다.

순우리말이 그대로 살아 있다면 얼마나 좋으련만, 사정이 그렇지 못하니 우리의 관심은 오늘날의 이름에 붙은 한자에 기울이는 게 좋겠다. 첫 글자 開개는 우리에게 매우 친숙한 글자다. 문을 열다, 닫힌 것을 열어 젖히다의 원래 뜻에서 '시작하다' '벌이다' 등의 다양한 의미로 발전했다.

우선 '처음'이라는 뜻을 지닌 始시라는 글자와 함께 붙이면 '開始개시'다. 우리가 더 자주 쓰는 '시작하다'와 같은 뜻이다. 역시 '열다'라는 한자어 闢벽과 함께 붙이면 '開闢개벽'이다. 하늘과 땅이 열리는 일, 즉 세상이 새로 시작하는 경우가 바로 '天地開闢천지개벽'이다. 모두 문을 처음 여는 동작과 관련이 있다. 문을 닫아거는 일이 閉鎖폐쇄,

그 반대가 開放개방이다.

그래서 일을 처음 벌이는 경우에도 이 글자는 많이 등장한다. 무슨 일인가를 여는 일, 우리는 이를 開催개최라고 적는다. 먼저 나아가 한 지역에 손을 대면 開發개발이거나 開拓개척이다. 몽매함을 벗고 새로움을 받아들여 자신을 발전시키는 일이 開化개화다. 회의를 열면 開會개회, 그 반대면 閉會폐회다. 그래서 열고 닫는 일은 開閉개폐라고 적는다. 이 글자를 활용한 단어는 아주 많다. 일일이 열거할 수 없을 정도다.

성어가 제법 그럴듯한 게 있다. 우선 '繼往開來계왕개래'다. 우리 문장에서도 이 말은 가끔 쓰인다. 지나간 일(往)을 이어받아(繼), 앞으로 올 미래(來)를 개척한다(開) 식의 엮음이다. 우리는 가끔 옛것을 극단적으로 찬양하거나 극단적으로 부정한다. 그래서 과거의 유산을 보는 눈이 아무래도 정서적이다. 따라서 과거로부터 좋은 가르침을 제대로 얻지 못한다. 냉정하면서도 객관적인 눈으로 과거를 살펴야 그로부터 좋은 교훈을 얻는데도 말이다.

그러니 모든 것이 제로베이스zero base에서 시작이다. 미래를 제대로 개척할 수가 없음은 물론이다. 과거는 현재의 토대, 그로부터 의미 있는 새김을 이끌어 내 미래 계획의 바탕으로 삼아야 한다. 과거에 대한 전면적인 부정이나 긍정은 모두 옳지 않다. 있는 그대로를 보도록 노력해 앞으로 나아갈 길과 방향을 잡는 데 활용해야 한다. 성어 繼往開來계왕개래는 그 중요성을 말해주는 내용이다.

開源節流개원절류라는 성어도 자못 의미가 깊다. 물의 원천(源)을 열거나 개발하고(開), 물의 흐름(流)을 줄이라(節)는 식의 엮음이다. 국가나 사회가 어려움에 처했을 때 그를 타개할 원천의 개발에 나서되, 자원 등을 이용하는 양과 폭은 가급적 줄이라는 충고다. 기업이 경영의 어려움에 놓일 때 그 수익의 원천을 늘리되, 씀씀이는 줄이라는 얘기이기도 하다.

시야를 아래위로 움직여 산을 보면 그게 봉우리, 한자로는 峰봉이다. 아래위가 아닌 옆으로 그 산을 보면 어떨까. 여기에 그 소감을 적은 蘇東坡소동파의 시 한 구절을 소개한다.

横看成嶺側成峰　(횡간성령측성봉)
遠近高低各不同　(원근고저각부동)
不知廬山眞面目　(부지려산진면목)
只緣身在此山中　(지연신재차산중)

漢詩한시라서 어렵다고만 생각할 것 없다. 아주 유명한 시는 한 번 눈으로 감상하는 게 좋다. 그 구성을 풀어가 보자. 옆으로(横) 보니(看) 산맥(嶺)을 이루고(成), 아래위(側)로는 봉우리(峰)를 이룬다(成)/ 멀고(遠) 가까움(近), 그리고 높고(高) 낮음(低)이 각기(各) 다르구나(不同)/ 여산(廬山)의 진면목(眞面目)을 알 수 없으니(不知)/ 단지(只) 몸이(身)이 이(此) 깊은 산(山中)에 갇혀 있기(在) 때문이리라(緣).

소동파는 본명이 蘇軾소식이다. 北宋북송 때의 문인이자 관료다. 그 이름이 아주 높다. 중국 전통 시단에서는 몇 손가락 안에 꼽히는 文豪문호다. 그 소동파가 크고 우람하며, 절경으로 이름이 높은 지금 중국 江西강서성의 여산에서 이곳저곳을 구경하는 모습이 눈에 들어온다. 그는 마침내 '도대체 이 산의 모습을 알 수가 없다'며 한숨을 내뱉는다. 그 이유는 간단하다. 깊은 산중에 갇혀 전체를 바라볼 수 없었기 때문이다.

여기서 등장하는 유명한 단어가 '眞面目진면목'이다. 우리도 자주 쓰는 한자 단어다. 이 소동파의 시는 철학적 사유를 담았다. 대상이 비록 가까이 있다고는 하지만 전체의 모습을 보는 것이 얼마나 어려운지를 말하고 있다. 開峰개봉의 역명을 풀이하다가 너무 나왔는지는 모르겠다.

열어젖힘으로써 새로운 경지를 맞는 그 開개라는 글자와, 여산의 수많은 봉우리 앞에서 탄식을 금치 못하던 소동파의 이미지가 어느 정도 맞아떨어진다는 생각에서였다. 그 '봉우리'는 우리가 넘어야 할 인식의 봉우리인지 모른다. 그리고 항상 열린 마음으로 대상을 관찰하고 스스로를 성찰해야 방향을 제대로 잡아갈 수 있다. 대상이 지닌 '진면목'에 제대로 눈을 뜨려면 우리는 항상 열려 있어야 한다. 開峰개봉이라는 한자 역명에서 값어치 있는 '의미'를 건지자면 그런 내용 아닐까.

# 오류동 오동나무 梧, 버들 柳, 골 洞

두 글자는 각기 오동나무와 버드나무를 가리킨다. 오동나무는 한자로 梧桐오동이다. 이 오동나무는 신통하다. 材質재질이 우선 좋기 때문이다. 아울러 잘 자란다. 1년에 1m에서 2.5m까지 자라고, 6~7년 지나면 사람 가슴 높이에 해당하는 부위의 지름이 25cm까지 자란다. 키는 보통 15m까지 큰다.

우리 조상들은 딸을 낳으면 이 나무 세 그루를 문 앞에 심었다고 한다. 성장한 딸이 시집 갈 때 옷을 넣는 장롱 등을 만들어 주기 위해서였다고 한다. 옛 중국에서는 오동에 봉황이 깃들어 울음 우는 것을 '梧鳳之鳴오봉지명'이라고 했다. 봉황이라는 새가 상상 속의 존재이기는 하지만, 어쨌거나 봉황이 오동나무에 앉아 우는 상황을 평안하기 그지없는 '太平盛世태평성세'라고 했다.

나무 재질이 곱고 다듬기가 좋아 거문고 등 악기를 만들 때도 오동을 썼다고 한다. 이런저런 쓰임새가 많은 나무다. 게다가 잘 자라는 특성이 있으니 사람들에게는 매우 고마운 나무일 수밖에 없다. 그래서 이 나무에 대한 사람들의 인상은 아주 좋다.

잎이 아주 크다는 점도 특징이다. 길이 25cm 정도까지 자라니 다른 나뭇잎에 비해서는 월등한 편이다. 그래서 가을이 와서 나무가 잎을 떨어뜨릴 때 오동나무의 모습은 아주 처연하다. 큰 잎이 뚝 뚝 떨어지는 가을이 내 곁에 왔음을 가장 극명하게 알려주는 나무다. 그래서 "오동잎 한 잎 두 잎 떨어지는 가을밤에~"라는 노랫말의 대중가요가 한때 큰 유행을 타지 않았을까.

버드나무는 우리에게는 풍류의 상징이다. 크게 늘어진 나뭇가지가 바람을 타고 흔들거리는 모습을 보고 과거의 文士문사들은 적지 않은 詩文시문을 남겼다. 이 나무도 아주 잘 자란다. 물기가 조금이라도 있는 곳에 이 버드나무를 꽂으면 신기하다 싶을 정도로 자라난다. 그런 강한 생명력에 힘입어 이 나무는 한반도 전역의 곳곳에서 잘 자란다.

위의 오동나무가 먹을 것도 변변치 않던 옛 시절 경제적으로 큰 도움을 주었던 존재이니, 사람들은 열심히 이 나무를 심었을 테다. 버드나무는 그에 비해 재질이 목재 등으로 사용하기에는 부적합한 편인데도, 예의 그 강한 생명력으로 척박한 땅에서도 자라나 우리 이웃으로 살아왔을 것이다.

오류역이 있는 지금의 서울 오류동은 그런 오동나무와 버드나무가 유독 많았던 데서 생겨난 이름이다. 서울시가 펴낸 지명 유래 소개 책자에는 원래 이곳 이름이 '오류꿀'이었다고 한다. 마을 등을 뜻하는 '골'과 '꿀'이 서로 관계가 있으리라 여겨진다. 어쨌든 이곳에 그런 이름이 붙여질 정도로 오동나무와 버드나무가 많았다는 점은 확실해 보인다.

경제적 여건이 좋지 않았던 옛 시절에는 경제적인 효용이 높은 작물들이 사람들에게 인기였을 것이다. 그래서 자주 나오는 작물이 오동나무 말고도 뽕나무, 가래나무, 삼 등이 있다. 이들은 각자 한자로 桑상, 梓재, 麻마로 적는다. 뽕나무의 용도야 별도의 설명이 필요 없을 정도다. 비단을 짜는 데 필요한 명주, 그를 만들어내는 누에, 누에가 먹고 사는 게 바로 뽕나무 잎이기 때문이다.

가래나무는 '나무의 王왕'이라고도 불린다. 재질이 아주 뛰어나 각종 가구를 만들 때 '인기 짱'이었다고 한다. 그에 따르는 우리 식 한자 단어가 있다. '上梓상재'라는 말이다. 이 단어의 새김은 '책을 내다'다. 그래서 출판 기념식을 할 때 이 단어를 자주 사용한 때가 있다. 요즘이야 별로 쓰지는 않지만.

과거에는 인쇄를 위해 우선 板刻판각을 해야 했다. 나무에다 글자를 새겨서 그 위에 종이를 대고 먹을 써서 찍어야 했기 때문이다. 그 板刻에 사용하는 나무가 바로 가래나무였다. 그래서 '上梓상재'라는 단어가 출생했다. '梓人재인'이라는 단어도 있는데, 나무를 다루는 사람이라는 뜻이다. 곧 木手목수 또는 木匠목장을 가리킨다.

그러나 엄밀한 의미에서 梓人재인과 匠人장인은 다르다고 한다. 둘을 흔히 梓匠재장이라고도 함께 적는데, 앞의 글자는 목공 기술자, 뒤는 건축에 종사하는 사람으로 구별한단다. 어쨌거나 이 가래나무 또한 오동나무 못지않게 '효자 나무'다. 그러니 사람들은 집과 마을 주변에 가능한 한도에서 이 나무를 많이 심었을 테다.

뽕나무는 누에를 키우는 데 반드시 필요한 나무, 이런저런 용도가 많은 가래나무 역시 경제적 형편을 고려할 때 꼭 필요한 나무다. 그래서 두 나무는 흔히 마을 주변에 많았다. 두 나무를 병렬해 적은 단어 '桑梓상재'는 따라서 '마을'을 의미했고, 한 걸음 더 나아가 가슴속에 영원히 잊을 수 없는 '故鄕고향 마을'로 발전했다.

일반인들의 옷을 만드는 데 가장 많이 사용했던 게 삼, 즉 麻마다. 이 역시 옛사람들이 살아갈 때 반드시 필요했던 작물이다. 그러니 사람 사는 곳 주변에 여기저기 자리를 잡고 살았던 식생이다. 이 글자가 누에를 키우는 뽕잎, 즉 桑상과 마주쳐 '桑麻상마'로 합쳐지면 이는 곧 農事농사, 農作物농작물을 가리킨다.

참고로 덧붙일 말이 있다. 우리 주변에 버드나무가 꽤 흔하다. 물기가 있는 곳에서는 틀림없이 자라나는 식물이니 그럴 법도 하다. 이 버드나무를 가리키는 한자는 이 '柳류' 말고도 '楊양'이 있다. 앞의 글자와 마찬가지로 뒤의 새김도 '버드나무'다. 그러나 둘은 생김새가 약간 다르다. 버드나무로서의 재질 등은 차이가 없지만, 가지와 잎의 모양이 서로 같지 않다. 앞의 버드나무는 가지가 크게 늘어져 바람에 따라 춤을 추지만, 뒤의 버드나무는 아래로 크게 늘어지지 않고 위를 향한다.

자세히 보면 뒤의 버드나무 가지도 조금씩 아래로 늘어지기는 하지만, 그 정도가 앞의 버드나무와는 완연히 다르다. 흔히 楊柳양류라

고 해서, 두 버드나무를 함께 통칭하는 경우가 많으나 조금 자세히
관찰하면 둘의 차이는 분명하다.

# 온수 따뜻할 溫, 물 水

역명과 동명에서의 溫水온수는 이곳에서 오래전부터 더운물이 나와 '온수골'이라는 이름을 얻었던 데서 비롯한다. 조선시대에 줄곧 '溫水'에 관한 이름이 붙었다가, 한때는 水呑수탄 등의 이름으로 불렸던 적도 있다. 그러나 일제강점기 행정구역 개편을 거치면서 지금의 '溫水'라는 지명을 되찾았던 것으로 보인다.

우선 이 더운물 또는 따뜻한 물, 즉 온수의 고마움을 모를 이 없을 것이다. 우리가 한겨울에 결코 빼놓을 수 없는 따뜻한 물이 바로 온수다. 그래서 이 글자 溫온은 우리에게 매우 친숙한 글자다. 물을 떠나 생활 속에서의 여러 따뜻함을 주는 글자이기 때문이다.

이 글자의 조합도 매우 많다. 사람의 성격이 따뜻하고 친화적이라면 우리는 그를 溫和온화한 성격의 사람이라고 말한다. 성품이 따뜻한 데다 부모님이나 어른들의 말씀을 잘 따르면 그 성격은 溫順온순이다. 그런 따뜻함을 품은 정이 있다면 溫情온정이다. 추운 계절에 남들에게 베푸는 따뜻한 기운이 溫氣온기다. 그런 따뜻함에 부드러움까지 갖추면 溫柔온유다. 따뜻한 데다 인품이 중후하면 溫厚온후다.

그런 따뜻한 물이 솟아 나오는 곳이 바로 溫泉온천이다. 따뜻하게 실내온도를 조절해 추위에 약한 식물들을 키우는 곳이 溫室온실이다. 요즘은 오존층의 파괴로 이산화탄소에 의한 지표면 상승 등이 문제로 떠올랐다. 그래서 지구 전체가 뜨거워지는 상황이 바로 '溫室現象온실현상'이다. 따뜻한 곳에서는 病菌병균도 함께 잘 자란다. 그런 곳을 우리는 溫床온상이라고 적으며, 때로는 부정적인 어감으로 사용한다. '범죄의 溫床' 식으로 말이다.

따뜻함의 뜻 외에 이 글자는 차갑거나 따뜻하거나 하는 그런 상태를 가리키기도 한다. 사람의 몸에 남은 온기, 또는 따뜻함과 차가움의 정도가 바로 體溫체온이다. 그 정도를 나타내는 단위가 溫度온도다. 따뜻한 기운을 지키려고 하는 일이 保溫보온이며, 대기의 차가움 또는 따뜻함을 표현하는 기준이 氣溫기온이다. 방 안의 溫度를 가리킬 때는 室溫실온이라는 단어를 쓴다. 높은 溫度면 高溫고온이고, 낮은 溫度면 低溫저온이다. 아울러 항상 그 정도의 溫度를 가리키는 말은 常溫상온이다.

동사적인 표현도 있다. 우리는 이 말을 아주 잘 썼다. 요즘은 역시 한자의 전반적인 퇴조 때문에 그저 옛말로 치부하지만, 과거에는 늘 어른들이 아이들에게 "溫故知新온고지신해야 하느니라"며 훈시할 때 쓰던 말이다. 여기서 溫온이라는 글자는 동사다. '다시 익힌다'는 말로서, 일종의 復習복습을 일컫는다. 溫故知新은 옛것(故)을 배우고 익혀(溫) 새것(新)을 안다(知)는 엮음이다.

옛것에서 얻은 경험을 통해 새로운 것을 알 수 있다는 뜻으로서,

역시 과거의 문물을 제대로 이해해야 새로운 차원의 창조를 이끌어낼 수 있다는 취지에서 한 말이다. 그래서 溫習온습이라는 말도 나왔다. 요즘 우리말에서는 잘 쓰지 않지만, 과거 한문이 많이 섞인 문장에서는 자주 쓰던 말이다. '배우고 익히다'라는 뜻이다.

사람의 성품은 따뜻해야 좋다. 그런 따사로움에다 남에게 절대迫切박절하게 대하지 않는 성품까지 갖추면 금상첨화다. 따뜻하고 부드러운 성격이 앞에서 쓴 溫柔온유, 남을 후하게 상대하는 일이 敦厚돈후다. 溫柔와 敦厚함 둘을 갖추면 적어도 그 재능과는 상관없이 일단 좋은 사람으로 치부할 수 있다. 그런 정도의 성품을 갖춰야 남을 이끌 수 있다. 그 둘은 리더가 갖춰야 할 최소한의 바탕이다.

그렇게 따뜻한 물이 많이 나왔다는 동네이니 溫水온수라는 이름참 좋다. 때로는 차가울 필요도 있지만 사람의 성품에서는 따뜻함이 차가움을 늘 앞서기 마련이다. 그런 바탕 위에 날카로운 판단력, 그리고 상황을 크게 보는 안목까지 갖추면 그야말로 최고의 리더다. 따뜻한 물의 동네 溫水를 지나칠 때면 우선 사람의 성품부터 떠올려보자. 그리고 나는 남에게 따뜻한 사람인가를 한 번 묻자.

# 역곡 역 驛, 골 谷

부천시 원미구에 있는 동, 전철의 역명이다. 원래 지역 일대 이름은 순우리말이 우선이었다고 한다. 조선 때 부평부의 옥모면에 속해 있다가 일제강점기 초반인 1914년 행정구역을 개편하면서 伐應節里**벌응절리**로 정착했고, 1973년 부천시가 생기면서 역곡동으로 자리를 잡았다고 한다. 伐應節里라는 이름은 벌판의 끝자락에 있는 마을이란 뜻의 '벌언저리' 또는 '벌은저리'의 한자 표기라는 설명이다. 현재의 역곡역 북쪽은 예전의 역골이 있던 자리라고 한다. 조선의 지형을 그린 책에 등장한다. 역골은 곧 역마가 있던 곳이라는 의미다.

驛谷**역곡**의 驛名**역명**에는 驛**역**이라는 글자가 두 개 들어 있다. 이를 덧붙여 부르면 驛谷驛**역곡역**이다. 이런 경우는 또 있다. 서울 지하철 2호선의 驛三驛**역삼역**이다. 지명에 이처럼 驛**역**이라는 글자가 붙는 곳이 있는데, 과거의 驛**역**이었음이 분명하다. 단지 차이점이 있다면 그때의 驛**역**에는 기차가 다니는 대신 말(馬)이 다녔다는 점이다.

'자무치'라는 몽골어를 들어본 사람도 있을 것이다. 몽골 사람들이 중국 전역을 석권해 다스릴 때의 왕조 이름이 元**원**이다. 유라시아 대륙에 걸쳐 인류 역사상 가장 큰 제국을 건설했던 칭기즈칸과 그

후예 쿠빌라이에 관한 역사 기록이다. 쿠빌라이는 마침내 중국 대륙을 모두 석권해 元이라는 제국을 세웠다.

그들은 그 방대한 영토에서 驛站역참 제도를 운영했다. 이 驛站이라는 것은 옛 교통, 또는 通信통신, 宿泊숙박의 기능을 지닌 시설이었다. 주로 중앙 왕조의 명령 등을 적은 공문을 실어 날랐으며, 공무등을 위해 오가는 관리나 그 부속 인원들에게 교통편인 말과 함께 宿食숙식까지 제공하는 여관의 역할도 했다. 이 驛站의 역사는 매우 길다. 2500년 전인 중국 춘추시대에도 이미 그런 종류의 통신 및 운송 제도는 있었으며, 고구려에서도 그를 활용했다는 기록 등이 보인다.

그러나 그 역참제도의 백미는 아무래도 元원나라를 꼽을 수 있다. 元에서는 그를 '자무치'라고 했으며 한자로는 站赤참적이라고 적었단다. 말이 하루를 달릴 수 있는 거리인 100리(요즘 식으로 따지면 약 40km)에 하나씩 자무치를 뒀는데 그 정교함과 방대함, 신속함이 눈부실 정도였다고 한다.

그런 영향을 받아 한반도 왕조에서도 부지런히 그 역참을 활용했다. 공문서와 식량 및 물자 수송, 관리의 통행 등에 필수불가결한 제도였던 모양이다. 그래서 우리 지명에 驛역이라는 글자가 들어가면 그곳이 보통 옛 역참의 하나였으리라 짐작해도 거의 틀림이 없다.

조선시대에는 보통 40리마다 그런 역참이 세워졌다고 하는데, 이곳 驛谷역곡에도 역참이 있었던 것으로 보인다. 그 역참이 있던 곳이 아무래도 골짜기였던 모양이다. 그래서 붙은 이름이 驛谷이리라.

중국 고대 字典자전인 『說文解字설문해자』의 풀이로 보자면 이 驛역이라는 글자는 '말을 두는 곳'이다. 역시 우리가 지금 사용하는 역참의 뜻과 다르지 않다. 조선시대에는 이 역참이라는 단어 외에 驛院역원, 郵驛우역, 驛館역관 등의 단어도 쓰였다. 陸路육로의 역참을 陸站육참, 배가 다니는 水路수로의 그것을 水站수참이라고 한 점도 알아두면 좋다.

이곳에는 항상 숙박시설과 음식, 그리고 말을 준비해뒀다. 관리들이 오가면서 묵을 여관, 아울러 그들에게 제공하는 음식, 그리고 급히 오가는 사람을 위해 교체해줄 말 등이 필요했던 것이다. 그런 역참의 말을 우리는 驛馬역마라고 적었고, 그곳에서 일하는 병졸들을 驛卒역졸, 그곳의 관리를 驛吏역리라고 했다.

驛舍역사라고 하면 우리는 요즘의 기차역 驛숨를 떠올리지만 원래의 뜻은 옛 역참의 건물이다. 따라서 옛 문헌에서 이 驛舍라는 단어가 등장하면, 오늘날의 기차역을 떠올리지 말고 '사람이 묵는 곳' '여관' 정도를 떠올려야 마땅하다. 그 역참이 서로 이어진 길이 驛路역로, 또는 驛道역도다.

가끔 신문사가 주최하는 마라톤 이름이 눈길을 끌 때가 있다. '驛傳역전 마라톤'이다. 지금은 기차역을 중심으로 마라톤 구간을 설정하지만, 그 유래는 역참이라는 사실을 잊지 말자. 驛傳이라는 단어는 역참에서 서로 오가는 통신과 공문 등을 일컫는 말이다. 驛遞역체라는 말도 있는데, 지금의 郵遞局우체국에 쓰이는 遞체라는 글자가 들어가 있다. 이 글자는 '건네다'의 새김이다. 역을 통해 급히 전해지는 문서 등을 가리킨다.

四柱八字사주팔자를 믿는 사람도 많다. 그 가운데 驛馬煞역마살이라는 게 있다. 사람이 지니고 태어난 운명이라는 얘기인데, 한 곳에 정착하지 못한 채 이리저리 떠도는 경우, 또는 그런 명운을 지니고 나온 사람을 가리킨다. 그 驛馬煞의 驛馬역마라는 존재가 바로 역참에 속해 있으면서 이곳저곳을 떠돌아 다녀야 했던 그런 말이다.

옛 역참의 제도에서 그 驛역은 참 분주했던 곳일 게다. 공문이 수도 없이 오가야 했을 것이고, 임지로 떠나는 벼슬아치와 서울로 돌아가는 벼슬아치의 발길도 수없이 드나들었던 곳이었기 때문이다. 지금처럼 많은 사람이 오가면서 한쪽은 정들었던 곳을 떠나고, 다른 한쪽은 제 살던 곳을 찾으면서, 그런 사람들의 발길이 쉼 없이 갈마드는 곳이 바로 驛이기 때문이다.

크게 보면 港口항구나 空港공항이나 모두 驛역과 다를 게 없다. 떠나는 사람이 있으면 남는 사람이 있다. 기약 없이 그곳에서 헤어지는 사람들도 많다. 그렇게 길을 떠나고, 누군가는 길을 돌아와 집으로 향하는 곳이 바로 驛이자 港口요, 空港이다. 그래서 사람들은 驛에서 港口에서, 空港에서 이별의 섭섭함과 만남의 기쁨을 노래하는지 모른다.

당나라 시인 李白이백이 남긴 구절이 떠오른다. 그는 하늘과 땅은

이 세상을 그냥 스치듯 지나가는 旅館여관이라고 했고, 마냥 흐르는 시간을 영원히 스쳐가는 나그네라고 했다. 그 내용을 아래 적는다.

하늘과 땅은 만물이 지나는 여관
天地者, 萬物之逆旅(천지자, 만물지역려)
시간은 영원히 지나치는 길손
光陰者, 百代之過客(광음자, 백대지과객)

하늘과 땅, 즉 이 세상을 가리킨다. 逆旅역려라는 단어는 과거에 자주 썼던 말이다. 요즘 말로 하자면 여관이다. 光陰광음은 빛과 그늘, 나아가 낮과 밤의 교체, 또 나아가 時間시간을 가리킨다. 百代백대는 여기에선 영원에 가까운 긴 세월을 의미한다. 過客과객은 스쳐 지나가는 손님. 우주의 광대한 공간, 영겁의 시간 속에서 사람의 존재가 덧없음을 일깨우는 내용이다.

역참을 설명하다 보니 어느덧 항구와 공항을 이야기했고, 무릇 떠나고 머무는 인생의 모습이 이백의 시에 드리운 逆旅역려의 이미지를 떠올리게 만들었다. 그렇게 우리의 인생은 많은 역을 지나고, 그 속에 담긴 떠남과 머묾의 정서를 품는다. 나는 지금 어느 역을 지나고 있을까. 조용히 창밖을 내다본다.

# 소사 본디 素, 모래 砂

순우리말 지명인 소사, 또는 소새에서 비롯했다고 한다. 그러나 순우리말 소사와 소새가 무엇을 정확하게 가리키는지는 분명치 않아 보인다. 단지 소사와 소새라는 순우리말이 모래가 많은 땅 정도의 뜻이었다는 추정이 붙어 있다.

이 지명은 경기도 평택과 안성 일대에서도 보인다. '素砂소사들(판)' 또는 '素砂坪소사평'으로 나오는데, 壬辰倭亂임진왜란 당시 명나라 병사가 이곳에서 왜군을 크게 무찔렀다는 기록이 있다. 그런 전쟁터였던 素砂들, 素砂坪보다 경기도 부천의 素砂는 나중에 등장하는 지명이다. 일제강점기였던 1931년에야 정식으로 '素砂'라는 이름을 얻어 邑읍 단위의 행정구역으로 처음 자리를 잡으니 말이다.

그럼에도 불구하고 이곳은 일찌감치 모래가 많았던 지역이어서 '素砂소사'라는 이름값에 부응했을 것으로 보인다. 정식 행정구역 명칭을 얻기 전에도 이곳은 흰 모래가 많아 그런 이름으로 불렸다는 것이다. 素砂라는 한자 이름 자체가 흰색을 뜻하는 素소에 모래를 가리키는 砂사라는 글자로 이뤄져 있다.

이 素소라는 글자, 색깔을 가리킬 때는 흰색이다. 의미로서의 흰색은 무얼까. '바탕'을 이루는 색이다. 흰색 도화지에 그림을 그리지, 빨강·노랑·까만색의 도화지에 그림을 그릴 수는 없지 않은가. 그래서 그로부터 뜻이 더해진 게 '바탕'이라는 새김이다.

우선 색깔로서의 素소라는 글자를 살피자. 「전설 따라 삼천리」 등 귀신이 자주 나오는 TV 드라마에 '여성' '원한' '죽음' 등의 이미지로 등장하는 귀신이 있다. 그 귀신이 입는 옷, 하필이면 꼭 흰색의 옷이다. 우리는 그를 素服소복이라고 지칭한다. 하얀 색깔의 옷이 곧 素服이다. 마찬가지로 옷을 가리키는 衣의를 함께 붙이면 素衣소의, 즉 하얀 옷이다.

그 하얀 옷은 결코 화려하지 않다. 따라서 素소라는 글자는 '화려하지 않은' '장식이 없는' '치장이 별로 들어있지 않은' 등의 형용사적 의미도 얻는다. 꾸밈새 없는 사람을 우리는 "소박하다"고 하는데, 그 소박은 한자로 素朴소박이다. 고기나 특별한 양념 등을 넣지 않고 밀가루로 만든 면을 사용해 끓여내는 국수를 우리는 素麵소면이라고 한다. 마찬가지 이유에서다.

그래서 이 글자 素소는 '흰색'이자 '꾸밈이 없음', 한 걸음 더 나아가 '사물의 원래 바탕'이라는 뜻을 모두 지닌다. 대표적인 경우가 元素원소다. 화학적 성분을 따질 때 그 바탕 물질을 이루는 것을 가리키는 용어다. 사람의 바탕은 무어라고 일컬을까. 바로 素質소질이다. 두 글자 모두 타고난 그 상태의 모습을 가리킨다. 그래서 '바탕+바탕'의 뜻이니 결론은 '큰 바탕'일 수밖에 없다.

"저마다 타고난 素質소질을 개발하여…"라고 하는 3공화국 당시의 '국민교육헌장'에 나오는 말을 상기하면 좋다. 그 '바탕'을 가리키는 말은 무수히 많다. 우리가 숨을 쉬며 살아가는 데 없어서는 큰일 날 酸素산소를 비롯해 炭素탄소와 窒素질소 모두가 그렇다. 색을 이루는 바탕은 곧 色素색소, 소리의 바탕은 音素음소다. 중요한 성분은 뭔가. 바로 要素요소다. 커다란 변화 없이 늘 그렇게 생활해왔던 일반적인 시간? 이를 우리는 平素평소라고 적는다. "平素에 연락도 안 하던 녀석이…"라며 끌탕을 칠 때 쓰는 단어 말이다.

성어로 소개할 만한 게 하나 있다. 尸位素餐시위소찬이다. 尸位시위라는 단어는 어렵게 여길 필요 없다. 옛 동양의 제사 등에서 神신의 대역을 맡는 사람이다. 제사상 한가운데에 있는 神의 자리에 앉으니 별로 할 일이 없다. 그저 사람들이 올리는 祭物제물 등을 받아먹으면 그만이다. 그냥 하릴없이(素) 먹는(餐) 일이 그의 직책이다. 이만큼 편하고 좋은 자리가 있을까.

색깔로 따질 때 素소가 흰색을 가리킨다는 점은 먼저 얘기했다. 그러니 색깔을 두고 볼 때 素는 흰색의 白백이라는 글자와 같다. 이 白이라는 글자는 때로 '아무것도 제대로 하지 않는' '그저 놀고먹는' '아무 것도 없는'의 뜻도 있다. 우리가 그런 사람들을 흔히 白手乾達백수건달이라고 일컫는 경우를 떠올리면 좋다. 尸位素餐시위소찬에서의 素도 백수건달을 가리킬 때의 白과 같다. 그저 먹기만 하면 그만이다.

위로는 國事국사에 전념치 않고, 아래로는 민초들의 삶만 망치는 그런 정치인들을 우리는 尸位素餐시위소찬의 사람들이라고 해도 무방하다. 또 제 자리와 승진에만 급급해 민생에는 관심이 없는 공무원들도 이런 행위의 주체다. 그러니 그런 이들에게 "尸位시위에서 素餐소찬만 하지 말고 직무에 신경 써라"라고 충고할 때 이 성어 쓰임새가 제법 좋다.

素砂소사의 다음 글자 砂사는 沙사라는 글자와 같다. 모두 '모래'를 가리킨다. 모래로 이뤄진 땅, 우리는 그를 '사막'이라고 부르며 한자로는 沙漠사막이라고 쓴다. 모래 언덕은 沙丘사구다. 素沙소사도 흰 모래지만, 白沙백사도 역시 흰 모래다. 누런 모래 바람을 우리는 黃沙황사라고 적는데, 중국에서 많이 날아와 한반도의 골칫거리로 등장한 지 오래다.

모래가 무너지기 시작하면 마구 무너진다. 그런 모습을 우리는 沙汰사태라고 하는데, 눈 때문에 그런 현상이 벌어지는 일이 눈沙汰다. 熱沙열사라는 말도 한때 유행했다. 뜨거운 모래라는 뜻이다. 그런 모래가 있는 곳이 중동과 아프리카의 사막이니, 우리는 그곳에서 일하던 우리 근로자들을 형용할 때 "熱沙의 沙漠사막에서…"라며 서두를 꺼낸 적이 있다.

해변이나 강가에 있는 모래사장, 우리가 많이 찾는 곳이다. 순우리말 '모래'와 그것이 깔려 있는 장소라는 뜻의 沙場사장이 중첩해서 이뤄진 단어다. 草家초가라는 집에, 다시 '집'을 얹어 사용하는 '초가

집'과 같은 구조다. 驛前역전이라는 말 뒤에 다시 '앞'을 덧댄 '역전
앞'과 같은 짜임이다.

그나저나 素砂소사 일대는 복숭아로 유명했다. 지금은 부천과 어
울려 제법 그럴듯한 도심을 형성하고 있지만, 전철이 다니기 전의 이
곳은 복숭아밭과 그 꽃이 필 때 몰려드는 청춘남녀로 유명했다. 낭
만과 꿈이 풍성하게 머물렀던 곳이다.

김소월이라는 시인은 많은 사람이 기억한다. 그의 필명을 한자
로 옮기면 金素月김소월이다. 여기에도 素砂소사의 素소가 들어간다. 素
月소월이라고 적었으니 색깔을 가리키는 의미다. 흰 달이다. 눈이 부시
도록 빛나는 달이다. 그의 「엄마야 누나야」라는 시를 기억하시는 분
많을 게다.

엄마야 누나야 강변 살자
뜰에는 반짝이는 금모래 빛
뒷문 밖에는 갈잎의 노래
엄마야 누나야 강변 살자

금모래 빛, 아마 살구나무 가득 키워내는 素砂소사의 흰모래도 그
빛이 아니었을까. 노란 햇빛을 받아 금빛을 내는 그런 모래. 바탕이
희니 모든 것을 받아들이지 않았을까. 바탕은 그래서 중요하다. 희어
서 모든 것을 품는 그런 바탕 말이다. 복숭아나무 동네에서 키워보
는 '바탕'에 관한 생각이다.

# 부천 부유할 富, 내 川

부유할 富부에 내를 일컫는 川천이 붙었다. 듣기에는 이름이 참 좋아 보인다. 그러나 부천은 약 100년 전 새로 만들어진 곳이다. 원래 이 지역의 중심은 지금의 富平부평과 仁川인천이다. 지금에야 부천이라는 곳이 인천을 압박하는 큰 도시로 자랐지만, 예전의 상황은 결코 지금과 같지 않았다.

일제강점기에 들어서면서 인천 지역에 바다를 건너온 일본인들의 이주가 많아지자 구역을 조정하는 작업에 들어갔고, 그때 부평과 인천의 일부 지역을 새로 합쳐 지금의 부천을 만들었다고 한다. 그때 부평의 '富부'와 인천의 '川천'을 각각 따와 富川부천이라는 이름을 지었다는 설명이다.

따라서 이곳 富川부천은 원래의 인천 일부, 옛 부평 일부, 그리고 원래 이곳의 이름이었던 소사 일부가 합쳐진 지역이다. 따라서 우리가 富川이라는 한자 지명의 뜻과 유래를 알아보기 위해 미리 힘을 쓸 필요는 없겠다. 단지 이 富부라는 글자가 지명 등에 아주 많이 등장한다는 게 아무래도 우리가 주목할 점이다.

富부라는 글자 싫어할 사람은 별로 없다. 돈 많은 것 싫어할 사람이 그다지 없으니 그렇다. 이 글자 먼저 간단하게 풀어보자. 우선 이 글자는 '宀'과 '畐'의 합체다. 앞의 것은 '일정한 장소' 또는 '집'을 가리키는 한자 部首부수다. 뒤의 畐은 생김새를 잘 보시라. 일종의 그릇이다. 옛사람들이 생활에서 사용하던 그릇 모양을 그린 象形상형의 글자다. 아울러 무엇인가가 그 그릇 속에 가득 들어 있는 모습도 가리킨다.

집이나 일정한 장소를 가리키는 宀면에 무엇인가 가득 들어찬 그릇 畐복이 있다면 과연 무슨 의미일까. 꿀단지? 아니면 돈이 잔뜩 들어 있는 항아리? 뭐 그런 풀이가 다 무방하다. 이 글자는 생겨난 이래 줄곧 돈이나 재물 등이 많은 상태를 가리키며 그에 관한 여러 가지 의미를 차곡차곡 쌓아왔으니 말이다.

이 富川부천 다음 역이 中洞중동이고 그 다음 다음은 富開부개, 이어 富平부평이다. 우리가 여행하는 전철 1호선에만 해도 그런 富부를 달고 있는 역들이 제법 눈에 띈다. 전북에도 富坪이라는 곳이 있고, 경북에도 多富洞다부동이 있다. 돈이나 재물 많다는 뜻의 富를 싫어할 까닭이 없으니 지명에도 자연스레 그 글자가 많이 따라 붙는다.

富부에 관한 상세한 이야기는 일단 다음 부개역과 부평역이 있으니 잠시 미루자. 다음에 우리가 주목할 점은 이 富가 福복의 범위에 든다는 사실이다. 그 福이란 무엇인가. 우리에게는 로또, 즉 福券복권이 늘 눈앞에 어른거리지 않는가. 그럼 그 福의 내용은 무엇인가. 중국식으로 풀자면 富貴부귀와 長壽장수다. 한자로 적으면 富貴壽考부귀수고다. 富貴는 돈이나 재물이 많은 것 외에 신분까지 높은(貴) 경우다. 壽考수고는 두 글자 모두 장수를 뜻한다.

벤츠와 BMW나 포르쉐 등을 굴리며 멋지고 넓은 집에서 살면서, 官職관직이나 대기업 또는 그럴듯한 기업체 首長수장이나 CEO 직함까지 갖췄으면 그게 바로 富貴부귀 아니고 무엇일까. 거기다 타고난 체질, 또는 빼어난 현대 의료 기술 덕분에 90세 넘어 100세까지 바라보는 장수를 덧붙인다면 그것을 福복 아닌 다른 한자로 설명할 수 있을까.

아무튼 그런 福복이 품는 내용 富貴壽考부귀수고에서 첫머리를 장식하는 글자가 富부다. 일단 돈은 있어야 어디 가서 괄시를 받지 않는다는 말이 참말인 듯하다. 동양이나 서양이나, 예나 지금이나 東西古今동서고금의 사람 사는 이치를 따지면 이는 어느 정도 진리에 가까운 모양이다.

이 富부에 관한 해설은 조금 뒤로 미루자. 여기서 다 풀면 부개역과 부평역에 도달해서는 더 이상 할 말이 없어질지 몰라서 그렇다. 단지 富가 좋더라도 오로지 그만을 좇아서는 사람의 그릇이 좁아진다는 점만 얘기해 두기로 하자. 그래서 여기에 孟子맹자의 명언 하나 붙이기로 하자.

富貴不能淫　　(부귀불능음)
貧賤不能移　　(빈천불능이)
威武不能屈　　(위무불능굴)

어렵게 볼 것 없다. 각 구절의 앞에 등장하는 富貴부귀와 貧賤빈천, 威武위무가 각 문장의 주어다. "돈이나 재산 많고 사회적 신분이 높아지는 부귀(富貴)함도 어지럽히지(淫) 못하고(不能), 가난하고 지위가 낮은 빈천(貧賤)함도 옮기지(移) 못하여(不能), 위세와 폭력(威武)도 꺾을(屈) 수 없다(不能)"는 풀이다. 자 그렇다면 목적어는 무얼까. 여기서는 생략했으나 그 富貴와 貧賤, 威武가 꺾을 수 없는 대상은 바로 사람의 마음과 절개, 그리고 의지다. 맹자는 마지막으로 이 말을 붙인다.

此之謂大丈夫! (차지위대장부!)

"이런 사람을(此之) 일컬어(謂) 대장부라고 한다(大丈夫)!"다. 富貴부귀함도 그 마음을 어지럽히지 못하고, 貧賤빈천함도 그 節義절의를 흔들지 못하며, 威武위무도 그 뜻을 꺾지 못하는 사람이 바로 천하를 이끌어갈 큰 인재, 즉 대장부라는 얘기다. 요즘은 남녀평등의 시대다. 그게 옳은 방향이다. 그러니 이 大丈夫대장부의 범주에 현대의 여성도 당연히 든다.

그러한 큰 뜻, 곧은 뜻, 꺾이지 않는 굳센 뜻을 품고 있으면 그야말로 인재 중의 인재다. 그런 사람이 포르쉐와 벤츠를 보았다 해도 숨을 헐떡거릴 리 없다. 조금 배가 고프다고 앓는 소리 하지 않는다. 아울러 불의와 부당함 앞에서도 결코 뜻을 굽히지 않는다. 집 안에 꿀단지, 돈 단지 놔두고서 그것을 싸고돌며 뭐 마려운 강아지처럼 끙끙대는 사람과는 차원 자체가 다르다.

그것이 진정한 富<sub>부</sub> 아닐까. 물론 돈과 재물을 의미하는 富를 멀리할 필요는 없다. 당당하고 곧게 살면서 富를 거머쥐는 일은 현대사회의 미덕이다. 그러나 그런 富만을 맹목적으로 떠받들고 모든 힘을 그곳에 집중할 필요는 없다는 얘기다. 富川<sub>부천</sub>을 지나, 곧 富開<sub>부개</sub>와 富平<sub>부평</sub>에 닿는다. 이들은 1호선 인천 방향 '富'라는 돌림자를 단 3형제 역이다. 그곳 다 지나기 전에 생각해 보자. 내 진정한 富는 무엇인가.

# 중동 가운데 中, 골 洞

우리 지명에 아주 많이 등장하는 이름이다. '가운데 마을'이라는 뜻이어서 행정구역의 위치로 볼 때 중간을 차지하는 곳에 보통 이런 이름을 붙였던 모양이다. '가운데 마을'은 '간뎃말' '간데미' '간담말' 등의 순우리말로도 불리다 나중에 한자 이름 中洞중동으로 정착했으리라.

이 이름 전의 한자 명칭은 中里중리인 적도 있었는데, 한때는 부평에 속했다가 나중에는 소사로, 그리고 1970년대에 이르면서 부천이 시로 승격하면서 그곳의 한 부분인 현재의 中洞중동이라는 이름으로 자리 잡았다고 한다. 위치로 볼 때 가운데에 놓여 있어 주변이 커지면 그쪽으로 따라서 편입했던 곳일 테다.

이름 앞 글자 中중은 우리에게 아주 친숙하다. 누구나 다녔던 中學중학이란 글자에서부터 처음과 끝, 혹은 앞과 뒤의 가운데를 뜻하는 中間중간까지 이를 써서 만든 단어의 수가 매우 많다. 이 글자에 매우 강한 집착을 보이는 나라가 바로 中國중국이다. 스스로 세계의 중심이라는 뜻에서 나라 이름도 그렇게 부른다. 그보다 더 큰 자부심이든 단어가 中華중화다.

가운데 中중과 '빛이 난다'라는 새김에, 꽃을 비롯해 사물의 精髓정수를 가리키는 華화라는 글자가 덧붙었다. 자신의 문명을 세계의 으뜸이라고 생각해서 지은 이름이다. 그러나 우리에게는 그런 명칭 못지않게 기름기 많은 짜장면 등 '中華料理중화요리'로 더 친근하게 다가오고 있으니 흥미롭다.

중국과 중국인의 中중이라는 글자에 대한 집착은 문화적인 현상에서도 나타난다. 중국인의 사고형태를 딱 잘라서 말하기는 어렵지만, 그 가운데 그들의 행위와 사고에서 드러나는 가장 대표적인 '선수'를 꼽으라고 한다면 바로 中庸중용이다. 이 中庸을 해석하는 갈래는 다양하지만, 크게 정리하자면 '가운데를 향함'이다.

넘치지도 않으며, 아울러 모자라지도 않아야 좋다는 사고다. 빠르지도 않으며, 또 늦지도 않아야 한다. 뜨겁지도 않고, 차갑지도 않아야 한다. 가운데에 서서 전체적인 흐름을 보며 자신의 위치를 점검하고, 그 큰 흐름 속에서 자신이 할 일과 하지 말아야 할 일을 가른다. 뭐, 이런 식이다.

달은 차고 기운다. 보름에는 꽉 찼다가, 그 날을 기점으로 서서히 조금씩 허물어진다. 차고 기우는 일이 盈虛영허다. 달이 차고 기우는 현상, 그 반복 내지는 끝없는 순환의 이치에서 중국인들은 삶을 관찰하고, 세계를 살핀다. 그러니 늘 복판에 서서 신중하게 사태를 살핀다. 그게 거의 體質化체질화했다고 봐도 좋다.

아무튼 중국은 나라 이름, 문화적 바탕에서 우선 그렇게 中중이라는 글자를 사랑하고 아낀다. 때로는 존경하며 흠모한다. 그 가운데 올바로 서는 사람을 가장 현명하다고 여기며, 때로는 '智慧지혜'라는 이름까지 거기에 붙인다. 中중을 사랑하는 中國중국이고 中國人중국인이다. 그 점은 나중에 다시 살피도록 하자.

다음 글자 洞동은 역시 우리가 잘 쓴다. 일반적인 행정구역 명칭으로 자리 잡은 지 오래다. 市시와 區구, 그리고 그 아래가 洞이다. 도시 지역이 아니면 대개가 邑읍, 面면, 里리가 등장한다. 洞을 행정적인 명칭으로 쓰기 시작한 시기는 정확하지는 않다. 사전 등을 보면 대개 고려시대에 그 이름이 처음 등장한 것으로 나온다.

이 글자의 초기 뜻은 '사물의 움푹 파인 곳'이다. 그래서 산에 파인 구멍을 우리는 洞窟동굴이라고 적는다. '빨리 흐르는 물'의 의미도 있었으나, 이는 지금까지 이어지지는 않는다. '밝다' '뚜렷하다'의 새김도 있다. 우리가 무엇인가를 꿰뚫어 본다고 할 때 쓰는 '洞察통찰'이라는 단어의 경우다. 이때는 발음이 '통'이라는 점 기억하자.

비슷한 뜻의 洞燭통촉도 알아두면 좋다. TV 사극 등에서 신하들이 왕에게 "통촉하시옵소서" 할 때의 그 洞燭이다. 洞燭은 우선 밝은 촛불, 또는 밝은 불의 뜻이다. 아울러 '뚜렷하게 살피다'라는 뜻도 있다. 드라마 대사에 나오는 洞燭은 뒤의 새김이다. 燭촉은 대표 새김이 '촛불'이지만, 여기서는 '꿰뚫어 보다'라는 의미의 동사다.

洞天동천이라는 단어도 있다. 神仙신선 등이 사는 곳이라는 뜻이다. 사람이 살면서 일으키는 紛亂분란이 없는 이상적인 세계를 일컫는 용어다. 우리의 쓰임새도 있기는 하나, 道敎도교의 영향이 남아 있는 영역에서만 한정해서 쓰인다. 別有洞天별유동천이라는 성어도 있다. 달리(別) 있는(有) 동천(洞天)이라는 뜻인데, 경치 등이 매우 빼어나 신선 등이 살 법한 곳이라는 뜻이다. 당나라 시인 李白이백이 「山中問答산중문답」이라는 시에서 읊은 이 구절을 흉내 낸 듯한 표현이다.

別有天地非人間 (별유천지비인간)

달리(別) 있는(有) 하늘과 땅(天地), 이곳이 사람 사는 세상(人間)이 아니다(非)는 뜻이다. 그렇게 사람은 늘 제 마음속으로 이상적인 곳을 꿈꾼다. 그만큼 세상이 일으키는 물결, 世波세파가 거세다는 얘기다. 파라다이스, 샹그릴라, 樂園낙원과 樂土낙토…. 이 세상을 그런 理想鄕이상향으로 바꾸는 게 가장 좋은 일이겠으나, 그게 어디 말처럼 쉬울까.

# 송내 소나무 松, 안 內

원래의 순우리말 이름은 '솔안말'이었으리라고 추정한다. '솔'은 곧 한자로 소나무를 가리키는 松송이고, '안'은 내부를 지칭하는 한자 內내, 거기다가 '마을'의 준말 형태인 '말'이 붙었을 테다. 그래서 '솔안말'을 한자로 옮기면 松內里송내리. 일제강점기였던 1914년에는 부천군 계남면 九芝里구지리(또는 仇之里구지리)였다가 1970년대 부천이 시로 승격하면서 '松內송내'라는 이름을 얻었다고 한다.

이 솔이 곧 소나무, 즉 한자로 松송이다. 한자 松에는 '나무(木) 중 지위가 높은 사람(公)'이라는 뜻이 들어 있다고 하는데, 그 유래는 분명치 않다. 그럼에도 불구하고 이 소나무가 차지하는 위상은 제법 높다. 사시사철 푸르른 常綠상록의 나무인 데다, 자라나는 모양이 멋져 보여 그렇다. 아울러 그 목재의 용도가 높아 사람들에게는 분명 좋은 인상으로 받아들여지는 나무다.

이 솔은 우리 한반도에서 분포 면적이 가장 넓은 나무다. 가장 고르게 분포하며 자라니 한반도를 대표하는 몇 안 되는 나무 중의 하나임에는 분명하다. 더 눈여겨볼 대목은 이 나무의 '德性덕성'이다. 소나무는 남에게 자리를 비켜주는 나무다. 나 아닌 남에게 자리를 내

준다는 일이 얼마나 어려운가.

소나무는 척박한 곳에서도 잘 자란다. 물기가 적은 곳, 토질이 빈약한 곳에서도 뿌리를 잘 내리면서 왕성한 생명력을 자랑한다. 그럼에도, 나 아닌 남의 다른 植生식생이 자리를 뻗어오면 그곳에서 물러날 줄도 안다. 그래서 소나무는 비탈진 곳, 험한 바위가 뻗어나가는 산의 능선에서 자라 우리의 눈에 자주 들어온다.

늘 푸른 상록은 그 절개를 상징한다고 여겨져 소나무는 옛 선비들의 친구로 자리를 잡기도 했다. 조선의 3대 시가 시인이라고 일컬어지는 孤山고산 尹善道윤선도는 작품 「五友歌오우가」에서 소나무를 눈서리에 굽히지 않는 꿋꿋함의 상징으로 예찬했다.

사실 이 지명은 우리나라에 아주 많다. 한반도 곳곳에서 松內송내라는 지명이 많은 이유는 간단하다. 그만큼 소나무가 우리의 생활에 바짝 붙어 있기 때문이다. 어린 시절 시골에서 자란 사람들에겐 동네 입구나 조금 높은 언덕에 홀로 서있는 소나무는 친구처럼 반가웠다. 웬만한 한반도 산의 절벽 등지에 우뚝 서 있는 落落長松낙락장송은 늘 우리의 눈길을 끌었다. 가지가 축축 늘어진 키 큰 소나무, 그 落落長松 말이다.

아울러 무덤 옆을 지키는 나무로도 많이 쓰였다. 심지어 이승에서 저승으로 떠난 몸을 감싸주는 棺材관재로도 이 소나무가 자주 쓰였으니, 어쩌면 이 나무는 한반도 사람들과는 떼려야 뗄 수 없는 나무임에 틀림없다. 소나무는 한반도와 중국 동북부, 그리고 일본 일대에 주로 퍼져 살았다.

지금의 중국 땅에서 살았던 공자의 눈에도 그 소나무가 훌륭해 보였던 모양이다. 그는 『論語논어』에서 "날씨가 차가워진 뒤에야 소나무와 잣나무의 시들지 않음을 알 수 있다(歲寒然後知松栢之後凋)"라고 했다. 날(歲)이 추워진(寒然) 뒤(後) 소나무와 잣나무(松栢)의(之) 뒤늦게(後) 시듦(凋)을 알다(知)의 구성이다.

이 孔子공자의 언급을 그림으로 그린 게 '歲寒圖세한도'다. 秋史추사金正喜김정희의 작품 말이다. 가파른 언덕에 차가움을 머금고도 꼿꼿하게, 그리고 힘차게 서 있는 그 金正喜의 소나무 그림은 조선의 많은 그림 중에서도 최상의 수준에 드는 文人畵문인화로 꼽힌다.

남에게 자리를 비켜주고, 그리고 홀로 척박한 땅으로 옮겨가서도 제 꼿꼿함을 이어가는 소나무의 덕성을 살폈다. 소나무는 아울러 바람과 함께 몰아치는 눈서리의 風雪풍설에도 굽히지 않는 완강함까지 품었다. 모든 시련에도 굴하지 않고 오늘의 대한민국을 이룬 한반도의 사람들이 어쩌면 그와 꼭 닮았다.

# 부개 부유할 富, 열 開

원래는 다음 역에 있는 富平부평에 속했던 곳이다. 조선 때에는 이곳에 말 무덤이 있었던 모양이다. 원래 이름은 그에 따라 馬墳里마분리라고 했단다. 말(馬)의 무덤(墳) 마을(里)이었다는 얘기. 그러나 경기도 평택에 있는 같은 이름의 馬墳里가 말 무덤, 혹은 馬마씨 정승의 무덤이 있어 유래했다는 설이 있는 점을 감안하면 딱히 이를 확정할 수만은 없다.

마분리는 그렇다고 치자. 우리의 관심은 역시 富開부개다. 우선 이름의 유래는 이곳에 覆蓋峰부개봉이라는 봉우리 이름이 있어 지금의 명칭을 얻었다는 설, 서울에서 부평으로 들어올 때 그 입구에 있는 지역이라 '부평(富)으로 열리는(開) 곳'이라는 이름을 얻었다는 설 등이 있다. 그러나 어느 것 하나 확실하지는 않다.

앞에서 먼저 알아본 富川부천에서 富라는 글자가 지닌 속사정의 얼개는 대강 살폈다. 그 장에서 우리는 돈이나 재물 등이 많은 상태라는 의미의 글자 뜻을 새겼다. 그를 토대로 한 단어 조합은 아주 많은 편이다. 우선 富裕부유, 富有부유가 그렇다. 우리 식 발음으로는 둘이 같다. 의미도 결국 돈이나 재산의 많음을 가리킨다. 아주 돈이 많은 비즈니스맨을 우리는 성어로 富商大賈부상대고라고 부른다. 商賈상고 두 글자 모두 상인을 가리키는 한자다.

그러나 이 글자는 그에만 한정할 수 없다. 돈이나 재물이 아니라도 무엇인가가 많은 상태를 가리키기도 한다. 바로 豊富풍부가 그 예다. 富庶부서라고 적는 단어도 있다. 물산이 풍부(富)하고 사람이 많은(庶) 상태다. 나라가 평안해 농산물 등을 제대로 생산하면서 인구가 늘어나는 그런 太平태평한 시절의 형용이기도 하다.

學富五車학부오거라는 성어도 있다. 그 학식의 내용이 수레 다섯 대의 책 분량만큼 풍부하다는 뜻인데, 莊子장자가 자신과 자주 論辯논변을 벌였던 惠施혜시의 博學多識박학다식함을 일컬었던 데서 나온 말이다. 같은 뜻으로 쓰는 성어가 五車書오거서다. 역시 수레 다섯 대 분량의 많은 지식 또는 학식을 일컫는 말이다.

年富力强연부력강이라는 성어도 기억해 두면 좋다. 年富연부는 나이가 풍부하다는 뜻인데, 결국 젊다는 얘기다. 다음은 힘(力)이 강하다(强)는 뜻이다. 나이 젊고 힘이 세다는 뜻이다. 나이 든 사람들이 젊은이들에게 "자네는 年富力强하니 많은 일을 이루게나"라며 격려할 때 쓰기 좋은 말이다.

富부가 들어간 성어 중에서 대표적인 게 富國强兵부국강병이다. 이는 우리가 꽤 자주 사용하는 성어이면서도, 그 뜻을 제대로 풀지 못하는 경우가 많다. 흔히들 '나라가 잘 살고, 국방도 튼튼하다' 정도로 이해하고 있다. 그러나 原典원전의 뜻을 헤아리면 이는 정답이 아니다. 정확한 뜻은 '나라가 잘 살아야 국방도 강해질 수 있다'다. 富國부국

해야 强兵강병을 이룬다는 식의 조건 제시 형이다.

　이 富國强兵부국강병은 사실 중국의 春秋戰國춘추전국시대에 집중적으로 발현했다. 그 春秋戰國시대란 바로 크고 작은 수많은 나라가 패권을 잡기 위해 하루가 멀다 하고 싸움을 벌이던 시기다. 그런 경쟁과 싸움에서 뒤처지지 않기 위해서는 다른 방도가 없었다. 잘 살면서 튼튼한 군대를 보유하는 일이다.

　그를 중국의 역사 무대에서 멋지게 펼쳐 보인 인물이 바로 管仲관중이다. 춘추시대 초반에 齊제나라 桓公환공을 보필했던 명재상이다. 또 鮑叔牙포숙아라는 인물과 끈끈한 우정을 펼쳐 보여 管仲과 鮑叔포숙의 우정이라는 뜻의 管鮑之交관포지교라는 성어를 만든 주인공이다.

　그는 나라를 경영하는 첫째 조건을 잘 사는 데 뒀다. "백성을 우선 잘 살게 해야 나라를 잘 이끌어갈 수 있다(凡治國之道, 必先富民, 富民則易治也)"고 했고 이어 백성이 잘 살아야 나라가 부유해지며, 나라가 부유해져야 군사력이 강해진다고 역설했다. 富國强兵부국강병이라는 성어 자체는 그 전의 기록에도 보이지만, 그를 제대로 풀어 현실에 구현한 주인공은 아무래도 관중이 으뜸이다.

　돈 많은 사람은 富者부자다. 그 풍요로움이 아주 거하게 넘치면 우리는 그를 富豪부호라고 한다. 富者 중에서 으뜸에게는 天干천간의 첫 글자인 甲갑을 붙여 甲富갑부라고 부른다. 그런 富者들이 아주 많아져 사회가 부유해지고, 나아가 나라가 부강해지면 최고다. 그런 富부의 첫머리를 열어간다는 뜻의 富開부개라는 땅 이름 참 좋다. 그러나 고루 잘 살아야 한다. 모두가 고르게 잘 사는 사회가 가장 좋다.

# 부평 부유할 富, 평평할 平

고구려 때에는 主夫吐郡주부토군, 신라 경덕왕 때는 長堤장제라는 이름
으로 불렸던 지역이라고 한다. 고려에 들어와서는 樹州수주라는 이름
도 얻었다. 백과사전에 따르면, 富平부평이라는 이름이 처음 등장한
시기는 고려다. 1310년 忠宣王충선왕 때라고 한다. 이때 처음 등장하는
이름이 富平府부평부다.

이곳은 평야지대에 속한다. 해발 20m의 벌판이 죽 이어져 있고,
옆의 아주 넓은 金浦김포 평야의 일부에 든다. 더구나 수도인 서울에
바짝 붙어 있으며, 그곳에서 仁川인천으로 향할 때에는 반드시 거쳐
야 하는 곳에 해당한다. 한반도 첫 철로인 京仁線경인선이 이곳을 지
나고 있으며, 경인고속도로 또한 이곳을 거친다. 교통의 요지이며 物
流물류가 왕성한 곳이어서 이곳은 예로부터 주목받았다.

중국에도 이 富平부평이라는 지명이 있다. 2012년 중국 최고 권력
의 자리에 오른 習近平시진핑의 고향이다. 중국의 富平은 陝西섬서라는
곳에 있다. 이곳 이름의 원래 뜻은 富庶太平부서태평이다. 앞에서도 잠
시 소개했던 富庶부서라는 단어는 물산이 풍부(富)해서 사람이 많이
있다(庶)라는 뜻이다. 거기에 다시 전란이나 재난 등이 없는 아주 평

안한 시절이라는 뜻의 太平태평이 붙었다.

평안한 세월에 풍부한 물산, 그를 먹고 자라난 많은 인구-. 중국의 富平부평이라는 곳은 그런 뜻을 지닌 성어 식 표현의 준말이다. 지금이야 전란 등이 자주 벌어지지 않아 좋지만, 예전에는 사정이 달랐던 모양이다. 특히 중국은 전란이 빈발하기로는 세계사에서 비슷한 예를 찾기 힘들 정도의 땅이었다. 따라서 이 富平이라는 단어가 눈물겨울 정도로 반가울 것이다.

여기서 다시 富부라는 글자를 뜯어볼 필요는 없을 듯하다. 앞의 富川부천, 그 다음 富開부개를 거치면서 우리는 이 글자 富의 정체를 충분히 살폈기 때문이다. 전철 1호선 인천행 구간에서 富川과 富開, 富平부평의 이 세 역은 '富를 돌림자로 하는 3형제'와 같은 신세다.

이 글자는 사실 福복이라는 글자와도 통한다. 富부가 곧 福이고, 福이 곧 富라고 할 수도 있다는 얘기다. 富가 만인이 모두 바라는 대상일 수 있듯이, 福 또한 땅에 발을 딛고 사는 사람들 대개가 간절히 바라는 대상이다. 따라서 이 福에는 많은 사람의 관심이 쏠리게 마련이다.

누군가 자기에게 큰 행운을 선사하는 사람이 있으면 우리는 그를 "福복덩이"라고 일컫는다. 로또라는 이름이 요즘 유행하지만 예전에는 福券복권으로 불렀다. 福을 가져다주는 티켓(券)이라는 뜻이다. 그런 福이 와 닿기를 빌어주는 행위가 바로 祝福축복이다. 행운과 함께 내려지는 복이 幸福행복, 그 수량의 많음이 多福다복, 헤아릴 수 없이 많으면 萬福만복이다.

그런 많은 바람과 希求희구에도 불구하고 그 福복의 본질을 바라보는 철학자의 눈은 냉정하다. 특히 老子노자는 일찍이 그 점을 알렸다. 그는 자신의 저작인 『道德經도덕경』에서 다음과 같이 말했다. 新吉신길역에서 풀었지만, 여기에 다시 인용키로 한다.

"복이라, 화가 숨어 있음이라. 화라, 복이 기대는 곳."
(福兮禍所伏. 禍兮福所倚)

우리는 흔히 둘을 禍福화복이라고 부른다. 둘은 반대다. 하나는 재앙이고, 다른 하나는 즐거움이다. 노자는 그러나 둘을 '동전의 양면'으로 보고 있다. 복에는 화가, 화에는 복의 요소가 모두 숨겨져 있다는 얘기다. 하나의 상황이 절대적이지 않음을 말하기도 한다.

어려운 얘기다. 그럼 우리는 쉬운 스토리로 이를 이해하면 좋다. 우리에게 잘 알려진 '塞翁之馬새옹지마'라는 성어 이야기다. 내용은 대강 알고 있다. 간단히 덧붙이자면 이렇다. 변방의 늙은이가 하루는 말을 잃어버렸다. 옛 중국의 이야기이니, 당시 기준으로 따지면 그가 키우던 말은 지금의 에쿠스 자동차처럼 비싼 재산이었겠다. 그러니 자연스레 이웃들이 와서 위로했다.

"귀중한 말을 잃으셨으니 얼마나 상심이 크시겠습니까…." 그러나 이 늙은이의 말이 걸작이다. "지금 말을 잃은 게 행인지 불행인지

어찌 알겠소"다. 이상한 대답 아닌가. 에쿠스 한 대 잃어 버렸으면 난리를 쳐야 정상인데, 늙은이의 태도가 의연하기 짝이 없다.

그러나 그 집을 나간 노인의 말은 밖으로 떠돌다가 '걸 프렌드' 하나를 데리고 온다. 잃어버린 에쿠스가 두 대로 변신해 돌아오는 형국. 그러자 이웃들은 또 찾아와 경축한다. 그러나 노인의 대답은 저번과 같았다. "이게 행인지 불행인지 어찌 알겠소"다. 그런 일이 반복해서 일어난다.

다음은 집 나간 말이 데리고 온 걸 프렌드 말을 타다가 노인의 아들이 땅에 떨어져 다리를 분질렀다. 이웃들의 위로가 이어졌다. 그러나 노인의 대답은 전과 같았다. 이어 변방에서 전쟁이 벌어진다. 다리가 부러진 노인의 아들은 다행히 군에 끌려 나가지 않아 목숨을 건진다. 노인이 본 게 맞았다. 말을 잃고, 말을 하나 더 얻고, 아들의 다리가 부러지고, 전쟁이 벌어진다.

그런 모든 상황에 福복과 禍화의 요소가 다 숨어 있다. 한 번 마주친 상황에서 비탄하거나 낄낄거리며 본분을 잃으면 곤란하다. 그 안에 숨어 있는 예상치 못한 요소에 대비해야 좋다. 모든 상황에서 一喜一悲일희일비하지 말고 침착하게 긴 안목으로 앞에 다가올 무엇인가에 대비해야 한다는 메시지다.

漢字한자, 나아가 漢文한문의 세계가 펼치는 사고의 자락이다. 빛이 있으면 그늘이 생기는 법, 밝음과 어둠을 함께 아우르는 식의 사고 패턴이다. 그러니 輕擧妄動경거망동과는 거리가 멀다. 신중하게 상황의 흐름을 멀리 내다보며 앞으로의 행위를 저울질하는 지혜의 속성이 강하다.

福복을 바라보는 시선, 禍화가 닥칠 때도 쉽게 거둬들이지 않는 그 신중한 살핌이 어딘가 무게감을 느끼도록 만든다. 그러하니 福이 그저 福이 아니요, 禍 또한 그저 禍가 아니다. 福에서 禍의 요소를 미리 읽고, 禍에서 福의 기운을 읽는다. 어려운 곳에서 밝음을 살펴 움직이고, 즐거운 곳에서는 다가올지 모를 위기에 대비한다. 결국 사람의 의지다.

부천과 부개, 부평의 '3富부 돌림자 형제' 역을 지나면서 우리는 이 점을 생각해야 옳겠다. 禍화로부터 福복의 요소를 끌어내 어둠을 벗어나고, 福에 이르러서는 그것에 묻히지 말고 다가올 위기에 대비하는 그런 자세 말이다. 어딘가에 빠져 벗어나지 못하면 사람은 골병이 든다. 그 점은 富와 福에서도 마찬가지다. '말을 잃어버린 노인'에게서 우리는 이래저래 배울 점이 참 많다.

# 백운 흰 白, 구름 雲

이름이 '흰 구름'을 뜻하는 白雲백운이다. 듣기에, 그리고 보기에 언뜻 좋다. "흰 구름 흘러가는 곳~"이라는 내용으로 나오는 노래도 있다. 흰 구름은 가벼운 구름이다. 물기가 많으면 그 구름의 색깔은 어둑 어둑해진다. 흰색을 더할수록 구름은 가볍다. 따라서 습기 없는 날, 쾌청한 날에 하늘에 드리우는 구름이 흰 구름이다.

한자 역명 白雲백운은 이 지역의 특별한 장소와 상관은 없어 보인 다. 사전 등의 설명에 따르면 그저 전철 1호선을 개통하면서 주민들의 투표로 결정했다고 한다. 특별히 山地산지가 발달했으면 그 白雲 이라는 이름은 어울린다. 산봉우리에 자주 그런 구름이 드리우니 말이다.

그러나 백운역이 있는 곳에는 산지가 발달하지도 않았다. 따라서 어떤 연유에서 주민들이 투표로 역명을 그리 결정했는지가 궁금해 진다. 지금이야 그를 자세히 파헤칠 수는 없다. 그럼에도 백운은 보 통의 구름보다 잘 떠다니는 가벼운 구름이다. 속도는 빨라 보이지는 않으나 그래도 우리의 곁을 말없이 스쳐 지나가는 세월처럼 구름도 그리 잘 흐르고 만다.

그러니 驛名역명에도 잘 어울린다. 가벼움과 흘러감, 정처 없음, 돌아다님 등 흰 구름이 지닌 이미지가 역을 지나치는 나그네와 닮았기 때문이다. 인생은 그렇게 흘러 지나간다. 인생뿐이겠는가. 모든 것이 세월처럼, 바람처럼, 연기처럼 곧 사라진다. 역명에 그렇게 구름의 이미지가 들어가 있다는 점은 투표에 나섰던 이곳 주민들의 정서가 보통이 아님을 말해주기도 한다.

구름 이야기가 나왔으니 한자로 구름을 가리키는 雲운을 이야기하지 않을 수 없다. 우선 색깔이 다양하다. 흰 구름이 白雲백운이면 검은 구름은 黑雲흑운이다. 이 黑雲은 한자로 적기에 앞서 먹구름이라는 순우리말이 더 정겹다. 이 먹구름의 이미지는 별로 좋지 않다. 곧 비를 뿌리는 구름이기 때문이다. 그러나 힘겨운 가뭄에 닿은 사람에겐 흰 구름보다 먹구름이 훨씬 반갑다.

먹구름은 검은 구름으로도 말한다. 다른 한자 단어로는 털색이 새카만 까마귀를 동원해서 烏雲오운이라고도 적는다. 기상적인 조건에서 먹구름이 좋다 나쁘다를 이야기하는 것은 사람의 편견이다. 비는 대지에 내려야 한다. 그 비를 뿌리는 구름이 까맣다고 해서 나쁘다는 것은 사람이 제 경우에서 이해관계를 따지기 때문일 뿐이다.

그럼에도 이 먹구름, 검은 구름은 어딘가 심상찮은 조짐도 이야기한다. 비 뿌리기 전의 먹구름을 전쟁의 기운으로 말하는 경우다. 우리는 전쟁의 조짐을 말할 때 흔히 戰雲전운이라는 단어를 쓴다. 전쟁의 먹구름이다. 먼 하늘에서 시커멓게 몰려오는 먹구름을 전쟁에 비유한 표현인데, 아주 그럴듯한 정감을 담고 있다.

그런 구름을 실제 자주 목격하는지는 분명치 않으나 우리는 靑雲청운이라는 말을 자주 쓴다. "靑雲의 뜻을 품고…"라면서 젊은이 등을 격려하거나 그 뜻을 칭찬할 때의 경우다. 靑雲은 곧 '푸른 구름'이라는 뜻인데, 아무래도 흰 구름이면서도 파란 하늘 높이 떠있는 구름을 지칭했던 듯하다. 이는 나중에 '아주 높은 이상' '퍽 높은 벼슬' 등의 뜻으로 발전한다. '靑雲의 뜻'이라고 하면 높이 오르려는 사람의 의지라고 풀이할 수 있다.

여러 가지 빛깔을 담아 아름답게 비치는 구름이 彩雲채운이다. 노을 등에 의해 물든 구름을 가리킨다. 그런 다양한 빛깔의 구름을 五雲오운이라고도 한다. 다섯 가지 색깔이 아니라 여기서는 여러 종류의 색깔을 의미한다고 봐야 좋다. 보랏빛을 띤 구름은 紫雲자운이라고도 표기한다.

두둥실 정처 없이 떠다니는 구름을 이야기할 때는 浮雲부운이라고 적는다. 물이나 공기 등에 '뜬다'는 뜻의 한자가 浮부다. 구름이 공중을 떠다니니 모든 구름이 浮雲에 들지 않을 수 없다. 그런 구름처럼 어느 한 곳에 얽매이지 않는 인생, 그런 사람 등을 일컬을 때 쓰는 말이다.

구름과 비는 거의 동의어다. 그러나 둘을 한자로 적는 雲雨운우는 색다른 의미를 지닌다. 남녀기 서로 사랑을 나누면서 습合을 이루는 행위를 이에 비유할 때가 많다. 그래서 남녀 둘이 나누는 '사랑'의 행위 또는 그런 정감을 '雲雨之情운우지정'이라고 적는다.

지나가는 구름이 行雲행운이고, 흐르는 물이 流水유수다. 行雲流水행운유수라고 적으면 그저 막힘없이 흘러 지나는 것을 가리킨다. 문장이나 말솜씨 등이 자연스레 펼쳐지는 모습을 표현할 때 쓸 수 있다. 그런 구름이 가득 모이는 형태는 雲集운집이라고 적는다. "관중이 구름같이 모인다"고 할 때 굳이 한자로 적으면 그 모양이 바로 雲集이다.

구름에 관한 한자 단어는 사실 더 많다. 그러나 여기서 다 풀 필요는 없다. 지하철 역명 어디에선가 다시 구름이 등장하면 그때 더 펼치기로 하자. 마지막으로 덧붙일 단어가 있다면 風雲풍운이다. 바람과 구름을 지칭하는 단어다. 그러나 바람과 구름을 가리키는 風雲이라는 단어가 담고 있는 뜻은 좀 별나다.

먹구름처럼 무엇인가를 암시한다. 역시 거세게 닥칠 변화, 위험, 어려움 등을 가리킨다. 바람이 일고 구름이 가득 몰리는 상황이다. 그래서 '風雲풍운의 세월'이라고 적으면 평탄한 길이 아닌, 바람 불고 비 내리는 험한 인생의 길이다. 바람이 일으키는 물결, 風波풍파도 거의 같은 뜻이다. 바람 불고 서리 내리는 상황이면 風霜풍상이다. 모두 맑은 날씨, 쾌청한 하늘과 반대의 상황을 나타낸다.

그래서 흰 구름이 보이는 白雲백운의 날씨가 좋은가 모르겠다. 그런 흰 구름마저 없으면 더 좋겠다. 인생의 길은 그러나 바람 불고 비 내리는 경우가 많다. 그럼에도 꿋꿋이 걸어가야 할 길이다. 불어대는 바람과 몰아치는 비, 그에 一喜一悲일희일비하지 말 일이다. 바람 멎고 비 그치면 반드시 저 먼 하늘에서 '툭' 하며 밝은 빛은 터지게 마련 이다.

# 동암 구리 銅, 바위 嵒

주변에 있던 작은 구리 탄광, 그리고 그곳에서 캐냈던 구리 때문에 지어진 이름이라고 한다. 이 역이 있는 곳은 부평의 十井洞십정동이다. '열 우물'의 순우리말이 있던 동네였을 텐데, 이런 지명이 역 이름 짓는 데서는 쓰이지 않았다는 점이 이상하다. 그럼에도 어느 땐가는 그 주변의 작은 구리 광산에서 값나가는 구리가 나왔으니 구리 동(銅)에 바위 암(巖)을 붙여 銅巖동암이라는 이름이 생겨났을 것이다. 역명의 공식 표기에서는 바위 암(巖)의 약자 嵒(암)을 썼다.

이 구리는 아주 귀한 금속이었다. 지금도 각종 케이블을 만들 때 쓰이면서 제값을 하지만, 인류의 생활이 石器석기시대를 마감하고 서서히 암석 등에 묻혀 있는 금속재질에 주목하기 시작하면서 특히 몸값이 천정부지로 뛰었을 테다. 우리는 그런 무렵을 靑銅器청동기 시대라고 간주하면서 특별한 관심을 기울인다.

인류의 역사가 청동기시대에 접어들어서야 대량으로 인력을 동원해 무엇인가를 꾸미고 벌이는 큰 행사를 치를 수 있었기 때문이다. 이는 결국 사회조직의 확대를 의미했다. 血緣혈연을 기초로 이뤄진 가족, 나아가 氏族씨족 및 部族부족사회에서 그런 작은 단위들이 크게 합쳐지는 準준 국가 형태, 내지는 국가 초기 형태의 사회를 이뤘을 시기에 해당한다.

그런 무렵에 쓰였던 금속이 구리, 즉 靑銅청동 또는 그냥 銅동이다. 어림잡아 대개 지금으로부터 약 4000년 전의 상황이다. 이때 권력을 잡았던 그룹들이 썼던 각종 구리 그릇, 즉 銅器동기가 출현한다. 무기도 많이 나오는데 구리로 만든 劍검과 화살촉, 창 등이다. 아울러 각종 장신구도 보인다. 그런 구리는 뒤이어 나온 鐵철에 밀린다. 견고함에서 구리가 무쇠를 당할 수 없었기 때문이다.

그럼에도 구리는 나중에 아주 유용하게 쓰인다. 무쇠에 비해 형태를 빚을 수 있는 可塑性가소성이 뛰어나기 때문이다. 대표적인 게 구리로 만든 돈이다. 우리는 이를 銅錢동전으로 적는다. 종이 貨幣화폐의 출현은 먼 뒷날의 일이다. 우선 구리로 만든 銅錢이 출현해 한동안 인류 사회의 경제생활을 물 흐르듯이 자연스레 흘러가게 만든다.

인류생활은 이 구리로 인해 윤택해졌다. 각종 상품 등을 일컫는 物貨물화를 서로 교환하는 데 이런 화폐가 등장했다는 점이 특기할 만하기 때문이다. 따라서 동전의 출현은 인류 역사에서 그 시기와 뒤의 시기를 가르는 劃期的획기적 사건이었다.

하지만 예나 지금이나 모두 그런 돈만을 좇는 풍조가 문제다. 그렇게 만들어진 동전을 지나치게 추구하다 보면 생기는 게 동전 구린내다. 우리는 그를 銅臭동취라고 적는다. 구리(銅)에 냄새날 취(臭)를 엮었다. 돈만 알고, 돈만 바라며, 돈만 숭배하는 지독한 사람들을 비꼴 때 쓰는 단어다.

銅鏡동경은 운치가 있는 단어다. 구리로 만든 거울(鏡)이라는 뜻이다. 지금의 유리 거울은 역사가 일천하다. 그전의 동양사회에서는 대개 구리거울로 자신을 비췄다. 용모를 다듬을 때 사용한 경우가 대부분이겠지만, 옛사람들은 자신을 省察성찰하는 도구로도 간주했다. 그래서 옛 문헌에는 자주 등장하는 단어다.

銅人동인이라는 단어도 관심을 끈다. 구리로 만든 사람이라는 뜻이다. 중국에 처음 통일 제국을 세운 秦始皇진시황이 당시의 많은 무기를 걷어 들여 녹인 뒤 12개의 어마어마하게 큰 사람 형상(十二銅人)을 세웠다는 얘기가 있다. 秦始皇 전에도 그런 기록이 보이는데, 대개는 쇠로 만든 사람이라는 뜻에서 金人금인으로 적었단다.

아무튼 진시황이 銅人동인을 만들어 세우면서 나중 들어선 왕조도 이를 따라했던 모양이다. 그런 전통이 지금까지 내려와 銅像동상으로 이어졌는지는 확실하지 않다. 어쨌든 사람 모습의 큰 구리 형상을 세우는 전통은 꽤 오래전에 나왔으리라고 추정할 수 있다.

구리는 그 밖에도 活字활자로 쓰이면서 인류 생활에 크게 기여했다. 우리는 그를 銅活字동활자라고 부르면서 최근까지 사용한 기억을 지니고 있다. 구리로 만든 판형을 銅版동판이라고 부르기도 하는데, 컴퓨터를 이용한 인쇄가 활성화하기 전 많이 썼던 물건이다. 그런 구리가 나왔던 광산이 있어서 붙었던 이름이 銅巖동암이다. 그 구리에는 어쨌든 인류 역사의 발자취가 깊이 새겨 있다. 석기에서 청동기, 철기에 이어 IT로 이어지는 광통신의 시대다. 나는 지금 어느 세월에 어떻게 실려 흘러가고 있는가. 그러면서 내 마음속 구리거울로 스스로를 슬쩍 비춰 볼 일이다.

# 간석 사이 間, 돌 石

일제 때 행정구역을 통합하면서 생긴 이름으로 보인다. 이곳 일대에 있던 間村간촌과 石巖석암의 앞 글자를 따서 지은 이름이 間石간석이라는 얘기다. 따라서 우리는 이 역명에 정색을 하고서 그 풀이에 골몰할 필요는 없을 듯하다.

그 이름만으로 볼 때 간석은 '사이에 놓는 돌'의 의미다. 옛 건축 등에서 돌과 돌 사이에 두는 조그만 돌 정도로 보면 좋다. 그나저나 이 間간이라는 글자는 쓰임새가 하염없다고 해도 좋을 정도로 많다. 우선 時間시간이다. 우리가 늘 맞이하면서 또한 늘 떠나보내야 하는 이 시간의 의미를 모르는 사람은 없다. 時시는 그렇게 흐르는 '때', 間은 우리가 인위적으로 적는 단위로 이해하면 좋다.

空間공간도 그렇다. 영어로는 space겠다. 이 空間의 의미도 다시 덧붙인다면 군더더기다. 시간과 空間이 서로 어울리면 무엇일까. 바로 우리가 살고 있는 지금의 이때와 장소를 가리킨다. 합쳐서 時空시공 또는 時空間시공간이라고도 한다.

人間인간이라는 말도 흥미를 자극한다. 사람과 사람의 사이, 또는 사람 사는 세상이라는 뜻이다. 이제는 사람 그 자체를 가리키는 말

280

로도 정착했다. "人間이 되거라" 등으로 쓸 때 말이다. 그러나 원래는 '사람 사는 세상'이 옳다. 이는 앞의 中洞중동역에서 인용한 바가 있다. '달리 하늘과 땅이 있으니, 이곳이 사람 사는 곳이 아니리'라는 뜻의 '別有天地非人間별유천지비인간'을 소개하면서 말이다.

사람 사는 곳, 人間인간이라는 단어가 어쩌다 결국 '사람' 그 자체를 뜻하는 단어로 정착했는지는 더 연구해 볼 일이다. 그러나 어쨌든 그렇게 人間은 '인간'으로도 발전했다. 瞬間순간은 또 무엇일까. 앞의 瞬순은 '눈 한 번 깜짝하다'의 뜻이다. 다음 間간은 우리말로 '사이'다. 그러니 瞬間은 '눈 깜짝할 새'다. 아주 짧은 시간을 가리킨다. '瞬間에서 永遠영원으로~'. 대중가요의 제목으로도 쓰이는 말인데, 아주 짧음에서 끝없음으로 간다는 뜻일 테다.

가운데 끼어 있는 틈이 中間중간이다. 앞과 뒤, 그 아닌 공간이 다 중간이다. 앞과 뒤에 비해서는 넓은 곳, 즉 廣域광역이다. 그래서 잘 보이지는 않는다. 숨어 있기 좋다. '於中間어중간'이라는 말이 있다. "於中間하다" 등의 용례가 많다. 中間과 '~에'라는 뜻의 於어라는 글자의 붙임이다. 중간 어딘가에 있다, 또는 그런 자리를 잡고 있다 등의 의미다. 나중에는 '대충' '대강' '하나마나' '있으나 없으나' 등의 의미로 발전했다.

間간이라는 글자는 동사일 때 '사이를 넓히다' 등의 의미다. 離間이간이 대표적이다. 그런 행위가 바로 '이간질'이다. 間諜간첩의 경우도 마찬가지다. 중간을 파고들어 적진의 정보를 캐면서 그 틈새를 파는 게 間諜의 직무다. 그런 間諜을 거꾸로 이용하는 것이 反間반간이다.

아무튼 많은 쓰임새를 가진 글자가 間간이다. 다음 글자는 돌을 가리키는 한자어 石석이다. 붙일 말이 아주 많은 한자어다. 이는 나중에 이 글자가 다시 등장하는 역명에서 풀어가기로 하자. 間石간석이라는 이름은 좋다. 앞과 뒤의 돌멩이를 이어주는 작은 돌멩이다. 사람과 사람의 사이를 이어주고 맺어주는 그런 사람도 좋다. 우리는 사람과 사람 사이, 즉 '人間인간'이라는 세상의 벌어진 틈을 얼마나 메우면서 살아가는 사람일까.

# 주안 붉을 朱, 편안 安

지금의 인천 남동구 만월산으로 추정하는데, 이곳 일대에는 붉은색의 흙이 돋보이는 산이 있었던 모양이다. 게다가 기러기 모습이었다고 한다. 그래서 붙은 이름이 朱雁주안이란다. 붉은색 朱주에 기러기 雁안이다. 인천 일대의 옛 지도를 보면 朱岸주안이라는 이름도 나온다.

붉은 색깔을 띠는 언덕(岸)이라는 뜻이다. '언덕'이라는 새김이기는 하지만 바다에서 볼 때 산의 모습이 그리 비쳤을 수도 있다. 어쨌든 인천 일대에서 '붉은색'이라는 새김의 朱주라는 글자가 들어가 있는 이름은 이 말고 없는 편인데, 이 주안의 한자 이름이 왜 지금의 朱安주안으로 정착했는지에 관한 설명은 없다.

기록에 따르면 이곳은 한반도 최초로 天日製鹽천일제염을 시도했던 곳이다. 바닷물을 끌어들여 햇빛에 말리면서 소금을 얻는 그런 방법 말이다. 일부 기록에는 그렇게 천일염을 시도한 연도가 1907년으로 나온다. 일본이 강제로 대한제국을 병합하기 얼마 전이다. 그래서 주안은 천일염의 첫 생산지로 유명하다.

한반도 최초의 철도인 京仁경인선 구간에서 주안이라는 역명이 버젓이 등장한다는 점을 볼 때 주안역은 한반도 철도역으로서 지닌 이름의 역사가 아주 오랜 편이다. 그럼에도 우리는 우선 역명의 한자에 주목할 일이다. 붉을 朱주, 편안할 安안이라는 두 글자 말이다. 이 역에서는 우선 붉거나 빨간색의 朱를 풀어보자.

먼저 朱주는 색깔을 가리킨다. 붉은색인데, 빨간색을 가리키는 紅홍과는 비슷하지만 달라 보인다. 아무래도 빨강의 깊이가 조금 더 하다는 정도? 때로는 朱紅주홍이라는 말을 써서 빨강 계통을 나타내기는 하지만, 그 빨강 자체보다는 조금 어두운 색이라고 보는 게 좋다. 朱黃주황은 빨강이면서도 누런색의 黃황이 덧대져 있는 색깔이다.

漢字한자에서 빨강을 표현하는 글자는 제법 많다. 대표적인 글자는 우선 赤적과 朱주다. 중국의 사전적 정의에 따르면 赤은 紅홍과 같다. 그에 비해 朱는 그보다 더 넓은 범위의 빨강을 표현한다고 본다. 그러나 이마저도 헷갈리기 쉽다. 붉은색 계통의 많은 글자들이 정확하게 어떤 색깔을 가리키는지 구분하는 일은 거의 불가능에 가깝다.

그래도 우리 생활에서 쓰이는 붉은색 지칭용 한자는 알아둘 필요가 있겠다. 위의 글자 외에 그런 새김으로 쓰이는 글자는 丹단이 있다. 緋비도 역시 마찬가지다. 彤동이라는 글자도 붉은색 계통인데, 주홍색을 가리킨다는 설명이 붙어 있다. '빛이 난다'는 새김의 赫혁이라는 글자도 색깔을 말할 때는 '선명한 붉은색'의 뜻이다. 보라색을 가리키는 紫자 또한 빨강에 파랑이 스며든 색깔이다.

朱주라는 글자는 우선 姓氏성씨로도 이름이 높다. 한국에도 이 朱씨 성을 가진 사람이 많다. 중국에서는 王朝왕조를 일으켰던 성씨라서 제법 세력이 크다. 明명나라를 세운 朱元璋주원장의 경우다. 조선 500년의 사상을 틀어쥐었던 사람이 朱熹주희다. 그를 최고로 높이는 朱子주자라는 호칭으로 유명하다.

그에 비해 赤적과 紅홍은 원래 색깔의 의미를 넘어서 대한민국과 惡緣악연을 맺은 컬러다. 둘은 한 이념의 상징이다. 60여 년 전 한반도에 피바람을 몰고 왔던 김일성의 남침 전쟁 6·25와 같은 열에 선 색깔이다. 그 둘은 共産主義공산주의가 표방하는 색이다. 프롤레타리아라는 계급의 피와 땀을 상징한다.

북한의 赤衛隊적위대가 있다. 이 명칭의 본래 뜻과는 상관없이 이제는 북한이 노동자와 농민 등을 엮어 만든 民兵민병 조직이다. 이른바 勞農赤衛隊노농적위대다. 공산당을 대변하는 깃발도 赤旗적기라고 한다. 공산당의 군대가 赤軍적군이다. 중국 공산당은 자신의 군대를 부르는 정식 명칭, 人民解放軍인민해방군의 이름 이전에 국민당과의 내전 기간 중 운용하던 부대를 紅軍홍군으로 통칭하곤 했다. 중국의 붉은 깃발을 紅旗홍기라고 부르며, 때로는 중국산 자동차에도 이 이름을 붙였다.

그러나 赤紅적홍이라는 두 글자가 억울하다. 원래 색깔의 의미인데, 사람들이 거기에 덧칠을 심하게 가했기 때문이다. 빨강은 색깔로서 강력한 생명력을 상징한다. 붉은색의 피가 없으면 동물은 살아가지 못한다. 아울러 기쁨의 상징이기도 하다. 공산주의 중국 이전에 중국인들은 이 빨강을 기쁨과 생명의 의미로 사용했다. 전통 명절이나 축하 행사 등에 중국인이 내거는 색깔의 대부분이 이 빨강이다.

봉사와 헌신을 표방하는 국제적 기구인 赤十字적십자, 예수의 고결함을 나타내는 red wine은 赤葡萄酒적포도주다. 赤心적심이라고 적으면 '정성스럽고 참된 마음', 赤子적자라고 하면 갓난아이 또는 百姓백성을 가리킨다. 赤字적자는 결산에서 지출이 수입보다 많은 경우를 가리킨다.

紅홍의 조합도 무수하다. 綠茶녹차와 대비하는 紅茶홍차, 예쁜 얼굴의 미인을 紅顔홍안, 얼굴에 붉게 떠오르는 부끄러움 등을 紅潮홍조, 붉게 물든 단풍잎을 紅葉홍엽, 붉은 등을 紅燈홍등, 그런 등이 켜진 유흥업소 거리를 紅燈街홍등가로 적는다. 빨갛게 산을 물들이는 꽃이 映山紅영산홍, 붉은 꽃을 오래 피우는 게 百日紅백일홍 등이다.

우리에게 잘 알려진 명구가 있다. 빨강에 가까이 가면 빨개지고, 까만색을 가까이 하면 까매진다는 얘기다. 한자로는 '近朱者赤, 近墨者黑근주자적, 근묵자흑'이다. 굳이 구별하자면 여기서의 朱주는 긍정적 의미다. 정의롭고 좋은 것을 가까이 하면 그 사람도 좋아진다는 얘기다. 朱와 赤적이 모두 밝고 건강한 의미로 쓰였다.

그에 비해 새카만 색깔의 먹을 가까이 하면 검게 변한다는 의미의 近墨者黑근묵자흑은 좋지 않은 의미다. 墨묵과 黑흑 모두 부정적 의미다. 나쁜 사람 가까이 하면 그 사람도 나빠진다는 뜻이다. 朱赤주적과는 반대다. 그러나 이 역시 사람의 비유에 불과하다. 색깔은 죄가 없다. 거기에 의미를 덧붙이는 사람의 인식이 문제일 뿐이다.

그러나 조심할 일은 있다. 赤色적색과 紅色홍색 자체야 죄가 없지만, 그를 이념의 상징으로 내세워 자유 대한민국을 위협하는 북한 공산 당이 문제다. 그들은 대한민국을 붉게 물들이는 赤化적화의 야욕으로 눈이 붉게 달아오른 紅眼홍안의 상태다. 그에 대비하지 않으면 결국 우리가 맞이할 미래는 암담하다.

그런 정도에서 이 빨강을 정리하기로 하자. 붉은색의 언덕, 그런 색의 산, 그리고 그 색깔의 기러기에서 유래했다는 朱安주안역은 우리 생활의 편의를 돕는 그런 훌륭한 전철역이다. 그 색깔은 이 땅에 사 는 사람들을 품는 따뜻하고 온화한 생명의 색깔일 것이다.

# 도화 길 道, 벼 禾

역시 다른 두 지역 이름을 합쳐 만든 지명이다. 설명에 따르면 1914년 道馬洞도마동과 禾洞화동의 두 지역을 통합하면서 앞의 한 글자씩을 따서 道禾도화라고 지었다는 것이다. 원래 대한제국 시기 인천부의 다소면에 속했던 곳으로 순우리말의 지명은 '도마다리'와 '베말'이었던 모양이다. '도마다리'는 말이 지나다니는 다리, '베말'은 벼 마을이라는 우리말로서 각각 도마동과 화동으로 자리를 잡았다가 나중에 도화동이라는 이름으로 합쳐졌다는 설명이다.

道도는 우선 '길'의 새김이다. 그 길이라는 게 참 의미가 깊다. 우리가 가야 할 길, 지나야 할 길이라는 뜻에서 일찌감치 '진리' 또는 그에 닿는 길이라는 의미까지 얻었다. 그래서 일찍이 孔子공자는 "아침에 도를 들으면 저녁에는 죽어도 좋다(朝聞道, 夕死可矣)"라고 하지 않았던가.

이 글자는 앞으로도 계속 출현한다. 쓰임이 많은 글자이니만큼 역명에도 자주 등장한다. 그러므로 나중에 이 글자가 다시 역명에 나올 때 풀이를 더 해나가도록 하자. 여기서는 다음 글자 禾화에 우선 주목하는 게 좋겠다.

우선 禾화는 벼를 가리킨다. 그러나 다른 한편으로는 좁쌀을 가리키기도 한다. 한자가 만들어져 쓰였던 중국 북부지역에서는 원래 논농사를 지어 쌀을 생산하지 않았으니, 이 글자가 원래 가리킨 대상은 좁쌀(粟)이지 않았을까 하는 추정이 가능하다. 그러나 지금은 논벼를 포함한 일반적인 벼과 한해살이 식물을 지칭하는 글자다.

그래서 벼과 식물을 禾本科화본과라고도 적는다. 지구 면적의 20% 정도를 덮고 있는 식물이라고 한다. 전체적으로는 6천 속 1만 종에 달하며, 풀의 형태인 草本초본이 대부분이지만 대나무처럼 나무 형태를 띤 木本목본 형태도 있다. 그러나 이리저리 돌아갈 필요 없이 이 禾화는 우리 생활과 관련해선 벼를 우선적으로 가리킨다.

禾穀화곡이라고 적으면 벼 또는 그와 유사한 雜穀잡곡을 모두 일컫는 단어다. 禾穗화수라고 적으면 벼(禾)의 이삭(穗)을 가리킨다. 이 글자를 부수로 달고 있는 글자들이 제법 많다. 우선 租稅조세다. 세금을 가리키는 말이다. 따라서 租稅行政조세행정이 곧 稅務行政세무행정이다. 이 글자가 모두 벼를 가리키는 禾화를 부수로 하고 있다. 예전의 논밭에서 나오는 곡식이 세금의 주요 원천이었음을 의미한다.

쌀을 가리키는 한자어 稻도, 논과 밭 등을 경작한다는 의미의 稼가, 씨앗을 가리키는 種종, 피를 가리키는 稗패와 稷직, 볏짚을 의미하는 稿고, 논의 모를 지칭하는 秧앙, 곳집을 나타내는 稟름,품 원래 볏짚 등을 쌓는다는 뜻의 積적 등이 그 부수 禾화의 원래 의미인 '벼' 또는 '곡식'과 직접 관련이 있는 글자들이다.

벼의 묘를 직접 禾苗화묘라고 적었으며, 禾利화리라는 단어는 벼를 심는 논을 두고 설정한 경작권을 의미했다고 한다. 아울러 그 경작권을 팔고 사는 일이 禾利賣買화리매매였다. 벼와 함께 기장을 병렬하면 禾黍화서다. 예전 농경사회에서 일반적인 農事농사를 가리키는 단어였다. 蠶禾잠화라고 적으면 역시 누에를 키워 비단을 생산하는 蠶農잠농과 함께 벼 등 곡류를 생산하는 농사 일반을 가리켰다.

이 禾화라는 글자를 단 동네 이름은 아주 많다. 그만큼 옛 시절에 벼가 우리의 주곡이었음을 말해준다. 젊은 시절 무명의 李小龍이소룡(리샤오룽, 브루스 리)을 일약 세계적인 쿵후 스타로 만들어 낸 영화사가 홍콩의 嘉禾가화(Golden Harvest)다.

이 嘉禾가화는 그 영화사의 고유한 이름이기에 앞서 일반명사다. 알곡이 풍부하게 달린 벼라는 뜻이다. 한 줄기에 많은 결실이 맺힌 그런 벼를 일컫는다. 따라서 이 嘉禾는 풍년을 상징하는 단어다. 그렇게 먹을 것이 풍족해져야 다툼이 없어진다. 서로 나눠 먹어야 싸움이 없다. 그래서 벼를 뜻하는 禾화에 사람의 입을 가리키는 口구가 합쳐지면 평화의 和화라는 글자가 만들어지는가 보다. 그렇다. 아무래도 먹는 것, 입는 것, 사는 것의 기본 경제 여건이 좋아져야 調和조화로운 사회가 이어진다. 그 기본을 충실히 하려는 일은 예나 지금이나 다 중요하다.

# 제물포 건널 濟, 물건 物, 개 浦

인천항이 오늘날의 이름을 얻기 전까지 줄곧 쓰였던 항구 이름이다. 濟物제물이라는 이름 자체는 그 쓰임이 본래 있는 단어에 해당한다. 물을 건넌다는 뜻의 濟제와 사람 아닌 다른 일반 물건을 뜻하는 物물의 합성이다. 그러나 전통적인 한자 쓰임으로 볼 때 여기서 物은 곧 '사람'을 가리키기도 한다. 따라서 濟物이라는 한자 단어 자체는 '사람과 일반 물자들을 모두 건네게 해주다' 정도로 풀이할 수 있다.

제물포 일대는 본래 고구려 때 '미추홀', 백제가 이곳을 점령했을 때는 '매소홀'의 이름으로 불렸다고 한다. 적어도 지금 남아 있는 한자 표기에 근거를 두고 볼 때는 그렇다는 얘기다. 그 뜻은 분명치 않지만, 언어학적인 추정으로는 '물에 둘러싸인 곳' 등으로 풀이할 수 있다고 한다. 어쨌거나 고구려·백제 시대의 이곳은 물과 뗄 수 없는 곳이었을 게다.

따라서 이곳은 한반도가 중국 대륙의 여러 곳을 상대로 물자를 건네고 또는 그곳의 물자를 받는 곳이었을 테다. 백제 때는 중국의 東晉동진 北魏북위 등과 물자를 주고받거나 사람이 왕래하는 포구였고, 고려 시대에 들어와서는 중국의 北宋북송 또는 南宋남송과 교역도

하면서 한반도 서남해안 지역 및 고려의 도읍 개성과도 이어지는 해상 교통의 요지였다고 한다.

고려 말기에는 왜구의 침입이 잦아지면서 이곳에 文鶴山城문학산성과 桂陽山城계양산성을 쌓았고, 조선 때 들어와서는 水軍수군 진영인 濟物鎮제물진을 설치해 해군 기지로도 삼았다고 한다. 아울러 경상과 전라, 충청 등 三南삼남의 배들이 한강에 진입하기 전에 정박하는 주요 포구였다.

제국주의 세력이 진출하던 19세기 말에 조선이 그들과 강화조약 및 제물포조약을 체결하면서 급속히 발전하기 시작했다. 1883년에 일본 租界조계가 들어서고, 이어 청나라 租界 등이 뒤를 이어 만들어졌다. 1914년 조계지가 모두 없어지고 仁川府인천부가 들어서면서 제물포는 인천 관할의 작은 지역 명칭으로 자리 잡았다.

濟物浦제물포의 앞 글자 濟제는 앞에서도 소개한 대로, 나루에서 배 등을 타고 물을 건넌다는 뜻이었다. 이 원래의 뜻이 발전해 '다른 이를 건너게 해주다', 더 나아가 남을 '도와주다' '구해주다'의 의미를 얻었다. 救濟구제라는 단어에서 드러나는 이 글자의 쓰임이 대표적인 용례다.

이 글자가 들어가 있으면서 우리에게 아주 친숙한 단어가 바로 經濟경제다. 우리 사회는 이 經濟가 망가지면 힘없이 무너진다. 먹고 사는 일, 그에 수반하는 여러 조건들을 해결하고 나누며, 때로는 주고받는 모든 행위가 經濟에 들어간다. 이 經濟라는 낱말의 經경이라

292

는 글자는 여기서 '운영하다' '다루다' 등의 의미다.

옷감을 짤 때 날줄과 씨줄이 있다. 날줄은 세로, 씨줄은 가로 방향이다. 이 두 줄을 겹쳐 놓으면서 織物직물을 짠다. 세로 방향으로 난 날줄을 일컫는 단어가 '經경'이고 씨줄이 '緯위'다. 지구를 經度경도와 緯度위도로 표시하는 경우도 마찬가지다. 거기에 '다른 이를 건너게 해주다' '도와주다'의 濟제가 붙었다.

따라서 '經濟경제'의 원래 뜻은 지금의 그 '經濟'와는 어감이 다소 다를 수밖에 없다. 원래의 출발은 '經世濟民경세제민' '經邦濟世경방제세' '經國濟世경국제세' 등이다. 세상(世)이나 나라(邦, 國)를 운영하면서(經), 백성(民) 등 세상 사람들을 편안케(濟) 하는 행위 등을 일컬었던 말이다.

동양의 고전에 등장하는 經濟경제라는 용어는 이 때문에 '나라와 사회를 이끄는 실천적인 일' 등의 뜻을 담고 있다. 나라와 백성을 이끄는 구체적인 업무, 또는 그런 능력을 가리킨다. 모두 세상 사람을 도와 발전시키는 濟世제세의 의미를 담고 있으니 "공자왈…" 등을 읊조리며 空理空談공리공담만을 다뤘던 儒生유생들과는 조금 거리가 있던 용어에 해당할지 모른다.

우리가 잘 쓰는 용어이기는 하면서도 그 뜻을 잘 헤아리지 못하는 단어가 共濟공제다. '~共濟會공제회' '~共濟組合공제조합' 등의 이름에서 자주 등장하는 단어. 이 단어의 이원은 同舟共濟동주공제라고 보인다.

같은(同) 배(舟)로 함께(共) 건넌다(濟)는 뜻이다. 병법을 다룬
『孫子손자』에 등장하는 성어다. 지금으로부터 2500년 전인 춘추시대
서로 원수와 같았던 吳오와 越월나라 사람이 같은 배를 타고 물을 건
너는 상황을 이야기하고 있다. 서로 사이가 나빴지만 같은 배에서 거
대한 풍랑을 만났을 때는 함께 협력할 수밖에 없었다는 내용의 이야
기다.

그러나 이제는 '어려움을 함께 헤쳐 나간다'는 뜻으로 쓰이고 있
다. 우리의 共濟會공제회나 共濟組合공제조합의 취지도 마찬가지다. 조금
씩 자신의 돈을 내놓아 구성원끼리 서로 도와가며 살자는 취지의 모
임들이다. 개인이 경영하는 기업체 등에서 한때 이런 모임이 많았고,
지금의 각 정부 기관 등에서도 여전히 그런 조직을 운영하고 있다.

濟貧제빈이라고 적으면 '가난을 구제한다'의 뜻으로, 예전 왕조시
대에 자주 등장하던 '가난한 사람들을 살린다'는 취지의 義賊의적 모
임 活貧黨활빈당의 活貧활빈과 같은 뜻이다. 널리 중생을 구제한다는 뜻
의 普濟衆生보제중생은 불교에서 자주 사용하는 말이다.

濟度제도라는 말도 불교 용어다. 불법을 가르쳐 중생을 迷妄미망의
세계에서 깨달음의 세계로 건너게 한다는 말이다. 건널 濟제에 같은
뜻의 건널 渡도를 쓰는데, 삼수변 없는 度도로 쓰기도 한다. 衆生濟度
중생제도 또는 濟度衆生제도중생으로 다 쓴다.

濟物浦제물포의 다음 글자 物물의 쓰임새는 아주 많다. 무릇 이 세
상에 존재하는 모든 것에 해당하는 글자다. 物件물건이 그렇고, 萬物

만물이 그렇다. 움직이는 그런 것은 動物동물이고, 그렇지 않으나 생명을 유지하며 열매나 꽃 등을 만드는 것은 植物식물이다. 動物이면서도 사람이면 人物인물, 살아 있는 모든 것은 生物생물, 그중에서 아주 별난 녀석이 怪物괴물이다. 생명체의 바탕을 이루는 有機物유기물, 탄소를 품지 않아 그와는 다른 無機物무기물, 사물의 바탕이 物質물질, 그런 물건으로 사용하는 '자료'의 종합이 物資물자다.

문명이 이룬 물건을 文物문물로 적고, 방대한 가짓수와 종류의 물건을 일컬을 때는 博物박물이라고 한다. 원래는 고기 종류였으나 나중에는 단순하게 '남한테 좋은 뜻으로 주는 물건'으로 변한 단어가 膳物선물이다. 抛物線포물선은 뭘까. 그런 물건(物)을 공중에 획 집어 던질(抛) 때 반원 모양으로 그어지는 선(線)이라는 뜻이다.

가족 등에게 남기고 떠나는 물건이 遺物유물, 모든 세상은 물질적인 조건이 최우선이라고 주장하면 唯物論유물론이다. 먹는 물건이 食物식물, 기름 종류의 물건은 油物유물이다. 곡식류의 물건이 穀物곡물, 석탄과 금속 등 암석에서 캐내는 물건이 鑛物광물이다. 그런 물건의 가격이 物價물가다.

그런 物物의 행렬은 계속 이어질 수 있다. 그를 좇다 보면 우리가 내려야 할 역에서 제때 내리지 못하니 이 정도에서 생략하고 다음 기회로 미루자. 濟物浦제물포의 다음 글자 浦포를 살펴야 할 때다. 浦는 일반적인 물기, 또는 강물이 바다로 빠져나가는 길목의 물가를 가리킨다. 가장 대표적인 한자 단어가 浦口포구다. 배가 드나들 수 있는 물가의 어귀 또는 항구의 의미다.

　우리 지명에 浦포라는 글자를 단 곳이 많다. 濟物浦제물포가 우선 그렇고, 예전 '삼개나루'라고 불렸던 麻浦마포, 남해안의 三千浦삼천포, 평양 근처의 南浦남포, 전남의 木浦목포, 강원도의 花津浦화진포, 제철소로 유명한 浦項포항 등이다. 浦口포구도 사람이 만나고 헤어지는 장소다. 우리가 지나는 역처럼 수많은 사람들의 수많은 이별과 만남의 이야기가 그곳에 있다. 인생은 그렇게 많은 헤어짐과 相逢상봉을 주제로 펼쳐진다.

# 도원 복숭아 桃, 근원 源

長川里장천리와 獨脚里독각리라는 두 마을의 일부씩을 합쳐 만든 마을의 이름이었다고 한다. 이곳에 20세기 초 일본인들이 거주하면서 복숭아나무를 많이 심었던 모양이다. 1946년에 정식으로 桃源도원이라는 이름을 붙였다고 한다.

이 이름은 운치가 있다. 우선 중국 東晉동진 317~420년 때의 陶淵明도연명이라는 옛 시인이 남긴 「桃花源記도화원기」에서 이름을 땄으리라고 본다. 그 내용은 우리에게 '武陵桃源무릉도원'이라는 성어로 잘 알려져 있다. 武陵무릉이라는 곳에 살던 한 어부가 복숭아꽃 아름답게 핀 물길을 따라 갔다가 동굴 속에 사는 신비로운 사람들을 만난 뒤 헤어졌으나, 결국 그들의 자취를 다시는 찾지 못했다는 내용의 이야기다.

신비로운 그곳이 바로 우리가 이야기하는 '武陵桃源무릉도원'이다. 이상향, 가서 살고 싶은 곳, 다시는 갈 수 없는 곳 등의 의미를 지닌 말이다. 따라서 桃源도원이라고 적으면 그런 이상적인 땅을 일컫는 단어이기도 하다. 스토리가 아름답고, 이 험한 세상에 사는 사람으로서는 그립기 짝이 없는 곳이니 桃源이라는 지명은 곳곳에 등장한다. 대구 근처에도 있고, 중국 각처에는 아주 많이 나온다.

그러나 우리가 거치는 이 도원역이 그런 이상향과 어떤 관련이 있는지를 자세히 따질 필요는 없다고 본다. 이곳에 복숭아나무가 많이 심어져 지어진 이름이라는 점을 잘 알기 때문에 도연명의 무릉도원을 지나치게 깊숙이 끌고 들어갈 필요는 없는 것이다.

그보다는 우리가 떠난 한자 여행의 길에서 내실을 기하는 게 좋겠다. 이름의 桃源도원 앞 글자는 물론 복숭아를 일컫는다. 그 뒤의 글자는 샘이 솟는 그 뿌리, 즉 源泉원천을 가리키는 글자다. 여기서는 복숭아를 가리키는 桃도를 살피도록 하자.

붉은 복숭아가 紅桃홍도다. 「사랑에 속고 돈에 울고」라는 1939년 동양극장이라는 곳에서 상영한 연극의 주제가 이름에 나온다. 「홍도야 울지 마라」는 노래다. 그 주인공이 하필이면 紅桃다. 뭔가 울림을 주는 이름이고, 실제 이야기 내용도 그렇다.

이 복숭아꽃은 정말 화사하고 예쁘다. 그래서 한자로 적는 복숭아꽃 桃花도화는 그냥 꽃 이름 말고 다른 의미도 있다. 예뻐서 아주 예뻐서, 그러다가 결국 禍화를 부른다는 뜻도 있다. 그래서 남녀가 色情색정에 골몰해서 당하는 禍를 이 복숭아꽃으로 푸는 경우가 있다. 동양에서 사람의 운명을 점칠 때 등장하는 桃花煞도화살이 바로 그 경우다.

그러나 꽃이 죄일 수는 없다. 그냥 예쁘다면 예쁜 게 죄다. 紅桃홍도는 복숭아의 색깔을 구분할 때 오히려 자주 쓰이지 않는다. 그보다는 黃桃황도와 白桃백도가 주를 이룬다. 둘 다 달콤하며 풍부한 물기 때문에 인기가 최고인 과일이다. 비슷한 종류로 天桃천도도 있다. 『西遊記서유기』의 孫悟空손오공이 하늘 궁전 과수원에서 따먹은 그 과일의 이름을 땄다.

扁桃편도라는 열매도 있다. 터키가 원산지인데, 한자 이름으로는 잘 쓰지 않으나 우리에게는 잘 알려진 열매다. 우리가 건강식품으로 애용하는 아몬드Almond다. 그러나 扁桃는 목구멍 양 옆으로 붙어 있는 납작한(扁) 복숭아(桃) 모양의 작은 림프 소절을 가리키기도 한다. 우리가 목이 불편할 때 검사하는 扁桃腺편도선이다.

桃李도리라는 단어도 있다. 복숭아와 오얏, 즉 자두다. 그러나 이는 교육과 관련이 있는 말이다. 대개 멀리 내다보면서 생활을 꾸릴 때 십년을 보면 나무를 심고, 백년을 보면 사람을 가르친다고 했다. 그래서 후대를 제대로 가르치자는 교육의 의미는 百年大計백년대계로 표현한다. 그 '사람 심는 일'의 결과를 복숭아와 자두인 桃李로 형용했다. 그래서 여기서 桃李는 그렇게 잘 가르쳐 육성해 낸 '제자'의 의미다. 이 桃李가 등장하는 명구가 있어 여기에 덧붙인다.

"복숭아와 자두는 말을 하지 않아도, 그 아래는 그냥 길이 열린다."
(桃李不言, 下自成蹊)

『史記사기』를 지은 司馬遷사마천이 책에서 흉노와 열심히 씨웠음에도 조정이 제대로 기용치 않은 명장 李廣이광의 능력과 인품을 예찬하면서 인용한 말이다. 복숭아와 자두의 달콤함은 사람들이 다 안다. 그런 복숭아(桃)와 자두(李)는 스스로 널리 알리지(言) 않더라도(不) 그 밑에는(下) 자연스레(自) 길(蹊:좁은길 혜)이 난다(成)는 엮음이다. 원래 민간에서 전해지는 명언을 사마천이 인용했다.

좋지 않은가. 착실하게 실력과 인품을 갖춘 사람에게는 자연스레 기회가 찾아온다는 말이다. 자녀에게 이런 가르침을 전하는 게 좋다. 겉으로 요란하게 부풀린 스펙보다는 착실하게 갖춘 실력과 인성이 중요하다는 메시지를 담았기 때문이다.

속을 채우지 못한 이름이 虛名허명이다. 그보다는 內實내실을 기하는 게 바람직하다. 물론 虛名을 먼저 날리기 위해 분주한 사람은 많다. 그리고 그 겉치레에 열광하는 사회의 분위기도 문제. 그러나 역시 속을 가득 채운 사람이 진짜 실력자다. 그런 사람이 많은 사회가 발전한다. 우리 사회는 어떨까. 그 점 한번 진지하게 살필 때다. 복숭아와 자두나무 아래에 자연스레 생긴 길, 그 길이 좋은 길이다. 우리는 그런 길 제대로 만들고는 있을까.

# 인천 어질 仁, 내 川

이곳의 유래는 앞에서 소개한 제물포와 같다. 고구려 때 '미추홀', 백제가 땅을 차지했을 때는 '매소홀'이었다는 소개 말이다. 지금은 대표적인 대한민국의 '하늘 문'이다. 인천에 들어선 국제공항은 세계적으로 유명하다. 예전에 대표적인 공항이었던 김포공항의 자리를 대체한 지 오래다.

원래의 이곳 이름은 仁州인주다. 고려 숙종 때 순덕태후 이씨의 고향이라서 慶事경사의 源泉원천이라는 뜻의 慶源郡경원군이라는 이름을 얻었고, 인종 때 들어서는 문경태후 이씨의 고향이라서 仁州라는 이름을 얻었다고 한다.

이어 공양왕 2년인 1390년 이전의 두 왕비에 이어 仁州인주 이씨 가문에서 다섯 왕비가 나와 이곳을 '七代御鄕칠대어향'이라고 해서 慶源府경원부로 승격했다. 御鄕어향은 보통 왕비의 친정 또는 외가를 가리키는 용어다.

그러나 조선에 들어선 뒤 다시 仁州인주라는 명칭을 찾으면서 격이 낮아졌고, 태종 때에는 전국적으로 지명 중 州주를 川천으로 고치는 과정에서 지금의 이름을 얻었다고 한다.

仁인은 곧 어짊이다. 어질다는 것은 남에 대한 배려, 남의 경우에 대한 동정과 이해, 남에 대한 사랑과 관심 등의 뜻을 모두 담고 있다. 孔子공자는 사람이 지녀야 하는 모든 덕목의 기초를 이 어짊으로 봤다. 특히 위로는 부모님을 비롯한 어른 등을 공경하는 孝효, 그 밑으로는 형제자매와 친구 등을 아끼고 사랑하는 悌제라는 두 핵심 덕목의 기초가 바로 이 仁에 있다고 했다. 따라서 孔子에게는 제 삶을 버려서라도 이 仁을 이룰 수 있는 자세가 필요했다. 바로 殺身成仁살신성인이다.

이 어짊의 도덕적 함의는 매우 방대하다. 동양 사상의 핵심인 孔子공자의 정신세계를 가득 채우는 글자이니 그럴 수밖에 없다. 여기서 그 방대한 도덕의 정신세계를 모두 풀어갈 필요는 없을 것이다. 우리는 仁인이라는 글자가 만들어낸 단어의 조합을 따라가면서 그 맥락을 이해하는 게 바람직하겠다.

우리는 보통 이 글자를 '어짊'으로 푸는데, 딱 적합하다. 우선 착하다는 의미가 강하다. 善良선량한 마음이다. 그래서 남을 해치지 못한다. 그러니 사랑과 동정의 의미도 담았다. 그렇게 베푸는 자신의 재능이 仁術인술인데, 지금은 보통 醫師의사 등이 베푸는 값진 醫術의술을 일컫는다.

仁愛인애라는 말도 있다. 어질어서 남을 사랑하는 마음이다. 성품이 어질고 따뜻해 남을 자상하게 대해주면 그런 덕목은 仁慈인자함이다. 여기서 慈자는 자애로움, 석가모니가 세상을 바라보는 눈이 바로

慈悲자비라는 점을 떠올리면 좋다. 그렇게 어질면서 不義불의를 멀리하는 성격이 仁義인의다.

同仁동인이라는 단어도 있다. 우리 쓰임새는 많지 않지만, 원래 함께(同) 인덕(仁德)을 행한다(行)는 뜻의 '同行仁德동행인덕'의 준말로서, 직장 동료 또는 함께 같은 일을 하는 사람들을 좋게 부르는 말이다. 一視同仁일시동인에서 나오는 '同仁'과는 다르다.

어진 사람은 산을 좋아하고, 똑똑한 사람은 물을 좋아한다는 말은 예전에 자주 사용했다. 仁者樂山, 知者樂水인자요산, 지자요수다. 樂락, 낙,악,요이라는 글자가 '좋아하다'의 뜻일 때는 발음을 '요'로 하는 점 기억해두자.

남을 좋게 부를 때도 이 글자를 쓴다. 상대가 나이 많은 남성일 경우 그를 仁兄인형, 나이가 아래일 경우에는 仁弟인제라고 적는다. 예전 편지에서 상대를 적을 때 많이 쓰던 단어들이다. 仁者인자는 그런 어짊을 행하는 사람이다. 이 사람에게 敵적이 없다는 말은 성어로 남았다. 仁者無敵인자무적이다. 『孟子맹자』에 나오는 말이다.

비꼬는 말에도 등장한다. 婦女之仁부녀지인이다. 부녀자처럼 여린 마음으로 용기가 필요한 일에는 나서지 못하는 여성이나 남성을 가리킨다. 이는 남녀평등의 요즘 대세에 맞지 않는다. 그러나 중국에서는 '망설이기만 하다가 결국 일을 해내지 못하는 사람'이라는 뜻으로 많이 쓴다.

劉邦유방과 함께 천하의 패권을 두고 다투다가 결정적인 순간에

움츠러들어 결국 다툼에서 패하는 項羽항우를 가리킬 때 많이 사용했다. 그런 여린 사람을 '여자의 마음'으로 비유했는데, 아무래도 편견이 짙게 배어 있는 단어다. 그런 면모는 남녀의 차이가 아니라, 사람의 기질에서 비롯하는 바가 크다고 봐야 한다.

仁川인천의 다음 글자 川천은 내 또는 개울, 일반적인 하천을 뜻한다. 큰 강이나 바다로 흘러가는 모든 물이 이에 해당한다. 우선 산과 강을 가리키는 山川산천이 유명하다. 名山大川명산대천이라는 말도 자주 썼다. 아주 뛰어나 유명한 산(名山)과 그렇듯 큰 내(大川)를 일컬었는데, 사실은 그런 곳에서 나라의 평안을 빌기 위해 올리던 제사를 일컫는 말이었다. 그러나 좋은 산과 큰 강 등으로 경치가 좋은 곳을 가리키기도 한다.

名川명천이라고 하면 유명한 강이다. 河川하천은 강과 시내를 모두 아우르는 단어다. 큰 흐름에서 갈라지는 물 흐름을 우리는 支川지천이라고 적는다. 작은 내에서 고기잡이하는 일을 우리는 川獵천렵이라고 했는데, 獵렵은 '사냥하다', '잡아들이다'의 새김이다. 그 하천의 가장자리를 川邊천변이라고 한다.

川流不息천류불식이라는 성어가 있다. 강이나 내(川)의 흐름(流)이 멈추지(息) 않는다(不)는 말이다. 사람의 왕래, 물자의 교류가 끊임없이 이어지는 모습을 형용한 성어다. 지금 仁川인천이 바로 그렇다. 대한민국 2대 항구로서 일찌감치 개화기의 서구 문물을 끊임없이 한반도에 실어 올렸고, 이제는 세계 교역 10대국으로 성장한 대한민국의 물자를 쉼 없이 세계 곳곳으로 실어 나른다.

거기에 자랑스러운 인천공항까지 자리를 잡았다. 세계 최고 수준의 공항으로서, 物流물류와 사람을 보내고 들이는 큰 역할을 하고 있는 곳이다. 대한민국을 빛내고 있으니 듬직하기 짝이 없다. 제 자리에서 꿋꿋하면서도 올바르게, 게다가 자랑스럽게 제 기능을 다하는 것이 어짊 아니고 무엇일까. 그런 점에서 비록 이름 유래는 그렇지 않더라도, 仁川인천은 큰 어짊에 닿고 있는 셈이다.

# 회기~소요산

한자 여행의 막바지에 접어들었다. 회기를 지나 소요산까지
다다르면 왠지 큰 산을 하나 넘는 기분일 테다.
서울~원산의 경원선이 예서 끊겨 아쉽다.
자, 다음은 어디로 여행을 떠나 볼까?

# 회기 돌아올 回, 터 基

영화 「왕의 남자」로 일반인에게 다시 화제로 떠올랐던 燕山君연산군의
浮沈부침과 관련이 있는 동네다. 燕山君의 생모인 廢妃폐비 尹氏윤씨가
세상을 뜬 뒤 만들어진 묘가 懷陵회릉인데, 그 소재지가 바로 이곳 회
기동이었다고 한다. 그러나 燕山君은 폭정으로 지탄받다 곧 임금 자
리에서 쫓겨난다.

그 뒤 폐비 윤씨가 묻힌 묘소의 존칭인 陵릉을 깎아 내려 懷墓회묘
라는 이름으로 불렸다가 그 懷회라는 글자가 어려웠던지, 그에 비해
한결 쓰기 쉬운 回회를 붙여 回墓회묘로 적고 불렀단다. 그러나 동네
이름에 이미 죽은 사람이 묻히는 墓묘라는 글자를 쓰기가 거북해 그
를 다시 고쳐 回基회기로 불렀다는 설명이다.

回基회기라는 두 글자 중에서 뒤의 基기는 祭基제기역을 지나오면서
한 번 정리했다. 그러니 여기서는 앞의 回회라는 글자를 살피도록 하
자. 우리가 자주 쓰는 글자다. 우선의 새김은 '원래 있던 곳으로 '돌
아가(오)다' '돌다' '되돌리다' 등이다. 때로는 '몇 차례' 등을 나타
내기도 한다.

원래 있던 곳으로 돌아가는 일, 그중에서 가장 뿌듯한 게 回春회춘

이다. 봄(春)의 자리 또는 그 상태로 다시 돌아간다(回)는 뜻인데, 사람의 생물적 나이나 몸의 기능 등이 젊었을 적으로 돌아간다는 말이다. 진짜 그렇게는 되기 힘들지만, 갑자기 몸과 기능이 좋아지면 우리는 그를 回春이라고 적는다. 원래의 상태를 복원하면 回復회복, 먼저 있던 곳으로 돌아가면 回歸회귀다. 죽을 뻔했다가 삶으로 돌아오는 일이 起死回生기사회생이다.

回轉회전은 그야말로 방향을 돌리는 일이다. 回診회진은 의사가 병실을 돌면서 진찰하는 일이며, 回顧회고는 지나온 나날을 돌아보는 작업이다. 回憶회억은 역시 과거를 돌이켜 보면서 기억하는 일이다. 마음을 돌리면 回心회심, 답을 정해 돌려주면 回答회답, 먼저 받은 소식에 내 상황 등을 돌려 전하면 回信회신, 차나 수레 등을 돌리면 回車회차, 물건과 금전 등을 돌려받으면 回收회수다. 거두어 들여 사안이나 약속 등을 취소하는 일은 撤回철회다. 상황이 열악해졌으나 그를 바로잡아 원래의 상황으로 되돌리는 일이 挽回만회다.

回회는 또 이리저리 난 굽은 길, 혹은 구불구불 이어진 모양을 일컫기도 한다. 기기판의 回路회로가 그 경우다. 길게 이어진 복도를 回廊회랑이라고 적는다. 둘레를 여러 번 이리저리 도는 경우를 旋回선회, 앞의 대상을 비켜 멀리 도는 것을 迂回우회, 직접 맞는 경우를 피하면 回避회피다. 덧붙여 回數횟수를 가리키기도 한다. 1회, 2회…에서의 '회'가 바로 이 글자 回다. 一回性일회성은 한 차례 사용한 뒤 버리는 플라스틱 제품 등에 붙는 단어다.

이 글자가 종교적 색채를 띠는 경우는 輪回윤회가 대표적이다. 생명체가 이 세상에 태어나 자신이 짓는 業업에 따라 하늘, 사람, 축생 등의 여섯 갈래 길인 六道육도의 삶을 얻는다는 내용이다. 종교적이지는 않더라도 우리로 하여금 새삼 옷깃을 여미며 스스로를 돌아보게 만드는 성어가 回光返照회광반조다.

回光회광은 夕陽석양을 가리키는 단어다. 返照반조는 돌이켜 사물을 비추는 것. 따라서 일몰의 석양이 찬란하게 대지를 비추는 경우다. 사라지기 전 잠시 빛을 발하는 상황을 일컫는다. 그러나 글자 그대로만 보면 빛(光)을 돌이켜(回) 거꾸로(返) 비추는(照) 일이다. 바깥으로만 나도는 시선을 거꾸로 제게 돌려 내면을 관찰한다는 뜻이다. 따라서 깊은 省察성찰을 가리키는 성어이기도 하다.

남에게 향하는 비판의 시각을 내면으로 돌려 스스로를 점검하고 비판해 보는 작업인데, 말처럼 쉽지는 않겠으나 그런 성찰의 시간을 자주 가질수록 남을 대하는 시선은 이해와 관용으로 펼쳐질 수 있는 법이다. 그러다가 종내는 더 큰 걸음 하나를 내디딜 수 있다.

남의 눈에 있는 티끌은 잘 봐도 내 눈 안의 대들보는 잘 보이지 않는다고 했다. 깊이 스스로를 성찰하다 보면 내 마음속의 결정적인 잘못을 발견할 수 있을 테다. 그를 철저하게 뉘우치고 버린다면 깨달음의 경지로 내닫는 법. 그것을 불교 용어로 回頭是岸회두시안이라고 적는다.

머리(頭) 돌리니(回) 언덕(岸)이라(是)는 구성이다. 언덕을 뜻하는

岸안은 깨달음으로 인생의 苦海고해를 무사히 건너 오르는 彼岸피안을 가리킨다. 그리고 보니 回光返照회광반조나 回頭是岸회두시안 모두 돌이켜 보는 행위와 관련이 있다. 돌이킴과 돌아봄이 왠지 멋져 보인다. 그 시선의 끝이 나의 내면을 향할 때 사람은 정신적으로 자랄 수 있는 법이다. 한자 回회의 속내가 제법 깊다.

# 신이문 새新, 마을里, 문門

관련 사전에 따르면 조선 때 도둑을 막기 위해 각 마을마다 설치한 게 里門이문이라고 한다. 조선 世祖세조 때에 지금 서울의 각 마을에 설치했다는데, 그 기능은 야간에 통행하는 사람들을 검문하는 데 있다고 했다. 그런 里門이 있던 장소가 지명으로 변한 곳이 있는데, 그 대표적인 경우가 지금의 서울 里門洞이문동이다. 新里門신이문이라는 역명은 지하철 개통 때 동네 이름을 따서 붙인 이름이라고 한다.

서울의 종로구 인사동, 중구 남대문로 조선호텔 입구, 태평로, 성동구 상왕십리, 마포구 염리동 등에도 里門이문의 터가 있었다고 한다. 전라남도와 전라북도 일대에는 아직 里門里이문리라는 지명으로 불리는 곳이 있다는 설명이다. 그러니까 서울 말고도 전국 여러 곳의 마을에 이런 옛 里門이 고루 들어섰었다는 얘기다.

그러나 조선에만 국한해서 볼 일이 아니겠다. 중국 고대 도시 건설의 기록을 보면 이와 관련 있는 글자와 단어들이 제법 많이 등장한다. 우선은 우리가 자주 쓰는 閭閻여염이다. 사전의 정의에는 '백성들이 많이 몰려 사는 곳'이라는 설명 말고는 달리 없다.

그러나 이 閭閻여염은 里門이문과 밀접한 관련이 있다고 볼 수 있다.

중국 고대 도시 건설에서는 우선 성 안에 사는 민가 다섯을 隣린(또는 鄰린)으로 규정했고, 다섯의 隣이 하나의 里리를 이루도록 했다는 기록이 있다. 그에 따른다면 하나의 里 안에는 모두 25채의 민가가 있었다는 얘기다.

巷항은 우리가 '골목' 또는 '거리' 정도로 풀 수 있는 글자다. 里巷이항이라는 단어가 있는데, 작은 단위의 마을 또는 구역을 일컫는 경우다. 여기서 里리는 도시나 마을 구획상 일정한 규모의 민가가 몰려 있는 곳을 가리키고, 巷은 그 안에 생긴 작은 길이나 거리 또는 골목 등을 지칭한다고 볼 수 있다.

街巷가항이라는 단어도 있다. 모두 길을 나타내는 한자다. 사전적인 정의에 따르면 곧게 펼쳐져 있는 길을 街가, 굽은 길을 巷항이라고 한다는 설명이다. 아울러 큰 길을 街, 작은 길을 巷이라고 했다는 내용도 나온다. 어쨌든 그런 점에서 볼 때 巷은 좁거나 굽은 골목길에 해당하는 한자다.

앞에서 먼저 언급한 閭閻여염은 이 里巷이항과 함께 있는 안팎의 문이라는 설명이 나온다. 閭閻이라는 두 한자가 門문이라는 部首부수를 달고 있으니, 처음의 閭閻 자체는 도시나 마을 구획상의 작은 단위 구역에 있던 門이라고 해야 옳겠다. 일부 사전에는 閭여가 里리와 같이 25채의 민가가 들어 있는 구역이라는 설명도 나온다.

"전국 坊坊曲曲방방곡곡…"이리는 말은 우리가 자주 사용했다. 여기서 坊방과 曲곡도 일반인들이 모여 사는 구역의 단위에 해당한다.

앞의 坊은 주로 도시 형태를 이루는 큰 성 안에 있는 구역으로 보인다. 뒤의 曲은 옛 농촌 지역의 群落군락 단위인데, 鄕曲향곡과 部曲부곡 등의 명칭에서 알 수 있듯 일반적인 형태의 마을이거나 準준 군사조직을 갖춘 마을을 가리킨다. 어쨌거나 坊坊曲曲이면 '사람 사는 모든 곳'의 의미다.

옛 도시를 이루는 명칭으로는 坊市방시라는 게 있다. 坊방은 앞에서 설명한 그대로다. 사람이 모여 사는 곳이다. 그에 비해 市시는 물건을 서로 교역하는 곳, 즉 市場시장이다. 따라서 坊市라고 적을 경우 도시 형태인 성 안의 구획을 가리킨다. 사는 곳과 물건 사고파는 곳인 坊市가 있고, 임금이 머무르는 宮궁과 정사를 논의하는 朝廷조정이 있으면 그곳이 바로 옛 도시다.

도시와 시골을 자꾸 거론하다 보니 '시골 쥐, 서울 쥐' 생각도 난다. 그와 관련해 떠올려보는 단어가 巴人파인이다. 사전에는 그저 '시골에 사는 교양 없는 사람'이라는 풀이만 나온다. 그 원전은 성어 형태다. '下里巴人하리파인'에서 앞의 한 묶음인 下里하리를 뺐기 때문이다. 여기서 下里는 鄕里향리를 가리키는 말이다. 즉 '시골'이다. 다음 글자 巴파는 지금의 중국 四川사천의 동부지역을 지칭하는 글자다. 따라서 巴人이라고 적으면 곧 시골 사람을 가리킨다.

下里巴人하리파인이라는 성어는 중국 전국시대BC 403~BC 221년 당시 남부에 있던 楚초나라에서 유행했던 통속적인 가요를 지칭했던 데서 유래했다. 이유는 분명치 않으나, 쓰촨 지역의 사람들이 제법 '야한'

노래를 만들어 불렀기 때문이라고 보인다. 어쨌거나 이 성어는 통속적이면서 수준 낮은 것에 대한 지칭이다.

그 반대가 '陽春白雪양춘백설'이다. 때는 같았던 모양이다. 전국시대 초나라에서 이름이 높았던 노래 '陽春양춘'과 '白雪백설'을 가리킨다. 누군가 초나라에서 '下里巴人하리파인'이라는 노래를 불렀더니 그를 따라 하는 사람이 수천에 달했다고 한다. 그러나 陽春과 白雪을 불렀더니 그를 따라 할 줄 아는 사람이 손에 꼽을 정도였다는 스토리에서 비롯한 성어다.

요즘 식으로 말하자면 下里巴人하리파인은 신나는 대중가요, 陽春白雪양춘백설은 수준 높은 클래식 음악이다. 현대 한국사회에서 누가 우세를 점하고 있는지는 유치원생도 알 정도다. 전국시대 초나라 상황보다 더 심각하다. 대중가요가 훨씬 압도적이다. 그러나 고루 커야 마땅하다. 하나만 기세등등하고 하나는 풀이 죽는다면 그 사회의 문화는 심한 불균형을 드러낸다.

# 석계 돌 石, 시내 溪

石串洞석관동과 月溪洞월계동의 경계에 있어 둘 안에서 한 글자씩을 따와 지은 역명이다. 石串洞은 이곳 동네의 남서쪽에 있는 天藏山천장산의 지맥을 따라 검은 돌이 차례 때면 상에 오르는 경단이 꿰어져 있는 것처럼 늘어섰다고 해서 붙은 이름이다. 돌(石)과 곶이(串)가 합쳐진 구성이다.

이곳 石溪석계역에서는 우선 돌을 가리키는 石석에 주목하는 것이 좋겠다. 다음 역이 바로 月溪월계라서 다음 글자 溪계를 풀기도 어색하기 때문이다. 그러나 우리는 石水석수라는 역에서 이미 이 石이라는 글자를 얘기했다.

그러나 空白공백으로 이 역을 넘기자니 쑥스럽다. 그렇다고 내용 없는 말로 채우기도 민망하다. 따라서 이 역에서는 유명한 시 한 수를 읊고 가기로 하자. 石灰석회를 예찬한 시다. 중국 明명나라 때 청렴의 대명사처럼 여겨졌던 于謙우겸이라는 사람이 있다. 그는 제법 많은 일화를 남겼다. 그중에서도 가장 유명한 게 앞에서도 언급했던 '두 소매에는 바람뿐(兩袖淸風)'이라는 일화다. 때는 明나라 英宗영종, 1435~1449년 연간이다.

이 무렵의 명나라 조정은 무기력에 부패가 만연했다. 지방에 나가 있는 관리들이 수도를 들를 때면 상관에게 열심히 돈과 재물을 바쳐 자신의 宦路환로를 탄탄하게 다져야 했다. 우겸도 마찬가지였을지 모른다. 지금 山西산서 지역의 최고 지방관이었으나 수도 베이징에 들르면서 당시의 권력자였던 환관에게 잘 보여야 했다.

우겸은 우선 친구를 만났다. 그 친구는 "뭐라도 가져왔겠지?"라고 물었단다. 그러자 우겸이 대답한 게 위에 적은 내용이다. "내 두 소매에는 바람만 있다"는 말이다. 조선도 그랬지만, 중국 관리의 服制복제도 웃옷에는 큰 소매가 나있다. 그곳에 작은 벼루와 붓, 그리고 다른 물건들을 넣었다. 그 안에 가득 들어있는 것은 깨끗한 바람뿐이라는 대답이었다.

그가 석회를 노래한 시「石灰吟석회음」에는 우겸 스스로가 어떤 태도로 인생을 살았는지 잘 드러난다. 그 석회라는 것 역시 수많은 광물 자원의 하나이자, 아주 혹심한 불로 다뤄진 뒤에야 좋은 상품으로서 제 노릇을 할 수 있는 광석이다. 우선 우겸이 그를 어떻게 노래했는지 내용을 들여다보자.

천 번 만 번 두드려서야 깊은 산 속에서 나오니　千錘萬擊出深山
뜨거운 불에 태워도 아무 일 없었다는 듯　　　烈火焚燒若等閑
뼈와 살이 뭉개져도 전혀 두려워하지 않으니　粉身碎骨渾不怕
사람 사는 세상에 청백함을 남기기 위함이리라　要留靑白在人間

千萬천만은 우리가 잘 아는 글자다. 천 번 만 번을 가리킨다. 錘추는 '저울'의 새김이 우선이지만, '망치' 또는 '망치질' '망치 등으로 때리다'의 뜻도 있다. 擊격이라는 글자도 '때리다'의 뜻이다. 따라서 千錘萬擊천추만격이라고 하면 '천 번이고 만 번이고 때리다'는 의미다. 그런 뒤에 아주 깊은 산(深山)에서 나온다(出). 석회가 광석으로부터 쓰임새가 있는 상품의 지위를 얻는 과정을 얘기했다.

뜨거운 불(烈火)에서 타고(焚) 또 타(燒)도 그것을 마치(若) 아무 일 없다는 듯(等閑)하는 석회의 모습이 그려진다. 이어 몸(身)이 가루(粉)로, 뼈(骨)가 부스러기(碎)로 변해도 전혀(渾) 두려워하지(怕) 않으니(不), 사람 사는 세상(人間)에(在) 깨끗함(靑白)을 남기(留)고자 함이니라(要)의 엮음이다.

우겸이라는 인물이 석회라는 물체를 두고 읊은 일종의 詠物詩영물시다. 公務공무를 다루면서 닥치는 많은 난관에서도, 자신의 몸과 영혼이 죄다 깨어지고 없어지더라도, 늘 깨끗함을 유지하겠다는 일종의 맹세를 담은 시다. 본문에는 석회석의 색깔에 빗대 靑白청백이라는 글자가 쓰였지만 이는 후대에 오면서 청아하고 깨끗함을 나타내는 淸白으로 풀어져 자리를 잡는다. 우리가 곧고 청렴한 관리를 부를 때 등장하는 淸白吏청백리라는 단어는 아마 이와 관련 있을 테다.

그는 시에서 보여준 자신의 뜻대로 깨끗함과 공정함으로 일관했다. 후에 모함에 빠져 결국 억울한 죽음을 맞았지만 지방관으로서의 仁政인정과 불의에 타협하지 않는 기개로 중국 역사에서 흔치 않은 청백의 관리로 이름을 남겼다.

石灰석회는 무르기가 일반 암석에 비해 심하다. 그럼에도 돌은 돌이다. 단단하고 굳센 돌은 우리에게 많은 시사점을 던지는 물체다. 좋은 뜻으로 쓰이는 경우가 많다. 특히 국민을 위해 일하는 사람들, 공정함을 유지해야 하는 자리에 있는 사람들은 이런 돌을 닮아야 한다. 길에 굴러다니는 돌멩이 함부로 찰 일이 아니다. 그 미덕을 떠올리면 더 그렇다.

# 월계 달 月, 시내 溪

이곳에는 외곽을 흐르는 두 하천이 있다. 중랑천과 우이천이다. 月溪洞월계동은 그 둘로 바깥을 형성하고 있는데, 두 하천 사이에 있는 모습이 멀리서 바라볼 때 꼭 반달처럼 생겼다고 해서 이름이 붙었다고한다. 우선은 동네 이름이고, 다음은 月溪월계라는 역명이다.

우리가 이 역에서 주목할 한자는 달을 가리키는 月월이다. 이 글자 모르는 사람은 거의 없을 테다. 1月에서 12月까지, 한 해를 이루는 달의 단위에 들어가 있는 글자여서 우선 그렇다. 그리고 밤의 허공에 떠서 때로는 지구를 휘영청 밝은 빛으로 비추는 그 달을 모를 사람은 당연히 없다.

밤에 빛을 내려주는 존재였다. 전기가 없어 밤에 불을 밝히기 어려웠던 옛 시절, 은은하게 빛을 내려주는 달은 고마움 그 자체였으리라. 그러니 낮의 소란스러움을 가라앉히고 四圍사위가 조용해진 밤에 사람들은 여러 상념을 키웠을 것이다. 그런 밤에 문득 고개를 들어보면 마주치는 존재가 바로 하늘의 달이다. 그러니 옛 사람들이 밤에 품었던 정서의 상당 부분은 이 달과 함께 고였다가 또 흘렀을 법하다.

따라서 달을 지칭하는 이름은 아주 많다. 여기에 그 모두를 적을 수 없을 정도로 많다. 특히 한자에는 그런 달의 별칭이 아주 많다고 해도 좋을 정도다.

 혹시 춘향이가 이몽룡을 만나 사랑을 속삭였던 곳이 어딘지를 기억하시는지? 바로 廣寒樓광한루다. 남원에 있는 이 누각이 조선의 세종 때 처음 지어지면서 얻은 이름은 廣通樓광통루였으나, 얼마 있다가 지금의 이름으로 자리를 잡았다. 廣寒광한은 처음 그 이름을 개명한 鄭麟趾정인지가 현지의 경치가 너무 아름다워 전설 속에 나오는 '廣寒淸虛府광한청허부'라는 명칭에서 힌트를 얻어 지었다고 한다.

 전설의 내용이기는 하지만, 그 廣寒淸虛府광한청허부에는 嫦娥상아라는 여인이 살고 있었다고 한다. 嫦娥는 역시 전설 속 활쏘기의 명수라고 알려졌던 羿예라는 사람의 아내다. 그녀가 나중에는 남편이 西王母서왕모로부터 선물로 받아 지니고 있던 長生不死장생불사의 靈藥영약을 훔쳐 달로 달아났다는 게 스토리의 핵심이다. 嫦娥는 姮娥항아 또는 嫦羲상희라고도 적는다.

 과거의 우리는 달에서 두 그림자를 우선 봤다. 토끼와 계수나무다. 토끼는 달의 지형적 특성에서 나오는 그림자의 모습에서 나왔다. 지형의 굴곡으로 만들어진 그림자를 토끼의 모습이라고 간주한 것이다. 그리고 그 주변에는 계수나무가 있다고 봤다. 토끼는 달빛이 영롱해서 玉兔옥토라고 했고, 계수나무와 병렬하면서는 玉桂옥계라고 했다. 이 모두가 달의 별칭이다.

밤에 빛을 내린다고 해서 아예 때로는 달을 夜光야광이라고 부르기도 했다. 달의 전체적인 모습이 두꺼비를 닮았다고 느낀 사람도 많았던 모양이다. 그래서 두꺼비를 뜻하는 한자 蟾섬을 이용해 玉蟾옥섬이라고도 불렀다. 옥으로 만든 두꺼비라는 얘기다. 거울을 연상시켜 玉鏡옥경이라는 말도 따랐다. 옥으로 만든 쟁반 같다고 해서 붙은 이름은 玉盤옥반이다.

달은 푸근한 듯하지만, 어찌 보면 푸르다. 또한 푸르다 못해 시리다. 급기야 시려서 차갑다는 인상도 준다. 고향을 그리는 마음을 달에 실어보려는 사람도 많았으나, 해의 빛을 받아 반사하는 달의 빛은 때로 가슴 시리게 다가온다. 그래서 달에는 얼음의 이미지도 따른다. 달을 얼음 수레바퀴라는 뜻의 氷輪빙륜, 얼음거울이라는 뜻의 氷鏡빙경이라고도 부르는 이유다. 춘향과 몽룡이 사랑을 속삭였던 곳이 왜 휑뎅그렁(廣)해서 차가움(寒)을 느끼게 해준다는 廣寒광한의 이름으로 불렸는지 이해할 만하다.

달을 그린 중국의 詩詞시사는 무수히 많다. 그중에서 壓卷압권으로 꼽는 게 蘇東坡소동파의 작품이다. 「水調歌頭수조가두」라는 詞牌사패, 즉 曲곡에다 실은 노랫말이 아주 아름답다. 내용이 길어 다 적을 수는 없어 그 일부만 아래에 적는다.

사람에게는 슬픔과 기쁨, 헤어짐과 만남이 있죠    人有悲歡離合
달에게도 흐림, 맑음, 가득 참, 이지러짐 있어요    月有陰晴圓缺

예로부터 어쩔 수 없었죠          此事古難全

그러니 인생이 길기만을 바랄 뿐          但願人長久

아득히 먼 곳에서 달로써 함께 하리니          千里共嬋娟

소동파가 지은 노랫말의 마지막 부분이다. 사람이 세상을 살면서 마주치는 슬픔과 기쁨(悲歡), 떠남과 만남(離合)을 달이 드러내는 어둠(陰)과 맑음(晴), 참(圓)과 이지러짐(缺)으로 관찰했다. 기쁨이 있으면 슬픔도 있고, 가득 찼다가는 곧 기우는 이(此) 일(事)은 예로부터(古) 온전키(全) 어렵다(難)는 탄식이 이어졌다. 그러고선 먼 곳에 떨어진(千里) 사람(여기서는 소동파 동생 蘇轍소철을 가리킴)과 달(嬋娟)로써 함께(共)할 뿐이라는 내용이다.

달을 가리키는 별칭이 여기에 또 나와 있다. 嬋娟선연은 예쁘고 고운 여인을 말한다. 달의 이미지가 그런 고움과 예쁨을 품었기 때문이라고 한다. 변하지 않는 것은 없다. 모두 세월의 흐름에 따라 흘러갈 뿐이다. 인생사의 哀歡애환이 마치 달이 차고 기우는 현상과 다를 게 없다. 이 대목이 삶을 다시 돌아보게 만든다. 집으로 향하는 골목길, 조용히 내 뒤를 따라오는 달을 가끔 올려다보자. 수줍어 보이는 달에 그런 느낌은 늘 있다. 차가움, 시림…. 달은 그로써 결국은 흘러가고 마는 삶의 많은 것을 일깨운다.

# 녹천 사슴 鹿, 내 川

하천의 모양으로 인해 얻은 지명이자 역명이라는 설이 있다. 원래는 지금의 노원구 월계동에 있던 마을의 이름이라고 한다. 이곳 하천이 중랑천과 우이천의 두 갈래를 보이고 있다는 점은 앞의 월계역을 지나면서 설명했다. 그 하천이 하나로 합쳐지는 곳의 모양이 사슴의 뿔을 닮았다고 해서 지은 이름이 鹿川녹천이라는 얘기다.

다른 설도 있다. 이곳의 산이 마치 사슴 한 마리가 냇물을 마시는 모습과 닮았다고 해서 이름을 붙였다는 얘긴데, 그런 사슴이 산에서 내려와 마을이 평안해졌다는 전설이 이 지역에 전해 내려왔다고도 한다. 사슴은 그렇게 상서로움을 상징하는 동물로도 등장한다.

그런 상징은 일찌감치 사슴을 가리키는 글자 鹿록에 가득 담겼던 모양이다. 여기서는 이 글자를 헤아리기로 하자. 상서로움과 함께 고대 중국에서는 長壽장수를 내려주는 신이 사슴을 타고 다닌다고 해서 鹿은 '장수'를 상징하기도 했다는 설이 있다. 각종 종교 그림이나 조각 등에 사슴이 등장하는 점도 범상치 않다. 불교에서는 부처의 座臺좌대 조각으로 나오기도 하며, 기독교 설화 속에서는 산타의 수레를 끄는 존재로도 나온다.

아울러 아름다움의 상징으로도 남았다. 아름다움을 뜻하는 한자 麗려의 밑부분은 이 사슴을 가리키는 글자 鹿록이다. 그 위에 두 갈래가 뻗쳐져 나왔는데, 이를 사슴의 가죽으로 보는 설명이 있다. 결국 그런 의미에서 麗가 아름다움을 뜻하는 글자로 변했는데, 이는 사슴 자체가 그와 관련 있었기 때문이라는 해설이다. 부부를 의미하는 한자 단어 伉儷항려의 뒷글자 儷려도 역시 사슴 鹿을 지니고 있는데, 고대 중국의 혼사에서 결혼하는 남자가 여자 집안에 사슴 가죽을 보내는 풍습으로부터 나온 글자라는 설명이다.

그러나 사슴 鹿록의 가장 뚜렷한 상징은 바로 '권력' 또는 그를 움켜쥔 사람의 '자리'다. 성어에는 逐鹿축록이라는 게 있다. 司馬遷사마천의 『史記사기』는 중국 전역을 최초로 통일한 秦始皇진시황이 죽은 뒤의 상황을 이렇게 적고 있다. "진나라가 사슴을 잃으면서, 천하는 모두 그를 쫓고 있다(秦失其鹿, 天下共逐之)."

여기서의 '사슴'은 진시황이 물러난 그 자리, 즉 황제의 권력을 가리킨다. 아울러 천하의 大權대권이라는 의미이기도 하다. 따라서 '사슴을 쫓는다'라는 逐鹿축록이라는 성어는 결국 '대권을 두고 경쟁하다'는 뜻이다. 꼭 대권뿐 아니라 일반적으로 다툼이 있는 상황에서의 '헤게모니'를 뜻하기도 한다. 일종의 권력 쟁탈전이라고 보면 좋다.

왜 하필이면 사슴을 천하의 권력에 비유했는지는 분명치 않다. 딱 떨어지는 유래를 찾기 힘들다는 말이다. 그러나 인류의 생활이 완전한 정착의 모습을 이루기 전에는 사냥감으로서 가장 좋은 동물이 사슴이었을 것이다. 늘 그를 뒤쫓아다니며 동물성 단백질 얻기가 생활 속의 큰일이었을 테다. 따라서 열심히 그 뒤를 쫓는 모습이 천하의 대권을 다투는 행위와 닮았다고 해서 그렇게 인용했을지도 모르겠다. 그 逐鹿축록이라는 성어이자 단어는 네 글자로 표현할 때, 逐鹿中原축록중원으로 적는다.

사슴이 등장하는 성어로 아주 유명한 게 바로 指鹿爲馬지록위마다. 사슴(鹿)을 가리키면서(指) 말(馬)이라고 하다(爲)의 엮음이다. 역시 진시황이 사망하고 난 뒤 간신 趙高조고가 당대의 실력자에 오르면서 벌어진 일이다. 그가 황제에게 사슴을 진상하면서 "말(馬)을 받아주십시오"라고 했는데, 황제가 "이게 사슴이지 어디 말이냐"며 대신들의 의견을 물었을 때 조고가 제대로 말한 사람들을 기억해서 보복했다는 일화에서 나왔다고 한다. 일부러 옳고 그름을 거꾸로 뒤집는 일을 가리키는 성어다.

귀한 한약재로 쓰는 사슴의 뿔에는 鹿茸녹용과 鹿角녹각이 있다. 같은 뿔이지만 앞의 鹿茸은 핏기가 들어 있는, 그래서 영양이 높은 사슴뿔이다. 鹿角은 그 鹿茸에서 핏기가 빠진 것으로서 영양분이 그보다는 못하다고 한다. 鹿砦녹채는 전쟁터에서 적군이 다가서지 못하도록 사슴뿔(鹿) 모양으로 나무 등을 사용해서 城砦성채처럼 만든 방어 장치다.

그런 다양한 단어 외에 鹿野苑녹야원이라는 명칭이 있다. 석가모니 부처가 처음으로 다섯 比丘비구를 상대로 설법을 한 장소다. 부처의 깨달음이 처음 사람의 언어로 나와 전해진 곳이니 성스러운 영역이다. 그곳의 원래 명칭은 다양하게 전해지나, 어쨌든 사슴도 그곳의 지명과 일정한 인연을 맺고 있었던가 보다.

시인 노천명이 "모가지가 길어서 슬픈 짐승이여, 언제나 점잖은 편 말이 없구나…"라며 예찬한 그 슬프고도 우아한 사슴이다. 鹿川녹천뿐 아니라 대한민국 곳곳에서 그런 사슴이 이리저리 유유하게 다니는 모습을 보고 싶다. 우리는 그때, 정치인처럼 그 뒤를 죽기 살기로 뛸 일이 아니다. 사슴 뒤를 쫓아 뛰어다니면 먼지가 인다. 鹿록이라는 글자 밑에 흙을 가리키는 土토를 넣으면 먼지라는 뜻의 塵진이다.

먼지 가득한 세상이 바로 고생스러운 세상, 즉 紅塵홍진이다. 바람까지 불어대면 바로 風塵풍진이다. 사슴 잘못 건드리면 먼지가 가득 일어 세상이 어두워진다. 그러니 사슴을 사슴으로 볼 뿐, 거기에 권력과 힘이라는 상징은 덧붙이지 말자. 그냥 고요하게 거니는 사슴을 우리는 그저 눈으로, 마음으로 조용히 바라보며 그 생태를 지켜주면 그만이다.

# 창동 곳집 倉, 골 洞

조선 때 이곳에 양곡 倉庫창고가 있어서 붙은 이름이다. 예전의 마을 이름에는 倉庫, 즉 곳집을 가리키는 한자 倉창이 붙은 데가 제법 많다. 서울 남대문 인근의 北倉洞북창동이라는 곳도 조선시대 세금으로 받은 쌀과 베 등을 관리하던 宣惠廳선혜청의 창고가 있어서 붙은 이름이다.

여기서 다룰 한자는 倉창이다. 벼를 비롯한 곡식과 생활에 필요한 여러 雜貨잡화 등을 쌓아두는 곳집이자 창고를 가리키는 한자다. 비슷한 뜻의 한자는 우선 庫고, 廩름, 棧잔 등이 있다. 앞의 倉이라는 글자와 이어서 붙여 단어로 만들어지는 게 倉庫창고, 倉廩창름 등이다.

사실 요즘은 庫고라는 글자를 많이 쓴다. 곳집이자 그냥 말 그대로 창고다. 차갑게 물건을 넣어두는 곳이 冷藏庫냉장고, 차를 넣어두면 車庫차고, 돈이나 귀한 물품 등을 넣어두면 金庫금고, 방을 뜻하는 글자 間간을 붙이면 庫間곳간이다.

예전에는 귀하기 짝이 없던 얼음을 넣어두던 곳이 있는데 그를 우리는 氷庫빙고라고 불렀다. 1980년대 초반 군사정권에서 무시무시한 권력을 행사하며 사람들 잡아다가 고문하던 곳이 바로 서울의

西氷庫서빙고에 있었다. 물건이 창고에 있는 상태를 在庫재고라고 하면서 장사하는 사람들은 늘 그 상태를 체크한다. 나라에 속하는 물건을 보관하는 곳은 國庫국고, 보물 등이 쌓여 있는 곳은 寶庫보고라고 한다.

요즘은 잘 쓰지 않으나 예전에는 사용 빈도가 높았던 글자가 廩름이다. 우선 倉廩창름이 있는데, 잡곡을 넣어두는 곳을 倉창, 쌀을 보관하는 곳을 廩이라고 했다는 설명이 있다. 쌀을 보관하는 곳이었으니 예전 관리들의 월급은 바로 이곳에서 나갔을 법하다. 그래서 나온 단어가 廩給름급, 廩俸름봉 등이다. 모두 관리 등에게 지급하는 급여를 가리킨다. 廩庫름고라고 하면 쌀을 보관하는 창고겠다. 조금 어려운 한자 囷균을 붙이면 廩囷름균인데, 앞의 廩은 네모 형태의 창고, 뒤의 囷은 원형의 곳간을 일컬었다고 한다.

홍콩에서 만들어진 영화 중에 「龍門客棧용문객잔」이라는 작품이 있다. 앞의 '용문'은 지명, 뒤의 客棧객잔은 요즘으로 따지면 일종의 여관이다. 棧잔이라는 글자는 일반적으로 '사다리'가 우선이다. 棧道잔도라고 적으면 설벽 등에 홈을 파서 나무를 박아 만든 사다리 길을 가리킨다. 이와 함께 많이 사용하는 뜻이 '숙박업소'다. 그러나 손님들이 머물면서 지니고 다니는 짐을 보관하는 장소 역할도 했다. 따라서 '창고'의 뜻도 얻었다.

우리 쓰임새에는 별로 없으나 한자 단어 중 貨棧화잔이라는 말이 있는데, 이곳이 교역을 위해 필요한 물건 등을 보관하는 창고다. 상업이 꽤 발달했던 중국에서의 쓰임이 많은 글자다. 우리의 경우는 보통 '사다리'를 의미할 때가 많다. 雲棧운잔이라고 적으면, 구름에 닿을 만큼 높은 사다리라는 뜻이다. 古棧고잔은 지명에 많이 등장하는데, 옛 사다리 길이라는 뜻이다.

춘추전국시대에 富國强兵부국강병을 주도해 명망이 높았던 인물이 바로 管仲관중이다. 그는 "창고가 차야 백성들이 예절을 안다(倉廩實而知禮節)"고 했다. 맹자가 말한 "재산이 있어야 잘 할 마음도 난다"는 의미의 '有恒産, 有恒心유항산, 유항심'과 같은 맥락이다. 시대로는 管仲이 훨씬 앞이니, 맹자가 그를 援用원용했을지 모른다. 어쨌든 우리 각자의 주머니는 차 있어야 사회 분위기도 좋다. 그 점은 예와 지금이 다를 수 없다.

# 방학 놓을 放, 학 鶴

예전에 커다란 방아가 있었던 모양이다. 그래서 붙었던 지명이 방아 굴(골)이었는데, 한자로 표기하는 과정에서 지금의 지명을 얻었다는 설명이 있다. 다른 유래 설명도 있다. 조선의 임금이 이곳 인근의 도 봉사원 터를 살피다가 학이 노니는 모습을 목격하고서 붙인 이름이 라는 설이다. 또 다른 내용은 이곳 지형이 알을 품는 학의 모양과 비 슷하다고 해서 얻은 지명이라는 것이다.

여기서는 放鶴방학의 앞 글자를 보도록 하자. 뒤의 鶴학이라는 글 자는 '학의 울음소리'라는 의미의 鳴鶴명학이라는 역에서 풀었다. 이 放방이라는 글자의 쓰임은 아주 많다. 解放해방이나 開放개방, 放送방송 등 우리 생활과 친숙한 단어에서도 자주 등장하기 때문이다.

글자의 설명이 우선 흥미를 끈다. 글자의 앞부분인 方방은 예전 의 성채를 가리켰다. 그 옆의 글자는 원래의 모양이 '攴'인데, 손으로 무엇인가를 잡는 일을 가리킨다. 이런 조합으로 생긴 원래의 의미가 '누군가를 성으로부터 쫓아낸다'는 뜻이다. 이를 테면 放出방출이자 逐出축출이다.

중국의 초기 字典자전이라고 해도 좋을 『說文解字설문해자』는 아예

이 글자를 쫓아낸다는 뜻의 '逐축'이라는 글자로 풀고 있다. 거기에서 뜻이 더 확대돼 이제는 무엇인가로부터 풀려나거나 무엇을 풀어버린다는 '해방'과 '개방'의 뜻, 더 나아가 행동거지가 자유롭고 거침이 없는 상태를 이르는 글자로도 발전했다.

원래의 뜻에 충실한 글자로는 放伐방벌이라는 단어가 있다. 폭압적인 정치를 선보이면 暴君폭군이라고 부를 수 있는데, 그런 행동을 두고 보다가 결국 공격해(伐) 暴君을 자리에서 쫓아내는 일이 放伐이다. 때로는 명분을 세워 상대를 공격해 없애는 일을 가리키기도 한다.

가축을 놓아서 기르면 放牧방목, 풀어서 먹이면 放飼방사다. 우리 쓰임새에서의 放心방심은 '마음을 놓다' 또는 '마음을 풀어두다'의 의미다. 조심스럽지 않아 경계 등을 게을리하다가 좋지 않은 일을 당하는 경우에 자주 쓴다. 그러나 중국에서는 '안심하다'의 뜻으로 쓰임이 조금 다르다. 버려두다, 포기하다의 뜻이 放棄방기, 돌보거나 간섭하지 않고 제멋대로 내버려 두다는 의미가 放任방임이다.

放聲방성은 목울대의 조임을 풀어버리는 일이다. 목청을 한껏 열어 소리치는 일인데, 일제가 한반도 강점의 야욕을 드러내며 대한제국을 잠식하자 皇城新聞황성신문의 張志淵장지연 선생이 「是日也放聲大哭시일야방성대곡」이라는 제목의 사설을 써서 분노를 표출했다. 앞의 '是日也시일야'는 '이날이여!'라는 뜻의 감탄이다. 放聲大哭방성대곡은 소리(聲)를 놓아(放) 크게(大) 우는(哭) 일이다. 이 放聲과 비슷한 뜻의 단어가 失聲실성 또는 大聲대성이다. 失聲은 감정에 겨워 목울대의 조임을 놓치는 일이다. 大聲은 放聲과 같은 뜻이다.

放膽방담이라는 말도 있다. 담(膽)을 풀어놓는(放) 행위다. 겁을 상실한 사람, 또는 배짱 좋게 달려드는 사람을 가리킬 때 쓰는 말이다. 같은 음의 또 다른 放談방담은 거리낌 없이 아무 말이나 내뱉는 행위다. 특정한 주제 또는 틀 없이 자유롭게 나누는 대화를 가리키기도 한다.

무엇인가로부터 자유롭다는 의미로 등장하는 단어도 많다. 虛浪放蕩허랑방탕이 우선 눈에 띈다. 유래는 분명치 않으나 아주 오래전부터 쓰인 흔적이 있다. 앞의 虛浪허랑은 일어섰다 주저앉는 허망한 물결이다. 또는 고정적인 틀에 머물지 않는 물의 屬性속성 자체를 가리킨다고 보인다. 放蕩방탕이라는 말 역시 이리저리 풀려(放) 물처럼 마구 흘러 다니는(蕩) 상태를 가리킨다. 두 단어를 합치면 뜻이 분명해진다. 아무데나 돌아다녀 행실이 추저분하다는 의미다.

마구 다니면서 버릇이나 예의 없이 구는 일을 放恣방자, 제멋대로 하는 행위를 放肆방사, 비슷한 뜻의 放縱방종, 마구 다니면서 빈둥거리면 放逸방일, 그러면서 주의력 결핍을 보이면 放漫방만이다. 이리저리 뛰어다니면 奔放분방, 물처럼 정처 없이 떠도는 일이면 放浪방랑으로 적는다.

우리가 자주 쓰는 '單放단방'이라는 말도 재미있다. 펀치 한 방에 상대를 때려눕히면 "單放에 보냈다"며 자랑한다. 원래는 활 등을 쏘는 경우를 일컬었다. '한 차례 사격'이라는 뜻이다. "한 방에 보냈다"로 쓰기도 한다. 관련 성어가 有的放矢유적방시다. 중국어에 많이 등장한다. 과녁(的)을 두고(有) 화살(矢)을 날린다(放)는 뜻이다.

그 반대가 無的放矢무적방시다. 과녁(的) 없이(無) 화살(矢)을 쏘아대는(放) 행위다. 앞의 성어는 분명한 목표를 두고 벌이는 일, 뒤는 뚜렷한 지향점 없이 마구 남을 공격하는 행위를 가리킨다. 自由奔放 자유분방하고 거침이 없어 豪放호방해도 좋다. 그러나 지향은 분명해야 늘 바람직하다. 그런 마음 줄을 잘못 놓아 방심하면 방탕, 방자, 방만, 방랑으로 흐른다. 길지 않은 인생길이다. 그 인생의 물길에서 제대로 흘러가려면 우리는 방향을 잡아 중심을 잘 세워야 한다.

# 도봉산 길 道, 봉우리 峰, 뫼 山

서울의 동북쪽에 버티고 있는 산이 도봉산이다. 이 산이 왜 '도봉'이라는 이름을 얻었는지는 확실하지 않다. 우뚝한 화강암으로 높이 솟은 봉우리가 유학에서 말하는 '道도'의 이미지와 흡사해 봉우리라는 뜻의 '峰봉'을 붙여 도봉으로 불렸지 않았을까 추정하는 정도다.

조선 500년의 왕조 역사를 주름잡았던 유학의 흐름은 성리학이다. 그를 주도한 朱子주자의 학문 계통을 흔히 '道學도학'이라고 했다. 관념적인 색채를 입혀 교리에 더욱 충실하고자 했던 경향을 보인다. 때로는 극단적인 유교의 질서를 강조해 이념성이 강하다.

어쨌든 동양에서 '道도'라는 글자의 쓰임새는 매우 넓다. 孔子공자의 道, 老子노자의 道, 춘추전국시대 諸子百家제자백가에도 모두 그런 道가 있다. 따라서 道는 말하자면 추구하고자 하는 진리 그 자체, 혹은 그 진리에 이르는 길이다. 마침 이 글자의 원래 새김이 '길'이다.

조선왕조 이래 줄곧 이 산은 도봉산으로 불렸다. 『조선왕조실록』을 보면 우선 태종과 세종 시기의 이 산에 관한 기사가 등장한다. 500여 년 전 이 도봉산의 모습은 어땠을까. 우선 빼곡한 산림이 있고, 그 안에 '숨어 사는' 부랑자들의 모습이 나온다.

세종과 그 아들 문종 때 실록에는 "거지와 부랑자, 무뢰한 등이 숨어 지낸다"는 기사가 등장한다. 정체를 알 수 없는 사람들, 노비 생활하다 도망친 사람들, 그래서 일부는 산적으로 돌변키도 하는 사람들이 모여 사는 곳이었다는 얘기다. 그 옆의 三角山삼각산(지금의 북한산) 상황도 비슷했던 모양이다.

그래서 이들을 잡아들이라는 명령이 조선왕조의 권력 심장부에서 자주 나왔다. 이어 이곳은 사냥터의 모습으로도 등장한다. 임금까지 나서는 대규모 사냥이다. 조선시대 내내 임금이 출동하는 사냥은 일종의 군사훈련과 다를 바 없었다. 대규모 군사를 동원해 짐승 몰이에 나서기 때문이다. 따라서 이를 흔히 '講武강무'라고 했다. 무력(武)을 연구하는(講) 일종의 의식이었는데, 사실 그 내용은 임금과 군사가 함께 나서는 수렵대회였다.

군사를 동원해 훈련까지 도모할 수 있는 넓은 지역과 빽빽한 산림, 그리고 산속에 숨어사는 호랑이 등 맹수까지 있었던 도봉산과 삼각산 일대는 조선왕조가 군사훈련을 도모할 수 있는 적당한 장소 중 하나였음에 틀림없다. 일본이 일으킨 임진왜란 때의 기록도 남아 있다.

도성인 한양에 진입했던 왜군들의 노략질이 이곳 일대까지 미쳤던 모양이다. 산에 숨어들어간 모친과 그 두 딸의 이야기다. 16세의 딸은 언니가 왜병에게 붙잡혀 가자 그런 모욕을 당할 수 없다면서 천 길 낭떠러지로 몸을 던져 죽었다는 내용이다. 서울 도성을 버리고 도망간 왕조, 지켜주는 군대가 없었던 조선의 민초들이 어떻게 왜

군으로부터 유린당했는지를 어렴풋하게 짐작토록 하는 대목이 아닐 수 없다.

도봉은 그 이후로 이곳에 세워진 書院서원으로 유명해진다. 조선 중반에 성리학적인 질서를 확립하고자 강력한 개혁을 추진했던 趙光祖조광조, 1482~1519년의 위패가 있는 곳이다. 그는 주자의 성리학적 이념을 철저하게 추구했던 개혁론자였다. 이를 테면 '道學도학'의 충실한 집행자였다.

그런 그의 취향이 결국 우뚝한 화강암 바위가 병풍처럼 늘어서 있는 도봉산의 이미지와 맞아떨어졌는지 모른다. 일부 조사에 따르면 조광조는 생전에 이 도봉산을 매우 좋아해 산의 계곡 등을 즐겨 찾았다고 한다. 도봉산이 품은 강한 기상과 조광조 가슴속에 담긴 강력한 도학자로서의 개혁의지가 서로 어울렸다는 얘기다.

결국 그는 己卯士禍기묘사화라는 정치적 싸움에 휘말려 죽음을 맞는다. 그의 나이 37세 때다. 그러나 그의 강력했던 정치적 개혁 성향은 후대로부터 인정을 받는다. 그래서 1573~1574년에 세워진 게 바로 도봉서원이다. 1696년에는 조선 후기의 대표적 성리학자였던 우암 宋時烈송시열의 위패도 이곳에 배향한다.

그런 까닭인지는 모르지만 『조선왕조실록』의 중반기 이후 기사에서 다루는 도봉과 도봉산에 관한 내용은 대개가 서원과 맞물려서 등장한다. 당파적인 논쟁의 차원에서 다루는 조광조와 송시열에 관한 토론 등이다.

동양의 한문 세계에서 '道도'는 막연하면서도 매우 포괄적인 차원의 글자다. 숱하게 많은 사람이 그 '道'를 추구했고, 각자 나름대로의 생각에 따라 그 '道'를 말해왔다. 성리학의 道는 나름대로 조선의 왕조적인 질서에 부응하면서 몸집을 키워왔다. 그러나 그 道가 度도를 넘을 때가 항상 문제다. 과도한 성리학적 이념에 관한 집착은 결국 조선의 衰落쇠락으로 이어지지 않았을까.

우리가 이 시대에서 추구하고 찾아야 할 '도'는 과연 무엇일까. 그 점을 생각하면 그 '도'의 상징으로 우뚝 서서 서울을 조망하는 도봉산의 무게가 남다를 수 있다. 아니면, 산은 그저 산이로되 사람들이 그 산을 두고 자꾸 무엇인가 의미를 붙이려고 하는지 모른다. 어느 쪽이 옳을까.

# 망월사 바랄 望, 달 月, 절 寺

의정부의 호원동에 있는 유서 깊은 절 이름으로 역명을 삼았다. 망월사는 신라 때 창건한 절로서, 고려와 조선을 거쳐 오면서도 늘 한국 불교계에서 중요한 자취를 남긴 절이다. 절 대웅전 동쪽에 토끼 모습의 바위가 있고, 남쪽에는 月峰월봉이라는 바위가 있어 달을 바라본다는 의미의 望月망월이라는 이름이 붙었다는 설명이 있다.

다른 한편으로는 신라 때 이 절을 창건한 海浩해호라는 스님이 절을 지으면서 머무르던 곳에 있던 옛 산성 望月城망월성의 이름을 땄다는 얘기도 전해진다. 어쨌거나 우리는 望月망월이라는 한자 이름에 먼저 주목하지 않을 수 없다.

우선 望망이다. 이 글자의 원래 뜻은 보름달을 가리켰다. 그 다음에는 보름달이 의미하는 '밝음'을 기다린다는 뜻으로 발전했고, 나아가 '멀리 바라보다' '무엇인가를 기대하고 바란다'는 뜻도 얻었다. 이 글자가 결국은 무엇인가를 간절히 바란다는 뜻의 希희와 어울려 결국 希望희망이라는 단어를 낳았다. 待望대망, 所望소망, 絶望절망 등의 단어에 나타나는 이 글자의 쓰임새도 마찬가지다.

따라서 望月망월이라고 적으면 '달을 바라본다'는 뜻도 있지만, 그 자체가 휘영청 둥근 보름달을 의미하기도 한다. 달의 별칭은 앞의 月溪<sub>월계</sub>역을 지나면서 소개했다. 마침 절의 이름과 함께 그 望月이라는 단어가 등장하니, 이번에는 달의 여러 가지 모습을 가리키는 한자 단어를 찾아보자.

달이 이지러졌다가 차올라 다시 기울어지는 모습을 적는 한자는 여럿이다. 우선 朔<sub>삭</sub>, 上弦<sub>상현</sub>, 望<sub>망</sub>, 下弦<sub>하현</sub>이다. 달은 이 네 모습으로 우리 시야에 들어온다. 朔은 合朔<sub>합삭</sub>이라고도 적으며, 그 상태를 가리킬 경우에는 新月<sub>신월</sub>이라고 한다. 이때의 달은 태양과 움직이는 궤도가 같아져 함께 동쪽에서 뜨고 서쪽으로 진다. 따라서 달의 뒷면만 햇빛을 받으므로 지구에서는 달이 보이지 않는다. 朔은 음력 초하루에 해당한다.

朔<sub>삭</sub>을 지나 그 다음 단계에 나타나는 달의 모습은 上弦<sub>상현</sub>이다. 반달의 모습인데, 음력 달의 8~9일 모습이다. 그 전인 음력 달 3~4일에는 아주 일부분이 살짝 모습을 보인다. 초승달로 부르는 이때의 달은 미인의 눈썹을 닮았다고 해서 蛾眉月<sub>아미월</sub>로도 적는다. 蛾眉<sub>아미</sub>는 누에나방 눈썹이라는 의미로, 미인의 눈썹을 가리킨다. 반달을 가리키는 上弦은 아래에서 위쪽으로 차오르는 이때의 달 모습이 활시위(弦)가 벌어지는 것과 같다고 해서 붙인 글자다.

上弦<sub>상현</sub>이 지나면서 달은 점점 부풀어 올라 보름이 닿기 전에는 전체 모습이 어렴풋하게 눈에 다 들어온다. 이런 달의 모습은 凸月<sub>철월</sub>로 적었다. 움푹 파인 모습과 도드라진 모습을 凹凸<sub>요철</sub>로 적을 때의 그 凸철이라는 글자다. 달이 도드라져 오르는 상태를 가리킨다.

그 다음이 보름달, 즉 望망이다. 가득 찬 달이라는 뜻의 滿月만월로도 부르며, 그 날짜인 '보름'을 가리켜서는 望日망일로 적기도 한다. 달은 그렇게 꽉 차올랐다가 기울어지기 시작한다. 그 모습은 달이 이지러진다고 해서 殘月잔월로 적는다. 그 殘月에서 더 이지러져 반달의 모습을 보일 때가 下弦하현이다. 역시 더 기울어져 그믐달일 때는 눈썹의 모습이라 초승달 때의 반대편 蛾眉月아미월이다.

그믐을 한자로는 '어둠' '그늘'이라는 뜻의 晦회로 적는다. 따라서 朔望삭망은 초하루에서 보름까지, 晦朔회삭이라고 적으면 그믐에서 달초를 가리킨다. 晦朔은 또 밤(晦)과 새벽(朔)을 지칭하기도 한다. 初吉초길은 보통 초하루에서 보름까지의 시간을 일컫는다. 旣望기망은 보름에서 下弦하현까지다.

이 달에는 차오름(盈)과 텅 빔(虛), 번성함(盛)과 쇠락함(衰), 맑음(晴)과 어둠(陰) 등 서로 반대의 뜻을 이루는 관념이 담겨 있다. 사람이 세상을 살아가며 늘 맞이하는 上昇상승과 下降하강, 成就성취와 挫折좌절, 勝利승리와 敗北패배의 수많은 곡절을 담고 있는 셈이다. 그러니 사람들은 늘 달을 바라봤을 게다. 요즘은 그 달보다는 스마트폰 들여다보는 사람이 훨씬 많을 테지만….

# 회룡 돌아올 回, 용 龍

앞의 망월사처럼 이 역명 또한 절 이름에서 따왔다. 의정부에 있는 回龍寺회룡사라는 절이다. 옛 왕조 시절의 각종 명칭에 龍용을 함부로 쓸 수는 없었다. 龍이라는 한자가 왕조의 최고 권력자인 임금을 지칭했기 때문이다. 아니나 다를까. 이 回龍寺에도 그런 곡절이 담겨 있다.

조선을 창업한 태조 李成桂이성계와 관련이 있다고 한다. 절은 원래 고려의 義湘大師의상대사가 창건했다고 하는데 확실하지는 않다. 회룡사의 홈페이지 설명에는 李成桂와 無學大師무학대사의 인연이 그려져 있다. 李成桂가 조선을 세운 뒤 이곳을 찾자 그때 '돌아온 용'이라는 뜻의 回龍회룡이라는 이름을 절 명칭에 붙였다는 설명이다.

다른 유래 설명에는 이성계가 왕위에서 물러나 함흥에 머물다가 1403년 태종 3년에 서울로 돌아오자 무학대사가 그를 기념해 지었다고 한다. 그러나 역명의 유래에 관해서는 그 정도로 설명을 마치자. 우리의 관심사는 역명으로 쓰는 한자 그 자체니 말이다.

回龍회룡이라는 두 글자는 回基회기역과 龍山용산역에서 풀었다. 그러니 우리는 이 역명과 관련해 이성계가 서울로 돌아올 무렵에 무엇을 탔을까에 관심을 두기로 하자. 임금을 지낸 사람이었으니 그가 탔던 수레나 가마에는 일반 사람이나 관료들의 그것보다 많은 한자 명칭이 따랐기 때문이다.

임금이 탔던 수레나 가마를 가리키는 일반적인 단어는 우선 聖駕성가와 御駕어가를 꼽을 수 있다. 여기서 駕가라는 글자는 수레(車)에 말(馬)을 연결한 '탈 것'이다. 고대 황제가 타는 수레에는 구리로 만든 방울을 실었는데, 그 이름을 鑾란이라고 했다. 따라서 鑾駕난가라고 적으면 황제의 수레 또는 가마다. 鳴鑾명란이라는 단어는 황제가 그런 방울을 울리며 나가는 행차, 回鑾회란은 나갔다가 돌아오는 황제의 수레를 뜻했다.

황제가 탔던 수레를 가리키는 한자로는 輦련과 轂곡, 輅로 등이 있다. 모두 수레 또는 가마를 가리키는 글자다. 輦轂연곡은 대표적인 경우다. 이를 탈 수 있는 사람, 즉 황제를 가리킨다. 輦轂之下연곡지하라고 적으면, '輦轂이 있는 곳 아래'라는 의미다. 황제가 머물고 있는 곳을 가리켰으니, 실제 뜻은 바로 '都城도성'이다. 일반적으로 首都수도를 가리킬 때 자주 썼던 옛 단어다.

京輦경련이라고 해도 마찬가지다. 서울을 뜻하는 京경에 황제나 임금을 의미하는 輦련이 들어 있으니 그 뜻은 바로 '서울'이다. 輦下연하라고 해도 같다. 임금 계신 곳의 의미이니 역시 도성을 가리킨다. 이 輦은 말이 끄는 수레일 수도 있고, 사람이 메고 움직이는 가마의 형태일 수도 있다. 조선에서는 임금이 이동할 때 오르는 가마로 잘 알려져 있고, 불교에서도 부처님 상이나 사리 등을 모실 때 사용하는 가마의 명칭으로 쓴다.

轂곡은 원래 수레의 바퀴를 뜻했다가 역시 輦련처럼 지체 높은 임금이 타는 수레라는 뜻을 얻었다. 우리말 쓰임에서는 推轂추곡이라는 말이 보이는데, 수레를 밀어 앞으로 나아가게 하다는 게 우선이고, 때로는 남을 어떤 자리로 나아가게 하는 '推薦추천'의 의미로도 쓴다.

輅로는 일반적인 수레의 뜻인데, 大輅대로라고 적을 경우가 '임금의 수레'라는 의미다. 象輅상로라는 말도 있다. 역시 뜻은 같다. 임금의 수레다. 단지 코끼리를 뜻하는 象상이 있어 눈길을 끄는데, 상아로만든 조각이 붙어 있을 정도로 화려한 수레다. 역시 임금이 타는 용도다.

轎교는 일반적인 가마를 가리킨다. 轎子교자라고 할 때가 특히 그렇고, 轎軍교군은 가마를 메는 사람이다. 네 명이 메는 가마를 四人轎사인교, 여덟 명이면 八人轎팔인교, 높은 벼슬아치를 태워 네 명이 메고 가는 가마를 平轎子평교자라고 적었다. 밑에 외바퀴를 달고 종2품 이상의 고관을 태우는 가마는 軺軒초헌이라고 했다. 뚜껑이 없이 산길을 다니는 가마는 藍輿남여로 불렀다.

이 藍輿남여의 輿여라는 글자도 수레나 가마를 가리킬 때 자주 등장한다. 乘輿승여, 鳳輿봉여, 輿輦여련, 輿駕여가 등이 다 임금을 태우는 수레나 가마다. 喪輿상여는 죽은 사람의 시신을 태우고 가는 가마다. 이 글자는 때로 '땅'을 가리킨다. 그래서 輿圖여도나 輿地圖여지도로 적으면 요즘의 '地圖지도'다. 김정호가 작성한 大東輿地圖대동여지도가 대표적인 쓰임이다.

그런 수레와 가마가 다니는 곳은 어딜까. 수많은 길이자, 사람들
이 모여 사는 市井시정이다. 그런 여러 곳에서 들리는 얘기들이 바로
輿論여론이다. 그런 길가와 市井의 여러 사람이 바라는 바가 바로 輿
望여망이다. 우리는 그런 輿論과 輿望을 제대로 읽는 정치인이 많지
않아 늘 불만이다. 우리 정치인들이 부지런히 저잣거리를 다녔으면
좋겠다. 輿論과 輿望을 제대로 읽기 위해서 말이다.

# 의정부 의논할 議, 정사 政, 마을 府

역시 이 일대에 전해지는 설화와 관련 있는 역명이다. 앞의 망월사역, 회룡역에서 고루 등장했던 조선 건국의 이성계 설화 말이다. 그가 건국 뒤 아들 태종과의 불화로 함흥에 머물다가 서울로 돌아온 일을 가리킨다. 일반적인 이름 유래는 이성계가 서울로 돌아오던 길에 지금의 의정부 한 사찰에 머물렀는데, 政事정사를 논의하던 議政府의정부를 아예 이곳에 옮겨와 국사를 처리하면서 비롯했다는 설명이다.

그러나 이는 설화에 그칠 가능성이 높다. 조선의 최고 기관인 의정부 소속의 밭이 있어서 이런 이름이 나왔다는 게 『한국 지명 유래집』의 설명이다. 의정부에 속해 있던 밭의 이름은 議政府屯의정부둔으로, 이곳에서 나오는 곡물과 자원 등이 의정부 소속 관원들의 경비로 쓰였다는 얘기다. 설화보다는 훨씬 무게가 있어 보이는 설명이다. 실제 김정호의 『大東輿地圖대동여지도』에는 의정부의 한자 표기가 意情埠의정부로 달리 나와 있다는 점도 그를 뒷받침하고 있다.

議政府의정부라는 이름은 그래도 우리가 생각해 볼 단어다. 이는 조선시대 정치를 논의했던 최고 기관의 명칭이다. 조선시대 초반에 이미 생겨나 줄곧 그 왕조와 운명을 함께했던 기관이다. 議政의정이라는 말 자체가 '정사를 논의하다'라는 뜻이고, 그 뒤에 붙은 '府부'는 그런 기관의 관원들이 머무는 곳을 이른다.

이곳의 세 사람이 조선시대 임금의 밑에 있던 내각 총괄자다. 가장 높은 사람을 領議政영의정이라고 했는데, 앞에 붙은 글자가 '통솔하다'·'이끌다'의 領령이므로 모든 의정을 총괄하는 사람이다. 지금으로 따지면 대통령 밑의 총리로서, '一人之下, 萬人之上일인지하, 만인지상'의 'Number 2'다. 그 領議政 밑의 右議政우의정과 左議政좌의정도 모두 정1품의 관직으로 국정을 이끌었다.

의정부의 별칭은 都堂도당 또는 黃閣황각이라고 했다. 都堂은 정사가 이루어지는 기관(堂)의 으뜸(都)이라는 뜻이다. 黃閣은 황제가 머무는 곳의 문을 붉은색(朱)으로 칠했던 것에 비해 그 아래인 '총리'급의 관리가 머무는 곳을 노란색(黃)으로 칠한 데서 비롯했다는 설명이 있다.

앞의 東廟동묘 역을 지날 때 이미 설명한 내용이지만, 廟堂묘당 역시 정사를 논의하던 최고의 장소다. 황제 또는 임금과 주요 대신들이 모여 정치의 전반을 논의하는 곳이다. 朝廷조정도 쓰임새가 많은 단어다. 역시 주요 정사를 논의하던 곳을 일컫는데, 나중에는 '정부'라는 의미를 얻었다.

내친김에 宮殿궁전이라는 단어를 들여다보자. 의정부도 원래는 조선의 宮殿 안에 존재했을 테니 말이다. 두 글자 모두는 원래 일반적인 건축물을 가리켰다. 그러나 왕조의 권력이 세지면서 결국 君王군왕이 머무는 집의 의미로 변했다. 왕조에서는 宮궁과 殿전을 이렇게 갈 랐다.

일반적인 동양사회의 궁전은 外朝외조와 內廷내정으로 구분한다. 각 단어의 뒤 글자 둘을 합친 게 바로 朝廷조정이다. 우선 外朝는 왕 조 차원의 커다란 행사가 열리며, 아울러 군왕이 여러 신하와 더불어 공개적인 정치 행사를 치르는 곳이다. 이런 건축에는 대개 殿전이라 는 한자를 붙인다. 서울의 景福宮경복궁에 있는 勤政殿근정전 등을 떠올 리면 좋다.

그에 비해 宮궁이라는 이름을 달고 있는 건축은 군왕과 그 가족, 또는 수행 인원이 묵는 곳으로 볼 수 있다. 조선 경복궁의 예는 外朝 외조와 內廷내정을 外殿외전과 內殿내전으로 구분했지만, 중국에서는 宮 과 殿전을 비교적 엄격하게 구분한 흔적이 뚜렷하다. 그러나 정치라 는 행위가 上下左右상하좌우를 가리지 않듯, 어디서나 이뤄지는 까닭에 장소로의 宮과 殿이 아주 커다란 의미를 지니지는 않는다.

宮궁은 쓰임새가 많은 단어다. 宮殿궁전 외에 宮廷궁정이라고 써서 최고 권력자가 머무는 곳, 또는 최고 통치 그룹이 있는 곳을 가리켰 다. 宮中궁중은 임금이 머무는 곳에 대한 일반적인 명칭이다. 宮闕궁궐 도 마찬가지의 뜻이지만, 뒤의 闕궐은 원래 宮門궁문 앞에 설치해 경계 를 벌이는 望樓망루를 가리켰다.

宮掖궁액은 왕의 아내들인 妃嬪비빈들이 사는 곳을 가리킨다. 뒤의 掖액은 궁중에서 후미진 곳에 지어진 집을 일컫는다. 後宮후궁은 왕의

妾室첩실들이 머무는 곳이다. 가장 뒤편의 잘 보이지 않는 後園후원에 집을 지었다고 해서 붙은 이름이다. 後宮의 별칭은 宮闈궁위다. 闈위는 원래 궁중의 옆문을 지칭했다.

東宮동궁은 임금의 자리를 계승할 太子태자 또는 世子세자가 머무는 곳이다. 離宮이궁은 임금이 규정상 머무르는 곳 이외의 거처다. 別宮별궁으로 부를 수도 있다. 그러나 別宮은 왕이나 왕세자가 혼례를 치를 때 왕비나 세자빈을 맞아들이기 위해 지은 곳이라는 뜻도 있다. 行宮행궁은 임금이 도성을 떠나 지방 등으로 행차할 때 머물 수 있도록 지어진 곳이다.

# 가능 아름다울 佳, 언덕 陵

佳佐里가좌리와 魚陵里어릉리에서 한 글자씩을 따와서 만든 동네 이름이자, 역명이라는 설명이다. 佳佐里의 원래 이름은 가재울이었다는 추정도 있다. 가재가 많아서 붙은 이름이라는 것이다. 자연스레 만들어진 마을이어서 원래 그곳에 정말 가재가 많았다면 가재울이라는 고유명사가 듣기에도, 부르기에도 좋으련만 이제는 그냥 없어진 이름이다.

여기서는 곱다, 예쁘다는 뜻의 佳가라는 글자에 주목하기로 하자. 이 글자 자주 등장한다. 여인의 고운 자태를 이야기할 때 말이다. 우선은 佳人가인이다. '아름다운 사람' '고운 사람'쯤으로 풀 수 있는 단어다. 남자에게는 쓰지 않고, 대개는 여인에게만 사용한다.

이 단어가 등장하는 흥미로운 이야기가 있어 소개한다. 지금으로부터 2000여 년 전인 漢한나라 武帝무제 때 이야기다. 황제에게 음악을 들려주는 樂師악사로 李延年이연년이라는 인물이 있었다. 사실 그는 빼어난 '광고 기획자'였다. 자신의 동생을 황제에게 광고하는 역할을 맡았으니 그렇다.

그의 누이동생은 인물이 '짱'이었던 모양이다. 그런 동생이 결혼생활에 실패한 뒤 실의에 빠져 혼자 지내고 있었다고 한다. 그러자

이연년은 '황제에게 동생을 시집 보낸다면…?'이라는 생각을 했다고
한다. 그래서 그는 황제에게 들려줄 노래와 노랫말을 지었다.

> "북녘에 아름다운 이 있으니, 세상과 떨어져 혼자 있네. 한 번 뒤를
> 돌아보면 성이 무너지고, 두 번 돌아보니 나라가 무너지네…."
> (北方有佳人, 絶世而獨立. 一顧傾人城, 再顧傾人國)

뜬금없이 부르는 그의 노래에 황제는 어떤 반응을 보였을까.
'뭐? 정말 그런 여인이 있어?!'라며 놀랐겠지. 돌아보는 행위로만 성
이 무너지고, 나라가 허물어지니 안 그럴 텐가. 결국 무제는 그 동생
을 데리고 오게 한다. 황제는 결국 그녀에게 홀딱 반하고 만다.

스토리는 해피엔딩이 아니다. 무제의 후궁 자리를 얻어 '李夫人이
부인'으로 불렸던 그녀는 결국 병을 앓다가 일찍 죽는다. 죽기 전에 얼
굴 한 번이라도 보자며 찾아간 무제의 요청을 냉정히 거절하고서 말
이다. 고왔던 얼굴이 망가져 그 추한 모습을 황제에게 결코 보일 수
없다면서 고집을 피웠던 것이다. 결국 무제는 생전의 그녀 요청에 따
라 자식과 오빠를 잘 돌봐주지만 李夫人을 향한 그리움은 감출 수
없었다고 한다.

佳가라는 글자가 들어가는 단어 조합은 적지 않다. 아름다운 계
절을 佳節가절, 좋은 작품을 佳作가작이라고 히는 식이다. 우리에게 잘
알려진 성어로는 漸入佳境점입가경이 있다. 점점(漸) 들어갈수록(入) 재

미난(佳) 경우(境)라는 엮음이다. 원래는 東晉동진 때의 유명화가 顧愷之고개지의 일화에서 나왔다.

그는 사탕수수를 가지 끝에서 시작해 뿌리로 향하면서 먹었다. 뿌리 쪽을 향할수록 단맛이 더한 게 사탕수수다. 사람들이 그 이유를 묻자 고개지가 대답했다는 말이 바로 '漸入佳境점입가경'이다. 먹을수록 더 단맛이 난다는 뜻이다. 그래서 이를 사탕수수가 등장하는 글자 蔗자를 써서 蔗境자경으로도 적는다. 상황이 점점 더 瑤池鏡요지경으로 흐르는 것을 비꼴 때 쓴다. 그러나 단맛이 더하면 좋은 법이다. 佳境가경과 蔗境이 우리 생활에 줄곧 이어졌으면 좋겠다. 공식 역명은 '가능'이지만 표기방식에 맞추자면 '가릉'이 바람직하다.

# 녹양 푸를 綠, 버들 楊

이곳은 다음에 지나갈 楊州市양주시의 권역에 속한다. 따라서 버드나무를 가리키는 楊양이라는 글자가 먼저 등장했다. 게다가 푸르름을 나타내는 綠록과 함께 붙어 있으니 이름 치고는 제법 운치가 있다.

자료를 찾아보면 이곳에는 조선시대 말을 키우는 목장이 들어섰던 곳으로 나온다. 말은 평범한 말이 아니라 軍馬군마였다고 한다. 『조선왕조실록』世宗大王세종대왕 연간에 이미 그 이름이 등장하는 점을 보면 목장의 규모는 꽤 컸던 모양이다. 이곳의 벌판을 綠楊坪녹양평이라고 적었으며, 그 목장의 이름은 綠楊坪牧場녹양평목장이라고 불렀다는 기록이 있다.

버드나무를 지칭하는 대표적인 한자는 楊柳양류다. 그러나 같은 버드나무라고 불러도 모양에 있어서 둘이 어떻게 차이를 드러내는지는 梧柳오류역에서 풀었다. 柳류는 축축 늘어지는 가지를 지닌 데 비해 楊양은 그보다 뻣뻣해서 위를 향하는 가지의 나무다.

따라서 예서 주목할 한자는 綠록이다. 이 글자 쓰임새는 매우 발달했다. 그로써 만들어진 단어도 즐비한 편이다. 우선은 색깔을 가리킨다. 무슨 색깔인지는 분명하다. 草綠초록을 떠올리면 좋다. 풀이 지닌 푸른색이다. 평화와 안정을 뜻하는 컬러여서 우리에게는 매우 친근하다.

풀빛과 녹색은 같다. 그래서 나온 말이 草綠同色초록동색이다. 형편이나 利害이해의 관계가 비슷해서 같이 어울리거나, 서로 돌봐주는 그런 사람을 가리킨다. 綠林녹림이라는 단어는 '푸른 숲'의 뜻이지만, 뜻이 돌고 돌아 결국 '도둑의 소굴'로 정착한다. 깊은 숲에 있는 도적들을 가리킨다. 綠林豪客녹림호객, 綠林豪傑녹림호걸, 綠林客녹림객 등이 다 그런 도적의 뜻이다.

심리적인 측면에서 보면 이 녹색은 자연을 의미해 안정과 평화를 상징한다. 그러나 달리 情恨정한을 표시할 때도 곧잘 등장한다. 겨울 지나 봄을 맞아 펼쳐지는 新綠신록, 푸르름이 우거져 드리우는 그늘을 綠陰녹음, 윤기 나는 아름다운 여인의 머리카락을 綠髮녹발로 부르는 식이다. 그러나 다른 일면도 있다. 풀이 우거진 모습은 어떤 경우에는 마음을 시리게 한다.

벌판 가득한 풀의 빛에 이별의 정서를 담은 예전 동양의 시구가 꽤 많다. 萋萋처처하게 바닥을 가득 메운 풀, 그 널리 퍼진 모습에 제 이별의 정한을 옮겨 싣기 쉬웠기 때문이다. 『楚辭초사』에 등장하는 "왕손이 떠도니, 돌아오지 않습니다. 봄풀은 자라서, 퍼렇게 우거졌습니다(王孫遊兮不歸, 春草生兮萋萋)"가 대표적인 경우다.

봄풀의 색깔은 어찌 보면 푸르다 못해 悽然처연하다. 눈이 시릴 정도로 푸른 그 풀의 빛깔에서 헤어짐의 애잔한 감정이 솟았던 모양이다. 그러니 綠록은 꼭 긍정적이거나 편안하지만은 않은 색깔이다. 예전에는 綠窓녹창과 綠堂녹당이라고 해서, 가난한 여인이 사는 곳을 가리키는 단어가 있었던 점도 그렇다.

중국에서 '녹색 모자(綠帽)'는 함부로 입에 올릴 단어가 아니다. 바람피운 여인네를 둔 남자에게 "녹색 모자를 썼다"고 하기 때문이다. 그 유래는 판본이 여럿이라 일일이 다 소개하기는 힘들다. 단지 몽골이 중국을 지배하고 있던 元원나라 시절, 기생이 머무는 妓院기원에서 허드렛일 하는 남성에게 녹색 모자를 쓰도록 했다는 데서 유래했다는 설이 대표적이다.

붉은 등, 푸르스름한 술을 가리키는 중국 성어가 燈紅酒綠등홍주록인데, 번화한 유흥가 또는 화려한 나이트 라이프night life를 가리키는 말이다. 좋은 뜻의 성어는 아니다. 그래도 푸르른 풀이 우거져야 뭇 생명이 자리를 잡는 법이다.

중국식 성어 回黃轉綠회황전록은 누렇게(黃) 변한(回) 잎이 푸르름으로(綠) 바뀌는(轉) 초봄, 綠肥紅瘦녹비홍수는 꽃(紅)은 야위고(瘦) 푸르름(綠)은 풍성해지는(肥) 늦봄을 일컫는 말이다. 그 말뜻이 좋건 아니건, 우리는 그런 푸르름을 마다할 이유가 없다.

# 양주 버들 楊, 고을 州

楊州양주라는 명칭은 서울과 지금의 양주시 일대를 가리키던 옛 지명
이다. 따라서 우리는 지금 서울의 옛 이름에 이 楊州라는 명칭 하나
를 더 추가할 수 있다. 漢陽한양, 漢城한성 등과 함께 말이다.

처음 이 지명이 지금의 서울을 가리키는 이름으로 등장한 때는
고려다. 한양이라는 이름이 처음 쓰이기 시작했던 시점은 통일신라
때로 보인다. 기록에 따르면 신라 진흥왕 때 이곳은 北漢山州북한산주
로 불렸다가, 경덕왕 때 다시 漢陽郡한양군, 이어 고려가 들어선 직후에
양주로 고쳐졌다.

통일신라 이전의 서울 이름으로는 平壤州평양주, 南平壤州남평양주도
등장한다. 그러나 이 지역이 당시의 정치적 중심을 차지한 적은 없다.
고려에 들어서면서 이곳이 비로소 주목을 받는데, 결국 조선의 건국
과 그에 따른 도읍지로서의 선택이 이어지면서 오늘날의 서울은 한
반도 역사의 중심 무대에 오른다. 조선의 서울 도읍에 따라 지금의
서울이 한양 또는 한성이라는 이름을 얻었고, 그전까지 지금의 서울
일대를 일컫던 양주라는 이름은 서울 동쪽의 현 양주시로 좁아졌다.

그렇다면 왜 지금 서울과 양주시 일대가 '양주'라는 이름을 얻었

을까. 자료를 찾아봐도 이에 대한 답은 잘 나오지 않는다. 아무래도 이곳 일대에 楊양이라는 글자가 가리키는 버드나무가 많이 자랐기 때문이라고 추측만 할 수 있다. 오류역에서 설명했듯이, 楊柳양류는 모두 버드나무로 풀 수 있으나 둘의 차이는 존재한다. 가지와 잎사귀 모양이 다르다. 이 점은 오류역 편을 참고하기 바란다.

우리는 이번 역에서 그 뒤의 글자 州주에 우선 주목하자. 이는 동양사회의 지명 중 대표적인 글자에 해당한다. 州라는 글자는 우선 하천을 가리키는 川천이라는 글자 사이에 점 세 개를 찍은 모양이다. 川천은 글자 그대로 강과 하천 등 물의 흐름이고, 가운데 점 셋은 그 사이에 들어가 사는 사람을 일컫는다. 따라서 州는 '강과 하천 등의 사람 사는 곳'을 의미한다.

중국에서는 전설에 해당하는 三皇五帝삼황오제 시기에 중국 전역을 九州구주로 나눴다는 기록을 찾아볼 수 있다. 그러나 이는 어디까지나 신화나 전설의 시기에 해당하기에 믿기는 어렵다. 중국 전역을 통일한 秦始皇진시황 때 중국 전역을 郡군과 縣현으로 나눈 郡縣制군현제가 등장했으나 州주라는 행정단위는 사용하지 않았다. 東漢동한에 이르러 州는 가장 높은 행정단위로 처음 자리를 잡았다.

이후 州주는 간혹 사라지기도 하지만 그래도 줄곧 중요한 행정단위로 쓰인다. 때로 府부라는 단위가 州를 대신하기도 하는데, 明명에 들어서는 州 대신 府가 쓰인 뒤 淸청에 들어서도 계속 쓰였다. 지금의 중국에서는 소수민족의 自治州자치주에서만 명칭이 보이고, 원래의 1급

행정단위로서의 의미는 省성으로 바뀌었다.

한반도에서는 신라 때 처음 등장했다. 당시 전역을 州주와 郡군으로 나눴고, 州는 특히 군대와 관련 있는 행정명칭으로 통일신라시대까지 줄곧 쓰였다. 통일신라 때까지 최고의 행정단위였던 州는 後三國후삼국의 분열시기를 거치면서 성격이 바뀐다. 권력을 쥔 왕조가 자신에게 호응하는 각 지역의 세력을 편입하면서 작은 지역에도 州라는 명칭을 부여했기 때문이다. 이름이 많아졌으나 그에 걸맞은 '내용'을 채우지 못했다는 얘기다.

고려를 건국한 王建왕건 때만 50개가 넘는 州주가 있었을 정도란다. 郡군 또는 縣현에도 미치지 못하는 邑읍 정도의 지역이 정치적인 이유로 인해 버젓이 州라는 명칭을 달았다는 것이다. 이런 난맥상은 조선에 들어서야 겨우 자리를 잡았다. 조선 太宗태종이 그 작업을 주도했다고 한다.

규모에 미치지 못하는 지역의 州주라는 명칭을 모두 山산이나 川천으로 바꾸는 개혁이었다. 충북의 槐州괴주를 槐山괴산, 堤州제주를 堤川제천, 경기의 仁州인주를 仁川인천으로 바꾼 뒤 郡守군수와 縣令현령을 파견해 다스리는 식이었다. 규모가 번듯한 원래의 州주에는 牧使목사와 大都護府使대도호부사를 파견했다고 한다. 이는 1895년 갑오개혁으로 13道도를 설치하면서 없어졌다.

우리 쓰임새에서 가끔 이 州주와 洲주를 혼동하는 사례가 있다. 앞의 州는 땅 이름, 또는 일정하게 나뉜 행정구역 단위의 명칭이다. 뒤의 洲는 물에 갇혀 있는 땅을 가리키는 글자다. 물론 지역의 일반 명칭에서도 쓸 수는 있으나 그 땅이 물과 관련이 있어야 한다는 특징을 보인다.

우선 三角洲삼각주의 경우가 대표적이다. 강이 바다로 빠져나가는 델타 지역에 만들어진 땅으로서, 역시 물에 갇혀 있기 때문에 洲주가 들어간다. 六大洲육대주라는 말도 흔히 쓴다. 아시아와 유럽, 아프리카, 북아메리카, 남아메리카, 오세아니아의 6개 대륙을 뜻하는 말이다. 역시 각기 큰 바다에 둘러싸인 땅을 가리키는 말이다. 그 앞에 五大洋오대양을 붙이면 '五大洋六大洲오대양육대주', 즉 세계를 일컫는 말이다.

일부 대륙 명칭은 아직 우리가 한자로 적고 부르는데, 가끔 이를 州주로 잘못 적는 경우가 많다. 아시아대륙은 亞洲아주, 유럽 대륙은 歐洲구주, 아메리카 대륙은 美洲미주다. 이 점 헷갈리지 말자. 바다는 큰물이고, 그 큰물에 둘러싸인 큰 땅은 반드시 洲주라고 적어야 한다는 점 잊지 않도록 하자.

# 덕계 큰德, 시내溪

대부분의 지명처럼 德溪덕계라는 동네 이름과 역명 또한 합성이라는 과정을 거쳤다. 일제강점기인 1914년 양주군의 遯溪里돈계리, 泉川面천천면, 高障里고장리 등이 합쳐지면서 지금의 德溪라는 이름을 얻었고, 나중에는 역명으로도 자리 잡았다.

德덕은 우리가 자주 듣는 글자다. 道德도덕과 함께 말이다. 그러면서도 우리는 道德을 설명해 보라고 하면 머뭇거리기 일쑤다. 단어가 품는 뜻, 즉 含意함의가 아주 광범위하기 때문이다. 철학적으로나 문화적으로 이 글자를 두고 내리는 정의는 아주 다양하다.

그를 일일이 다 따지다가는 우리의 지하철 여행이 지루해지기 십상이다. 따라서 여기서는 '도덕'을 간단하게 정의하고 넘어가자. 道도는 전체적인 가리킴, 즉 指向지향이자 틀이라고 보면 좋다. 진리와 진실에 이르는 길, 아울러 그를 겨누는 방향타에 해당한다.

德덕은 그에 비해 그 길로 나아가는 실천적 행위를 가리킨다. 진리와 진실로 나아가기 위해 구체적으로 쌓고 터득하며, 아울러 실천하는 행위 전반을 지칭한다. 道도가 방향타이자 전체를 아우르는 틀이라면, 德은 그에 닿고자 하는 구체적 지침이라고 할 수도 있다.

우리의 다음 차례 관심은 역명의 뒤 글자다. 시내, 시냇물을 일컫는 한자 溪계다. 땅 위를 일컫는 이른바 地表지표에 출현하는 물의 종류는 많다. 그러나 지하에서 지상으로 처음 물이 나오는 곳을 우리는 보통 泉천이라는 한자로 적는다. 冷泉냉천이 있고, 溫泉온천이 있으며, 아울러 鑛泉광천 등이 있다. 우리는 한자로 그를 적기 전에 샘으로 불렀다. 작고 오목한 샘을 부르는 아름다운 우리말이 옹달샘이다.

泉천에서 물이 흘러나와 조그만 흐름을 형성하는 곳이 대개는 산의 골짜기 등이다. 아주 폭이 좁은 형태에서, 제법 큰 너비를 보이는 물의 흐름을 지칭하는 한자가 바로 溪계다. 비슷한 개념으로 쓰는 한자가 澗간, 溝구, 曲곡 등이다. 이들은 거의 비슷한 형태의 물 흐름이다. 구체적으로 어떻게 차이를 내는지는 분명치 않다.

이보다 큰 물 흐름을 우리는 江강, 河하, 水수, 川천으로 적는다. 물흐름의 시작은 보통 위에 적은 샘인 경우가 많다. 우리는 그를 源泉원천으로 부른다. 그러나 꼭 샘이 아닌 경우도 적지 않다. 물이 고여 있는 곳도 강이나 하천의 源泉일 수도 있기 때문이다.

물이 크게 고여 있는 곳을 가리키는 한자는 澤택, 湖호, 沼소, 泊박 등이 있다. 대부분은 湖水호수와 습지를 가리키는 沼澤소택이다. 어디에선가 온 물이 고여 커다란 웅덩이를 형성하는데, 한편으로는 이들이 또한 강과 하천의 시발점을 이루기도 하니 역시 源泉원천이라고 하지 않을 수 없다.

지구의 가장 큰 물은 海洋해양이다. 우리는 보통 바다로 부르지만, 定義정의로서의 海해와 洋양은 다르다. 먼저 큰 바다를 일컫는 글자가 바로 洋, 그보다는 작은 바다가 海다. 洋은 五大洋오대양을 떠올리면 좋다. 太平洋태평양, 大西洋대서양, 印度洋인도양, 北氷洋북빙양, 南氷洋남빙양이다. 지구 전체를 통칭하는 五大洋六大洲오대양육대주의 그 五大洋이다.

洋양은 큰 바다로서 스스로의 체계성을 지녔다. 자체의 潮流조류 특성이 있으며, 일정한 밀물과 썰물의 潮汐조석 체계를 보인다. 육지로부터 멀리 떨어져 있어 그로부터 영향을 받지 않으며, 평균 수심은 3000~1만m 정도다. 지구 전체 바다 면적의 89%를 차지하니, 이를 빼고서는 지구의 바다를 이야기할 수 없다.

海해는 그에 비해 육지에서 가까운 바다다. 따라서 육지의 영향을 강하게 받는 水域수역이다. 전체 바다 면적의 11%를 차지하며, 수심은 평균 2000~3000m 정도다. 인접한 육지의 바람 등 기후 조건과 하천 유입 등의 영향을 받아 水溫수온과 물색 등에서 잦은 변화를 보이는 게 특징이다.

아, 덕계에 조그맣게 흐를지 모를 시내에서 너무 멀리 나갔나 보다. 먼바다를 이야기하기에는 이 덕계라는 동네가 아주 아담하고 소박하다. 그래도 이 작은 시내가 없으면 먼바다의 큰물도 만들어지지 않는다. 매사에 조그만 것을 하찮다고 여기면 곤란한 법이다. 커다람은 하찮고 시시해 보이는 것을 모두 아우르는 넉넉한 품에서 생긴다. 그 점만 잊지 말자.

# 덕정 큰 德, 정자 亭

앞의 德溪덕계와 같은 德덕을 지녔으니 그와는 '형제 역'이다. 역시 인근의 일부 지역과 합쳐지면서 지금의 동명을 얻었고, 전철 역명으로도 자리 잡았다. 덕계동과 마찬가지로 일제강점기인 1914년 양주군 於等山面어등산면 2리 및 3리와 泉川面천천면 덕정리 일부 지역이 합쳐진 뒤 지금에 이르렀다.

앞의 글자 德덕은 앞의 덕계역에서 설명을 했다. 그러니 다음 글자 亭정이 이번 역에서 우리가 관심을 기울일 대상이다. 우리는 이 글자를 흔히 亭子정자의 뜻으로만 아는 경우가 많다. 그러나 첫 출발은 그와는 조금 동떨어져 있는 글자다.

우선 亭정은 옛 동양사회에서 문서와 명령, 公務공무로 사람이 움직이는 이동 및 전달 체계와 관련이 있다. 이 책의 驛谷역곡 등의 역에서 풀어간 驛站역참에 관한 내용이다. 과거 동양의 왕조는 행정의 필요 때문에 문서를 지방에 전달하거나, 지방의 公文공문을 중앙으로 전달하는 체계가 반드시 필요했다. 벼슬에 오르는 자, 수도로 발령을 받아 떠나는 자, 행정의 필요로 인해 지방과 중앙을 오가는 자, 공문을 이리저리 전달하는 자 등을 위해서도 꼭 있어야 했던 체계다.

바로 驛站역참, 郵驛우역, 驛傳역전, 郵遞우체 등으로 불리는 교통 및 숙박, 문서 전달 시스템이다. 이곳에서는 말과 마차를 준비해 두고 공무로 오가는 인원에게 그를 제공했다. 아울러 宿泊숙박시설도 갖춰 그런 이들에게 묵어갈 수 있도록 했다. 그런 시설의 한 명칭이 바로 亭정이다. 원래는 그랬다는 얘기다.

이 亭정은 따라서 역참이 있는 곳에 들어섰던 공무 용도의 건축물이다. 그렇게 역참과 관련이 있는 시설을 驛亭역정 또는 亭郵정우라고 적었다. 亭民정민이라고 하면 역참 근처에 사는 일반인, 亭舍정사라고 하면 그곳의 客舍객사를 가리킨다. 역참을 지칭하는 다른 한자 置치와 어울려 亭置정치라는 단어의 조합도 얻었다. 아울러 이 글자는 秦진과 漢한나라 등 중국 고대 왕조의 말단을 이루는 행정단위로도 쓰였다.

산이나 계곡 위의 경치 좋은 곳에 멋지게 올라 앉아 있는 亭子정자는 아마 그로부터 나왔을 가능성이 크다. 亭舍정사, 驛亭역정 등의 '사람이 쉬어가는 곳'이라는 의미에서 뜻이 더 넓어지기 시작해 결국 좋은 경치가 있는 곳에서 사람이 잠시 고단함을 풀며 쉬는 장소라는 뜻의 亭子가 나왔으리라는 추정이다.

아울러 사람을 가리키는 部首부수를 붙여 停정이라고 적는 글자는 '머물다' '멈추다'를 의미한다. 이 글자 역시 '사람 쉬어가는 곳'의 亭정이라는 글자를 이용했다는 점이 눈에 띈다. 우리 쓰임새도 많은 이 글자의 대표 새김은 '停止정지하다'인데, 결국 亭이라는 글자의 원래 뜻이 '머무는 곳'이었다는 점과 관련 있다고 볼 수 있다는 얘기다.

가고 머무는 일은 아주 중요하다. 갈 때 가고, 머물 때 머물며, 멈출 때 잘 멈춰야 한다. 줄곧 길을 재촉하다 보면 탈이 나기 십상이다. 머물면서 쉬어가며, 하던 일을 멈추고 앞과 뒤를 다시 따지며 길을 나서야 좋다. 德亭덕정이라는 역명, 그리고 동네 이름은 그런 시각에서 풀면 좋겠다.

德덕은 길(道)을 나선 사람이 앞뒤를 잘 헤아리며 방향을 잃지 않고 나아감에 필요한 실천적 지침이라고 볼 수 있다. 그 뒤에 亭정을 붙여 德亭덕정이라고 했으니, 가끔 지나온 길을 뒤돌아보며 앞으로 나아갈 길을 옳게 헤아리자는 뜻으로도 풀 수 있다는 말이다. 그냥 '덕스러운 정자'라고 푸는 것보다는 운치가 있지 않을까.

# 지행 종이 紙, 살구 杏

닥나무를 재배해 종이를 만들어냈던 紙洞지동과 은행나무 밑에 강단을 설치해 제자들을 가르쳤다는 孔子공자의 행적에서 따온 杏壇행단마을의 각 앞 글자를 따서 지은 동네 이름이자, 역명이다.

지동은 실제 이곳에서 키운 닥나무를 재료로 종이를 만들어냈던 데서 나온 이름이고, 행단마을은 조선시대의 武臣무신 魚有沼어유소가 글공부를 했던 銀杏은행나무가 있어 붙은 이름이라고 한다.

종이를 가리키는 紙지라는 글자, 새삼 여기서 자세히 풀어갈 필요는 없다. 온갖 종류의 종이가 우리 생활 터전 곳곳에 널려 있기 때문이다. 그러니 여기서는 몇 개의 성어만 언급하고 넘어가자. 우선 白紙黑字백지흑자라는 말이 있다. 중국에서 쓰임이 많고, 한국에서는 간혹 일부 지식인들이 언급하는 성어다.

뜻은 간단하다. 흰 종이(白紙)와 검은색 글자(黑字)다. 종이에 먹으로 쓴 검은 글씨, 또는 먹으로 찍은 검은 글자를 가리킨다. 그런 원래의 지칭이 담는 궁극적인 뜻은 '확실한 證據증거'다. 하얀 바탕의 종이에 뚜렷하게 적힌 검은 글자, 부정할 수 없는 명확한 근거를 가리키는 것이다.

洛陽紙價낙양지가는 아주 익숙한 성어다. 잘 팔리는 책, 그에 따라 오르는 종이 값을 이야기하는 말이다. 洛陽紙貴낙양지귀라고도 한다. 紙上談兵지상담병이라는 성어도 있다. 말 그대로 종이(紙) 위(上)에서 병법(兵)을 논한다(談)는 얘기다. 일반적으로는 중국 전국시대 趙조나라 장군 趙括조괄에 관한 이야기로 알려져 있다. 秦진나라 명장 白起백기와 벌인 長平장평의 전투에서 병력 40만 명을 모두 잃는 치욕적인 패배를 기록했기 때문이다.

그 조괄이 어렸을 적부터 兵書병서를 탐독했고, 명상이었던 부친 趙奢조사의 영향을 받아 출중한 장수로 성장했지만 결국 그 장평의 전투에서 병법에만 의존하는 고지식한 전술로 참패를 당한 점을 비꼬는 성어다. 병법의 내용은 원리나 원칙을 일컫는다. 요즘 식으로 말하자면 '교과서'다. 그런 정해진 룰에만 얽매이다 현실의 다양한 변수를 놓쳐 일을 그르치고 마는 경우를 일컫는 말이다.

그러나 이 성어를 곰곰이 뜯어보면 어딘가 이상하다. 조괄이 활동했던 중국 전국시대에는 아직 종이(紙)가 나오지 않은 때다. 그러니 이 성어의 출현 시기는 그보다 훨씬 뒤다. 찾아보니 淸청나라 이후에 출현한 성어란다. 아울러 조괄이 당시 싸움에서 병력 40만을 잃는 참패를 당한 점은 맞지만, 상대였던 진나라의 백기 또한 그에 맞먹는 병력 손실을 입었다고 한다.

그러나 어쨌든 이 성어는 원리와 원칙에만 매달리다 현장에서 출현하는 수많은 변수에 제대로 대응하지 못하는 경우를 일컫는다. 실제 전쟁에서 전투 교범에만 매달려 싸움을 벌이면 대개 커다란 패배에 직면하는 경우가 많다. 그런 점에서 이 성어는 고마운 가르침을 주는 말에 해당한다. 단지 전국시대 조괄을 이 성어와 직접적으로 연결하며 그를 '천고의 어리석은 장수'라고 매도하지는 말자.

역명의 뒤 글자 杏행은 성균관대역에서 풀었다. 공자가 제자를 가르친 곳이라 해서 붙은 杏壇행단이라는 명칭은 유학의 깊은 물에 잠겼던 조선시대 지식인들이 아주 즐겨 썼던 단어다. 그러나 성균관대역에서 이미 설명했듯이 그 杏이라는 나무가 銀杏은행인지, 아니면 살구나무인지 분명치는 않다. 여기서는 이 글자가 등장하는 운치 있는 시 한 수 소개한다. 당나라 시인 杜牧두목의 작품이다. 그는 비오는 淸明日청명일에 길을 가고 있었던 모양이다. 그 정황이 제법 진지하다. 그러나 그가 결국 발길을 향한 곳은 술집인데, 그곳이 살구나무 있는 곳이란다.


청명 시절인데 웬 비가 부슬부슬?       淸明時節雨紛紛.
길 가는 행인들은 넋이 다 빠질 듯.      路上行人欲斷魂
물어 보자, 술집이 어디에 있느냐.       借問酒家何處有.
목동이 멀리 가리키는 살구꽃 동네.      牧童遙指杏花村.
              - 지영재 편역, 『중국시가선』(을유문화사, 2007) -


청명에는 조상의 묘를 찾아 손질한다. 그런 날에 오는 비, 정신없

한자 人 여행

이 길을 오가는 사람들. 그 속에서 찾는 술집, 그리고 살구꽃 핀 동네. 그저 좋은 느낌을 주는 시다. 길과 사람이 빚는 情景정경이 그럴듯하다. 이 시로 인해 살구꽃 피는 동네, 杏花村행화촌은 지금까지 술집의 대명사로도 등장한다. 지행이라는 동네에는 그런 운치 있는 술집 없을까. 술 좋아하시는 분들은 두리번거릴 법도 하다.

# 보산 지킬 保, 뫼 山

지금은 미군 부대가 들어선 保安里보안리와 축산리에서 한 글자씩 따서 만든 지명이자 역명이다. 북쪽에 싸움을 걸어오는 敵적을 상정한다면 이곳 동두천 전체와 보산 일대는 매우 중요한 지형에 속한다고 한다. 그런 점 때문에 한 마을 이름이 保安里로 지어졌는지는 분명치 않으나, 어쨌든 그곳에 다시 대한민국의 안전에 긴요한 미군 부대가 주둔하고 있다는 점은 눈길을 끌 만하다.

이 지명의 保보라는 글자가 지닌 원래의 뜻은 잘 알려져 있다. 사람이 어린아이를 안거나 등에 업고 있는 형태를 가리켰다고 한다. 따라서 자식의 아비 혹은 어미가 아이를 안거나 업은 상태에서 '지키고' 있는 모습이다. 그로부터 무엇인가를 '지키다' '유지하다' '떠안다' 등의 뜻으로 발전했던 듯하다.

이 글자의 쓰임은 아주 많다. 우선 국가적 차원에서 가장 중요한 업무가 나라를 지키는 일이니 우리는 그를 安保안보라고 적는다. 안전하게 지키는 일이다. 거꾸로 해도 마찬가지다. 保安보안은 '안전을 지킨다'의 뜻으로서, 이제는 '기밀 등이 밖으로 새지 않도록 하는 일'의 의미로 쓰인다. 이 글자에 따르는 단어 조합은 즐비하다. 保障보장, 保

證보증, 擔保담보, 保護보호, 保管보관, 保守보수, 保衛보위…. 다 늘여놓고 그 뜻을 풀어가려면 날이 새고 말 정도다. 그러나 모두 '지키다' '유지하다'의 새김이 중심을 차지하니 뜻은 결코 어렵지 않다.

이 글자는 안전과 관련이 있어 무게가 나가는 편이다. 그러니 딱딱한 용어로 많이 쓰인다. 성어도 마찬가지다. 1950년 10월 한국전쟁에 참전한 중공군은 이런 구호를 외치면서 왔다. 保家衛國보가위국이다. 가정(家)을 지키고(保) 나라(國)를 방어하자(衛)라는 뜻이다.

중공군을 막후에서 모두 지휘한 毛澤東모택동 등 공산당 지도부가 동원한 말이다. 그들은 참전 중공군 각 병력에게 왜 한반도에 가서 싸워야 하는지를 분명하게 제시한 것이다. 각 장병들은 '가정을 지키면서 나라를 지키자'는 데 거부할 명분이 서지 않았을 테다. 중국 지도부는 김일성 남침에서 대한민국을 도우러 온 미군 등 연합군이 중국을 침범할 것이라고 선전한 것이다. 그에 대응하기 위해 우리는 나가서 싸워야 한다고 주장하기 위해서였다.

물론 거짓이다. 그러나 그런 선전과 선동에 능한 게 공산주의자들이다. 그런 구호에 따라 중공군은 압록강을 넘어 미군을 밀어내 결국 1·4후퇴, 이어지는 소강전, 그리고 휴전까지 싸움을 계속 벌였다. 거짓을 담기는 했으나, 구호가 직접적이며 강렬했다는 점은 인정해야 할 대목이다.

明哲保身명철보신도 保보라는 글자가 들어간 대표적 성어다. 지혜롭게(明哲) 몸(身)을 잘 보호(保)하라는 엮음이다. 함부로 나서지도 말

것이며, 섣부르게 앞서지도 말라는 충고를 담은 處世처세에 관한 원칙이다. 좋은 뜻도 있지만, 그렇지 않은 의미도 있다. 제 한 몸 아끼기 위해 복지부동하며 눈치나 보면서 나서지 않는 일이다. 이런 사람이 많은 사회, 결코 좋은 사회라고는 볼 수 없다.

지킨다고 다 좋은 것은 아니다. 지켜서 좋은 게 있고, 지키지 말아야 좋은 게 있다. 우리는 그것을 잘 분간해야 한다. 그래도 국가의 가장 견고한 틀인 안보만큼은 소홀함이 없어야 한다. 우리는 아직 휴전 중이기 때문이다. 그러니 동두천에 미군이 튼튼히 자리를 잡고 있는 것이다. 그중에서 保山보산은 핵심적인 지역이다. 한자 이름은 그냥 지어지는 것만은 아닌 듯하다. 어쨌든 그 保보라는 글자가 눈에 띄는 역명이다.

# 동두천 동녘 東, 콩 豆, 내 川

조선시대 줄곧 양주군에 속해 있다가 1980년대 들어서면서 지금의 지명을 얻은 곳이다. 시내의 머리 부분이 동쪽을 향해 있다고 해서 東頭川동두천이라고 불리다가, 어떤 연유에서인지 지금의 東豆川동두천이라는 이름을 얻었다고 한다. 왜 시냇물 이름에 콩을 뜻하는 豆두라는 글자를 붙였는지 자료를 찾아봐도 잘 나오지 않는다.

　동쪽에 발원지가 있어 붙은 東頭川동두천이라는 이름은 우리말을 붙여 '동두내'로 불렸다는 기록이 있고, 그를 대신해 언제 豆두라는 글자를 붙였는지에 관한 최초 기록은 조선 말에도 보인다고 한다. 따라서 東頭동두가 東豆동두로 바뀐 시점은 지금으로부터 적어도 100년이 넘는 것으로 추정할 수 있다.

　이 豆두라는 글자는 우리에게 매우 친숙한 편이다. 우선은 주요 먹거리로 삼는 콩을 가리키기 때문이다. 일반적으로 콩에 속하는 식물을 우리는 豆類두류라고 하는데, 大豆대두와 綠豆녹두, 팥을 일컫는 紅豆홍두 등이 다 여기에 속한다. 그리고 우리가 즐겨 먹는 豆腐두부라는 음식도 그 바탕은 바로 콩이다.

　그러니 여기서 콩을 언급하자면 끝이 없을 게다. 단지 曹操조조의

아들 曹丕조비와 曹植조식에 얽힌 콩 이야기를 먼저 소개하자. 曹操가
세상을 뜬 뒤 그 자리를 이어받아 결국 魏위나라를 세워 황제 자리에
오른 이는 曹丕다. 그는 그러나 문학적 재능이 뛰어난 동생 曹植이
마음에 걸렸다. 친형제이기는 하지만 자신의 권력을 위협할 존재로
봤던 것이다.

그러나 형제라서 마음대로 죽이기는 어려웠던 듯. 결국 어머니의
중재로 동생을 살려주지만 조건을 앞에 걸었다. 일곱 걸음을 옮기는
동안 시 한 수를 지으라는 명령이었다. 문학적 재능이 워낙 탁월한
동생 조식은 결국 콩과 콩깍지를 주제로 시를 짓는다. 콩깍지가 타
면서 솥에 들어 있는 콩이 익는 장면을 묘사했다. 시 일부를 아래에
적는다.

콩깍지는 솥 밑에서 타고요　　其在釜下燃
콩은 솥 안에서 울고 있어요　　豆在釜中泣
본래는 같은 뿌리에서 나왔는데　本是同根生
서둘러 없애려는 이유는 뭘까요　相煎何太急

版本판본에 따라 조금은 다를 수 있지만 시의 내용은 대개 이와 같
다. 그중에서도 마지막 두 구절이 아주 유명하다. '本是同根生, 相煎
何太急본시동근생, 상전하태급'이라는 대목 말이다. 혈육끼리, 또는 같은 운
명의 사람들이 서로 치고받고 다투다가 결국 심한 경우에까지 치닫

는 상황을 일컬을 때 단골로 등장하는 유명한 한자 성어다. 우리 쓰임새에서는 煮豆燃其자두연기라고 줄여서 쓰기도 한다.

일곱 걸음 만에 이 내용이 들어가 있는 시를 만들어낸 조식은 결국 살았다. 아주 어려운 조건을 내걸었으나 그 조건을 완성한 동생을 죽일 수 없었겠고, 그 내용이 골육상쟁의 아픔을 이야기하고 있어 조비로서도 느낀 바가 있었을 테다. 어쨌거나 그 일곱 걸음에 지은 시, 즉 「七步詩칠보시」는 조식의 천재성과 함께 동양 문단에서 줄곧 인구에 오르내리던 명작이다.

콩을 가리키는 다른 한자는 菽숙이다. 우리가 "저 사람 숙맥이야"라고 할 때 이 '숙맥'의 한자는 菽麥이다. 콩과 보리를 각각 일컫는다. 이 둘의 생김새가 완연히 다른데도 그 둘을 구분치 못하는 경우가 菽麥不辨숙맥불변인데, 우리가 '菽麥'이라고 사람 놀릴 때 쓰는 말은 여기서 나왔다.

그 豆두가 콩이 아닌 경우를 永登浦영등포역에서 소개했다. '콩'이기에 앞서 이 豆는 제사를 지낼 때 사용하던 그릇, 즉 祭器제기의 일종이었다. 받침대 위로 긴 목이 있고, 그 위에 물건을 올리게 그릇 형태로 만들어진 제기다. 보통 籩豆변두라고 적는 경우가 있는데, 같은 형태지만 대나무로 만들었을 때는 籩변, 그냥 나무로 만들었으면 豆라고 했다는 설명이 있다. 俎豆조두라는 말도 있다. 일반적으로 제기를 일컬을 때 쓰는 말이다.

俎조 역시 제기의 일종이다. 편평한 받침대를 떠올리면 좋다. 보통

고기 등을 제사상에 올릴 때 쓰는 용기다. 이 俎조가 豆두와 만나 제사 때 쓰는 그릇 전체를 지칭하는 단어로 발전했다. 영등포의 지명에 등장하는 登등이라는 글자도 '오르다'라는 새김에 앞서 원래 제기를 가리키는 글자였다.

그래서 豆登두등이라고 적을 경우에도 역시 제기를 가리키는 단어다. 둘은 생김새가 거의 비슷한데, 앞의 豆두가 국이나 밥을 담을 수 있도록 안이 깊숙한 그릇 형태인데 비해 뒤의 登등은 편평한 형태로 물건을 올려놓을 수 있도록 만든 제기라고 한다. 그래서 수확이 좋은 해에는 이 登이라는 그릇에 물건을 많이 올릴 수 있어서 豊登풍등이라 했고, 결국 이는 豊年풍년을 가리키는 단어로 발전했다.

이들 말고도 고대 동양사회의 제기는 아주 다양하다. 각종 神신과 조상을 모시는 제사가 워낙 발달하다 보니까 그렇지 않을 수 없었을 테다. 앞에 잠깐 소개한 俎조는 우리가 자주 쓰는 성어에 등장하니 그 내용을 잠깐 덧붙이고 다음 역으로 넘어가자.

바로 俎上肉조상육이다. 여기서 俎조는 분명 제기의 일종을 가리키기도 하지만, 그 형태적 특징 때문에 '도마'를 지칭하기도 한다. 우리가 흔히 사용하는 俎上肉이라는 성어는 따라서 '도마 위에 올라 있는 고기'라는 뜻이다. 곧 칼에 의해 잘리고 찢길 고기와 같은 신세라는 의미다. 남에게 이끌려 막다른 골목에 이른 사람, 또는 그 상황을 가리킨다.

그래서 우리는 俎조라는 글자를 '도마'로만 생각할 때가 많지만

원래는 肉類육류와 생선을 올리는 제기다. 俎上肉조상육의 원전에서도
俎라는 글자가 칼질을 하는 도마인지, 아니면 제사상에 고기를 올리
는 용기인지는 분명치 않다. 어쨌거나 俎上肉의 신세에 이르면 좋을
게 결코 없다. 남에게 주도권을 빼앗겨 남이 시키는 대로 이끌려 가
는 그런 경우 말이다.

# 소요산 노닐 逍, 멀 遙, 뫼 山

한강 이북 지역에서는 名山명산인 逍遙山소요산이 있어 붙은 역명이다. 설명에 따르면 逍遙山은 한반도가 낳은 최고의 名僧명승 元曉大師원효대사와 관련이 있다고 한다. 산에 있는 自在庵자재암에서 元曉원효가 머물며 수행했다는 구전이 있기 때문이다.

원효는 걸림이 없는 無碍무애의 승려이자 사상가였다. 어느 한 구석에 맺히거나 머무는 바 없이 자유자재로 사상을 펼쳐 한반도 초기 불교의 전파 과정에서 가장 큰 위업을 쌓았던 사람이다. 그런 그가 머물면서 도를 닦았다는 自在자재의 암자도 역시 의미가 비슷하다. 어느 한 경계를 넘어서야 비로소 막힘과 맺힘이 없는 自由자유와 自在의 경계에 이를 수 있으니 말이다.

逍소라는 글자는 '걷다', '달리다'라는 뜻을 지닌 책받침 부수에 肖초라는 글자가 합쳐진 경우다. 肖는 '닮다'라는 뜻이 있어 肖像畵초상화라는 단어로도 조합이 생기지만, 여기서는 점점 사라져 작아지는 모양을 일컫는다. 그러니 逍는 모습이 작아질 정도로 멀리 다니는 행위를 가리킨다.

遙요라는 글자는 '멀다'의 새김이다. 아득히 멀다는 遙遠요원, 멀리 바라본다는 遙望요망 등의 단어를 이룬다. 따라서 두 글자를 합친 逍遙소요라는 단어는 '멀리 나가 거니는 행위'를 의미한다. 그러나 중국 전국시대의 사상가 莊子장자가 이 단어에 철학적 의미를 부여하면서 유명해졌다.

그 역시 逍遙소요라는 단어를 멀리 나가 거닌다는 뜻으로 썼다. 그러나 의미를 더 부여했다. 어디에 묶이거나 얽매이는 일이 없이 자유자재한 모습 또는 그런 행위 등의 뜻이다. 그로써 逍遙의 含意함의는 매우 깊은 차원으로 발전했다.

逍遙物外소요물외는 그런 단어를 넣어 만든 성어다. 멀리 거니는 곳이 사물(物)의 바깥(外)이라는 얘기다. 여기서 '사물'은 외형적인 조건이 가져 오는 얽매이거나 붙들려 옴짝달싹하지 못하는 상태, 즉 拘束구속을 뜻한다. 그런 조건에서 벗어나 자유로이 떠도는 경지를 일컫는다.

바람 쐬러 멀리 나가는 일이 逍風소풍이다. 한자의 순전한 조합으로는 다소 걸맞지 않으나 우리는 이 말을 자주 썼다. 초등학교와 중·고등학교를 다니면서 이 逍風에 열광하지 않은 적이 없었기 때문이다. 그에 앞서 썼던 말이 遠足원족이다. 역시 '멀리 다닌다'의 뜻으로, 逍風과 같은 의미다.

우리는 바람을 쐬러 이렇게 멀리 다니는 일에 주저하지 않는다. 여유를 내서 소풍을 가고, 원속을 떠나는 일이 다 그렇다. 그러나 마음을 어디에 붙들어두지 않고 자유롭게 풀어가며 먼 곳을 다녀야 정신 건강에 좋다. 그런 점을 逍遙소요라는 단어가 일깨운다. 마침 지하철 1호선 경기 북부의 끝 정거장이 소요산역이다.

어느 한 곳에 도착하면 우리의 시선은 다음 역을 향했다. 그러나 이 소요산역은 더 나아갈 길이 없는 마지막 종착역이다. 그럼에도 우리 마음은 다시 그 너머를 본다. 늘 그렇지만, 한반도 허리가 갈라진 점이 못내 아쉽다. 원래 이 철도의 종착지인 원산을 생각하니 그렇다. 이 전철의 선로는 예서 멈추지만 우리 마음은 그 너머를 본다. 逍遙소요라 逍遙라…. 우리가 나아갈 더 먼 곳의 경계는 어디인가. 멈추지 말고 늘 나아가 거닐어보자.